高齢者のクラフトサロン ❷

季節の リハビリクラフト 12か月

行事・記念日・歳時を楽しむ60作品

佐々木 隆志　監修　✿　工房GEN　著

誠文堂新光社

「高齢者のクラフトサロン」シリーズ第２巻監修にあたって

『季節のリハビリクラフト12か月』と高齢者福祉について

高齢者のクラフトサロンシリーズ『季節のリハビリクラフト12か月』は、本シリーズ第１冊目『リハビリおりがみ』に続く、２冊目の高齢者クラフトの提案です。

１冊目と同様、デイサービスなど各種高齢者福祉施設の利用者が職員とともに行うレクリエーション活動の際にもご利用いただければと思います。また、高齢者のリハビリ活動をサポートする職員の方々やご家族が、本書からさまざまな季節のクラフトのアイデアを受け取っていただければ幸いです。

さて、超高齢社会の到来により福祉予算が議論になり、社会保障給付費の総額では2010（平成22）年度で103兆4879億円と、昭和25年の集計開始以来の最高額となり、初の100兆台となりました。その内訳は福祉部門18.1%、対前年比で8.4%の伸びとなります。

今後も日本は欧米社会を上回るペースで人口高齢化が進むことが予想され、社会保証にかかる費用も増大すると思われます。

そのような厳しい状況の中、情報化社会の進展や経済優先の世相など、多くの高齢者がこれまでの経験からは先の予測がつかない不安の中で老後を迎えています。しかし、経済的な豊かさだけが「人々の幸せ」ではないことを、私自身、研修先のイギリスでの質素な生活から考えさせられました。

移りゆく季節、歳時をめぐる楽しみ、古くからある行事等は、特に高齢者にとっては、忘れられない想い出や懐かしい記憶と結びついています。手先を動かし、頭もフルに使って作るクラフトのテーマとして季節を選んだ本書は、経済的な豊かさだけではない、高齢期の楽しみを提案することを刊行趣旨のひとつとしています。

本書の季節と結びついたクラフトが高齢者の心も活性化させ、介護予防や生活の質（ＱＯＬ）の向上にもつながり、本書が介護予防支援や高齢者福祉対策の一助になればと願っています。

佐々木　隆志

はじめに

本書のコンセプトは、手に入りやすい安価な材料や生活する中で手に入れた想いの宿る素材を使い、季節を通して生活を楽しむことにあります。ですから、さまざまな季節やイベントをより楽しむための、工夫に満ちたモノを提案できるように心掛けました。

そして私たちの「作ることの楽しさの終わりは、使うことの楽しさの始まり」というポリシーも織り込み、さまざまな場面で楽しくお使いいただけるモノになったと自負しています。

正月、節分、七夕、クリスマス、ご家族やご友人との楽しみを彩る小物。ひと夏の思い出をスクラップするうちわ。暑さや寒さを和らげるサポーターやカイロ入れ。成人式、バレンタインデー、大事な日に想いを込めた手作り品。12ヵ月を彩る花の香り箱。皆さまが心待ちにされているイベントや普段の生活を楽しむ手助けになるモノたちが並んでいます。ちょっと作って、ちょっと使ってみてください。

そうは言っても、難易度が高すぎれば作る楽しさを阻害する場合もあります。ですから本書では、できる限り加工しやすい材料や使いやすい道具を選定してあります。敷居の高くない物作りは想像力を高め、創造性を発揮しやすくします。本書では季節感を表現しやすい材料や四季のイベントを連想させる素材が使用されていますが、あくまでも叩き台と考え、使う人やシチュエーションなど、さまざまな条件を加味して材料の大きさや色、テーマを変化させていってくだされば、より想いに寄り添うモノが生まれてくると思います。

皆で共有すればするほど増幅していく、物作りや物使いの楽しさ。年齢を重ねた方々にも、作って楽しく、使って楽しく、使ってもらって楽しく、プレゼントされて楽しい。そんな雑貨小物を生む面白さを、少しでも感じて頂ければと思います。

工房ＧＥＮ　スタッフ一同

季節のリハビリクラフト12か月　目次

「高齢者のクラフトサロン」シリーズ第2巻監修にあたって
『季節のリハビリクラフト12か月』と高齢者福祉について　2

はじめに　3

本書で使用する道具、素材など　6

第1章　1月　2月　3月

1月・正月　紙の卵ケースで作る　獅子舞　9　（作り方 17）

1月・正月　額縁を使った祝い飾り　10　（作り方 19）

1月・成人式　記念のマグネットブック、ボード、メッセージカードケース　11　（作り方 21）

2月・節分　紙粘土で作る　大豆のまち針　12　（作り方 25）

2月・バレンタインデー　チョコにぴったり・プレゼントボックス　13　（作り方 26）

2月・バレンタインデー　縫わずに作る　ホチキスバッグ　14　（作り方 28）

3月・桃の節句　菱もちの小物入れ　15　（作り方 29）

3月・花粉の季節　お出かけフィットマスクとポケットティッシュ入れつきマスクケース　16　（作り方 31）

第2章　4月　5月　6月

4月・春の味覚　たけのこの印鑑入れ　33　（作り方 41）

4月・春の味覚　フェルトのペンホルダー　34　（作り方 43）

4月・お花見　お皿に変身！ カトラリーホルダーとはし袋　35　（作り方 45）

4月・お花見　スライドして楽しむ　桜のコースター　36　（作り方 47）

5月・端午の節句　鯉のぼりのペン差し　37　（作り方 48）

5月・茶摘み　ワイヤーと和紙で作る　茶の葉のアクセサリー　37　（作り方 49）

5月・茶摘み　茶筒形の小物入れ　38　（作り方 124）

6月・雨傘　吸水の折りたたみ傘ポーチ　39　（作り方 52）

6月・雨傘　糸かけコースター　39　（作り方 54）

6月・ほたる　ほたるのカフェカーテン　40　（作り方 55）

6月・ほたる　ほたるのマグネット　40　（作り方 56）

第3章　7月　8月　9月

7月・七夕　笹舟の皿　57　（作り方 65）

7月・七夕　天の川のキャンドル　58　（作り方 66）

7月・海開き　砂浜のお香立て　59　（作り方 68）

8月・夏祭り　想い出うちわ　60　（作り方 69）

8月・夏祭り　**サマーサポーター**　60　(作り方 71)

8月・花火　**花火模様の器とキャンディ石けん**　61　(作り方 72)

8月・花火　**ネットステンシルのランチョンマット**　61　(作り方 73)

9月・中秋の名月　**パッキング材で作る　月見うさぎ**　62　(作り方 75)

9月・中秋の名月　**お月様の香り箱**　63　(作り方 77)

9月・実りの秋　**ぴったりネットストッカー**　64　(作り方 79)

第4章　10月　11月　12月

10月・紅葉　**ネット刺繍のコースター**　81　(作り方 89)

10月・紅葉　**ストール留め付きブローチ**　82　(作り方 91)

10月・孫の日　**写真を楽しむフォトリース**　83　(作り方 93)

11月・ペットたちに感謝する日　**写真プリントから作る　ペットのレリーフ**　84　(作り方 94)

11月・ペットたちに感謝する日　**写真も入る　ブックカバー**　84　(作り方 95)

11月・木枯らし1号　**ワイヤーで作る　みの虫の花入れ**　85　(作り方 96)

11月・木枯らし1号　**リリアン編みのウインターサポーター**　86　(作り方 97)

12月・初雪　**動物のカイロカバー**　86　(作り方 99)

12月・クリスマス　**羊毛フェルトで作る　玄関飾り**　87　(作り方 100)

12月・クリスマス　**ケーキキャンドル**　88　(作り方 103)

■ 羊毛フェルトの作り方　100

第5章　花の香り箱

1月　**水仙**　105　(作り方 114)

2月　**梅**　106　(作り方 115)

3月　**たんぽぽ**　107　(作り方 116)

4月　**桜**　107　(作り方 117)

5月　**ばら**　108　(作り方 118)

6月　**あじさい**　109　(作り方 119)

7月　**朝顔**　109　(作り方 120)

8月　**ひまわり**　110　(作り方 121)

9月　**コスモス**　110　(作り方 122)

10月　**キンモクセイ**　111　(作り方 122)

11月　**菊**　111　(作り方 123)

12月　**寒椿**　112　(作り方 117)

■ 花の香り箱のフェルトの花作り／フェルトの花の作り方　113

■ マスキングテープを使った張り子の基本　126

シリーズ監修者　プロフィール　127

著者　プロフィール　127

本書で使用する道具、素材など

＊ホームセンターなどで普通に販売されているものです（ただしp.8「身近なものもクラフト素材に」を除く）。

本書でよく使用する道具など

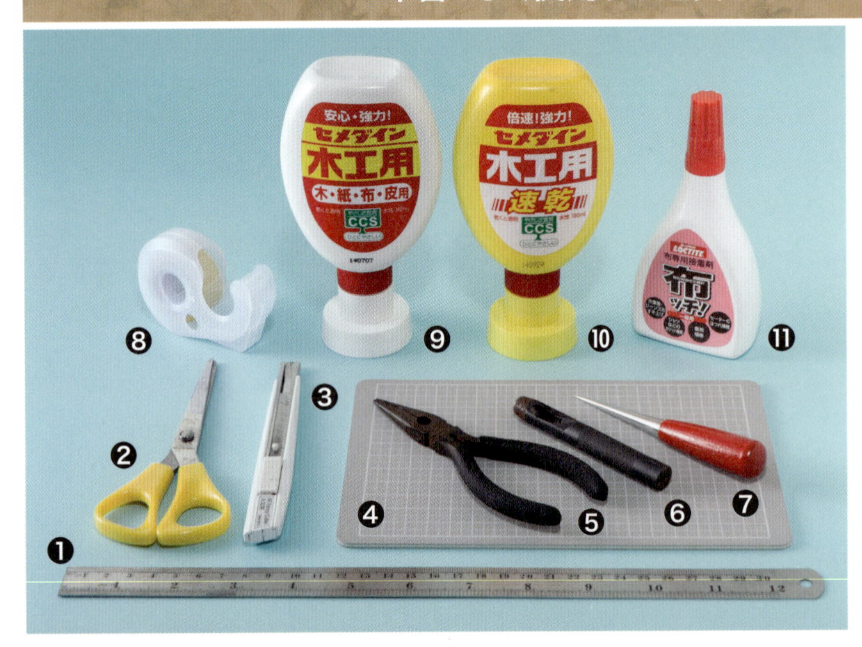

❶ステンレス定規
❷はさみ
❸カッターナイフ
❹カッティングマット
❺ラジオペンチ
❻ポンチ（穴あけ用）
❼目打ち
❽セロテープ
❾木工用ボンド
❿木工用ボンド（速乾）
⓫布用ボンド

クラフト素材各種

❶フレーク状の石けん（p.61）
❷ジェルキャンドル（p.58、88）
❸ジェルキャンドルを溶かすためのステンレス製計量カップ
❹粘土ニス（p.12、82）
❺石粉粘土（p.12）
❻紙粘土（p.82）

✿紙粘土と石粉粘土　「大豆のまち針（p.12）」は石粉粘土を使っていますが、紙粘土でも作れます。石粉粘土は紙粘土よりきめが細かいです。「ストール留め付きブローチ（p.82）」などは普通の紙粘土を使用しています。

✿ジェルキャンドル【天の川のキャンドル（p.58）、ケーキキャンドル（p.88）で使用】　本書ではジェルキャンドルを溶かす際はホットプレートを使用するなど火気に注意していますが、ろうそくを灯して楽しむ際も消えるまでそばを離れないようにしましょう。p .67の「注意」もご覧ください。

クラフトに使える素材いろいろ

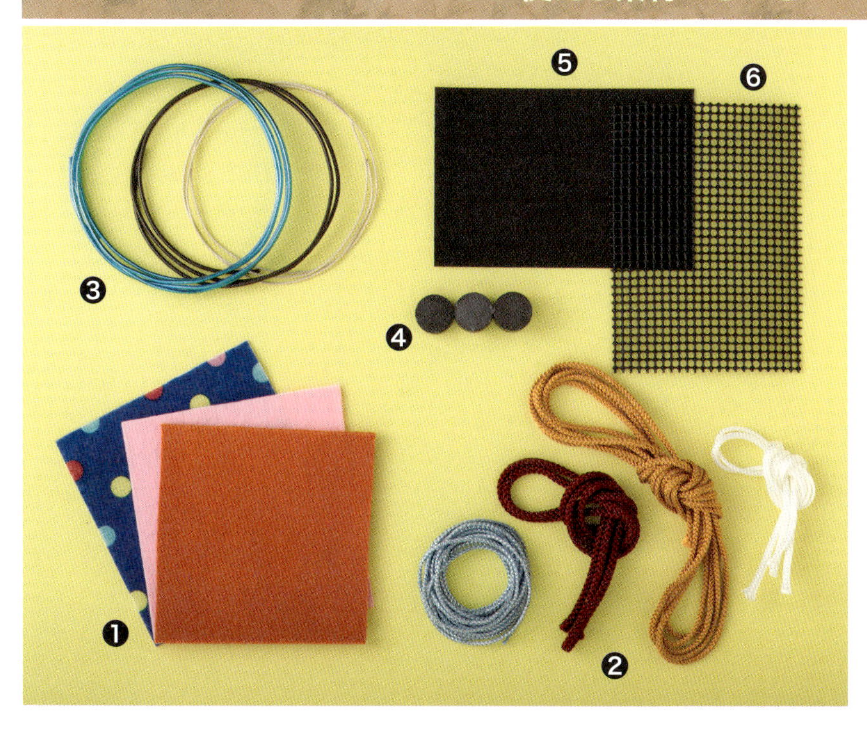

❶フェルト各種
❷ひも各種
❸ワイヤー各種
❹マグネット
❺マグネットシート
❻鉢底ネット(園芸用品)

※ほかに布類、綿、網戸用の網、段ボール、厚紙、綿棒など。

✿ワイヤー　ワイヤーは色、太さ、硬さなど種類が豊富です。本書の「鯉のぼりのペン差し (p.37)」「みの虫の花入れ (p.85)」などは、しっかりした硬さのあるものを使いますが、「フェルトのペンホルダー (p.34)」「写真を楽しむフォトリース (p.83)」などは曲げやすい軟らかめのワイヤーを使っています。
ほかにもワイヤーはいろいろな作品に使われていますが、作品の用途、作業しやすさなどを考慮して選びましょう。

✿マグネット　シート状のものも含めて本書ではいくつか使用していますが、使用する際は磁気注意の物には近づけないようにしてください。

✿リリアン編み【ウインターサポーター (p.86)】 作る作品や大きさなどに合わせて編み機を作ります。ひもは作る作品の用途に合わせて選びましょう。

羊毛フェルト用グッズ

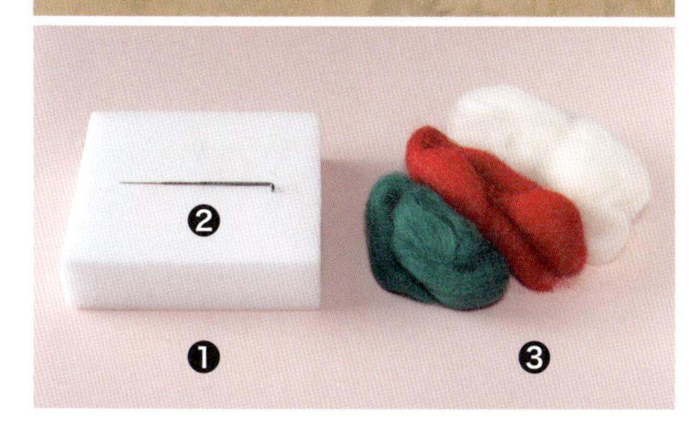

❶作業用マット　❷ニードル (専用の針)
❸素材の羊毛　※作り方については p.100 参照。

彩りや艶出し用に

❶透明マニキュア　❷マニキュア各種
❸布用絵の具

マスキングテープ各種と張り子に使える型

❶養生テープ
❷色柄つきマスキングテープ各種
❸張り子に使える製菓用の型

✿マスキングテープを使った張り子【チョコにぴったり・プレゼントボックス（p.13）、菱もちの小物入れ（p.15）、茶筒形の小物入れ（p.38）】　型に紙を貼り重ねて形を作る“張り子”ですが、本書では紙の代わりにマスキングテープを使います。現在、さまざまな柄やサイズのマスキングテープが販売され、入手も容易で手軽に楽しまれています。好みの柄を使って作ってみてください。

身近なものもクラフト素材に

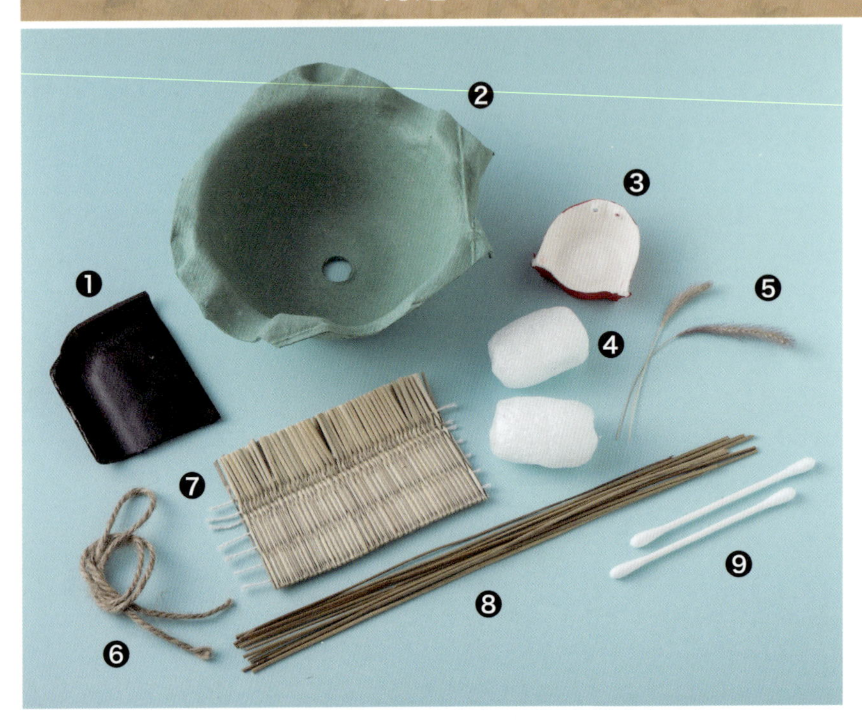

❶スチロール製食品トレー
❷りんごなどが入ったモールド（紙製）
❸紙の卵ケース
❹荷造用パッキング材
❺エノコロ草
❻麻ひも
❼畳
❽い草
❾綿棒

※獅子舞（p.9）、月見うさぎ（p.62）、ペットのレリーフ(p.84)で使用。

第1章

1月
睦月

2月
如月

3月
弥生

1月・正月

紙の卵ケースで作る獅子舞

（作り方 17 ページ）

1月・正月

額縁を使った祝い飾り

（作り方 19 ページ）

記念のマグネットブック、ボード、メッセージカードケース

上：マグネットボード
中：マグネットブック
下：マグネットメッセージカードケース

（作り方 21 ページ）

2月・節分

紙粘土で作る　大豆のまち針

（作り方25ページ）

２月・バレンタインデー

チョコにぴったり・プレゼントボックス

（作り方26ページ）

2月・バレンタインデー

縫わずに作る　ホチキスバッグ

（作り方28ページ）

3月・桃の節句

菱もちの小物入れ

（作り方 29 ページ）

3月・花粉の季節

お出かけフィットマスクとポケットティッシュ入れつきマスクケース

広い部分はマスク入れ、下側の左はポケットティッシュ入れです。下の右側には小物も入ります。

（作り方 31 ページ）

紙の卵ケースで作る　獅子舞

1月・正月

紙の卵ケースで作った獅子舞はどこかユーモラス。
上が平らな形のものなら顔を描けば獅子舞らしくなりますよ。

制作／つくりんぼ・凧谷孝子

材料
- 布
- 頭部：本作品は紙の卵ケース使用
- 黒のスチロールや厚紙
- ひも、麻ひも
- わら靴の材料：竹の皮など。紙に色を塗ってもよい。
- 不透明絵の具（赤、黒、金）
- ホチキス、カッターナイフ
- 木工用ボンド

頭部を作る

❶

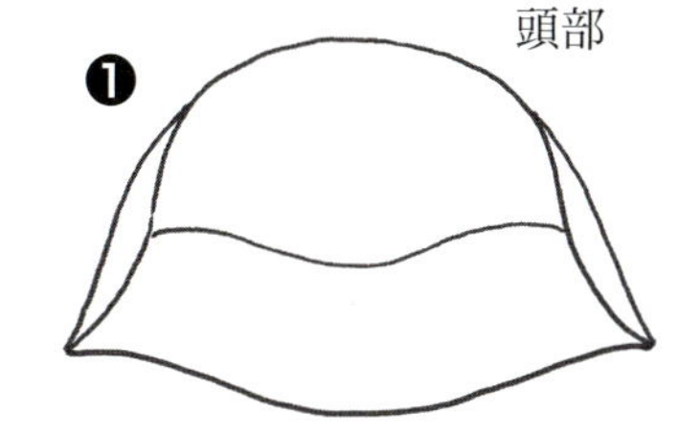

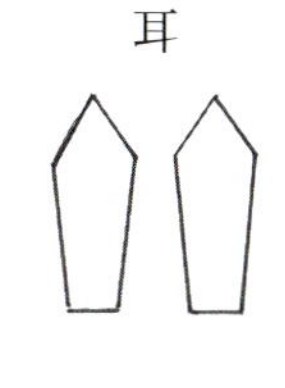

頭部と耳の素材は絵の具を塗れるものなら紙以外のものでもよい。形は❶❷のように台形状で中が空洞になっている物（底部分は丸でも四角でもよい）。底のある筒状の物を必要な厚さに切って使うこともできる。
本作品のサイズ：顔の幅 4.8㎝、奥行き 1.8㎝。
耳の長さ 3㎝、幅 1㎝。

❷

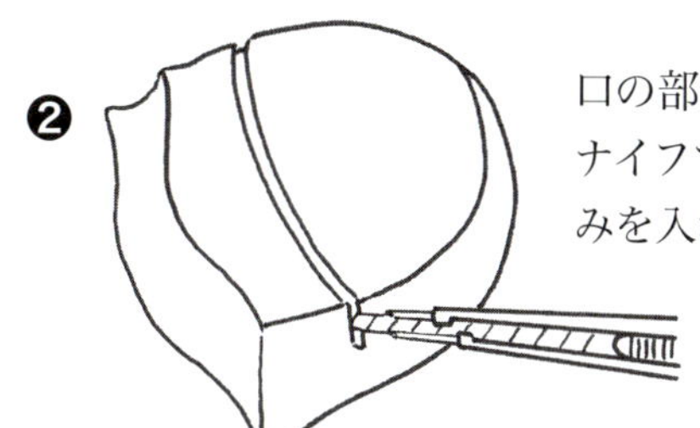

口の部分にカッターナイフで細く切り込みを入れる。

❸

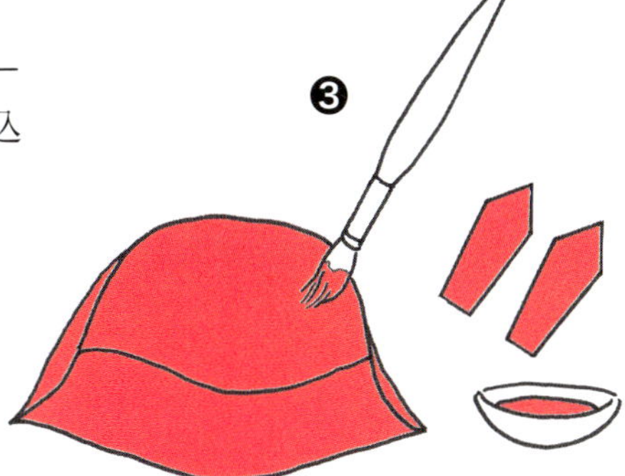

不透明絵の具の赤で顔と耳を塗る。耳は後ろ側も塗る。

❹

黒と金で顔と耳の模様を描く。赤の地に黒と金で描くと獅子舞の顔らしくなる。頭の後ろの方に目打ちで穴をあけ、ひもを通す。耳は最後に折り曲げて貼りつける。

脚を作る

❺

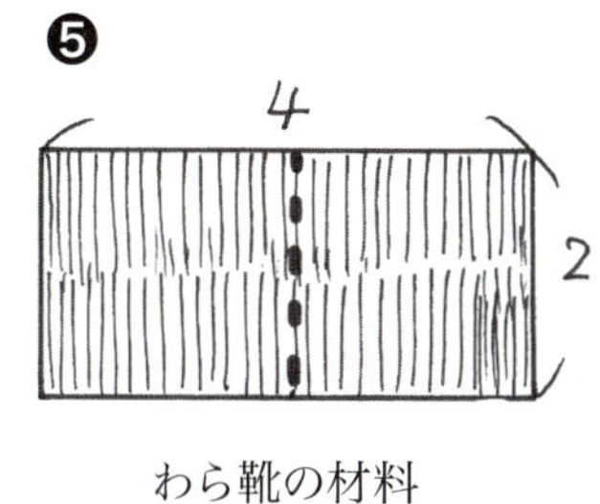

わら靴の材料

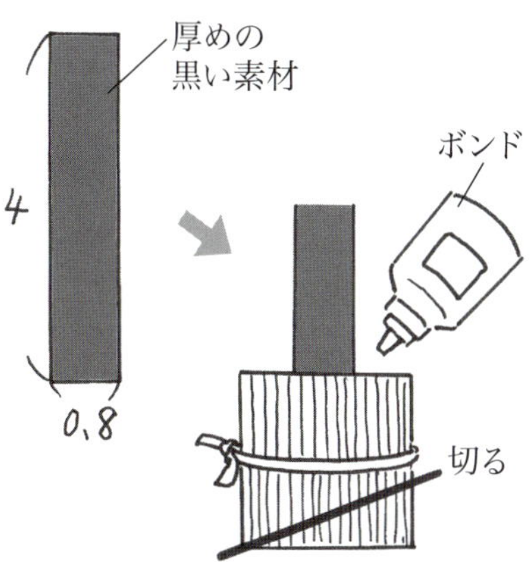

黒のスチロール（フェルト、厚紙などでもよい）を切っておき、わら靴の材料を半分に折ってはさみ、ボンドでとめる。ひもやわらなどでしばり、足先を斜めに切る。

胴体を作る

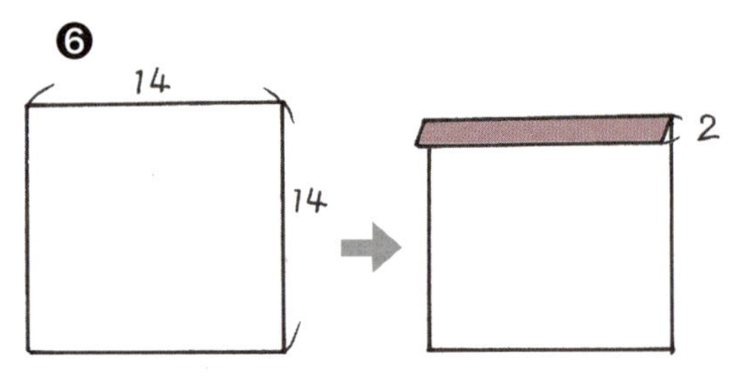

布を用意し、上部を2cmほど手前にたたむ。

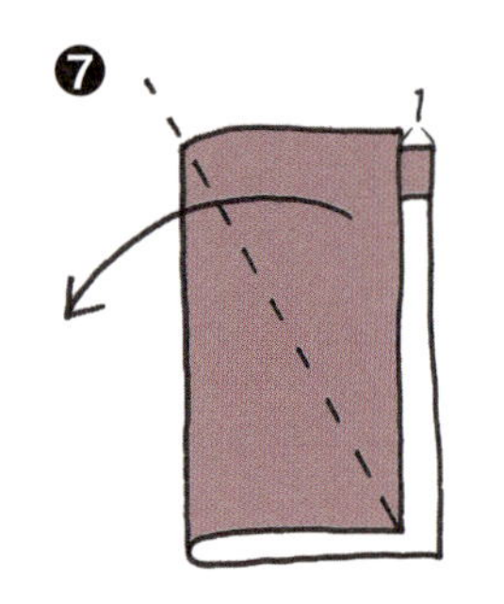

1cmずらしてたたみ、図の点線の位置で、上の布を左に開く。

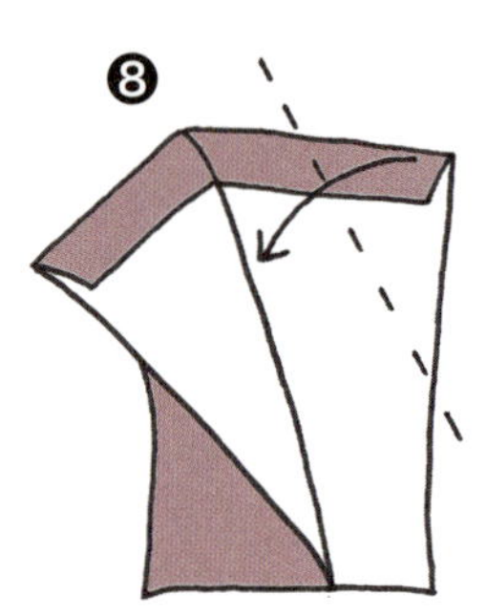

さらに点線の位置で折る。

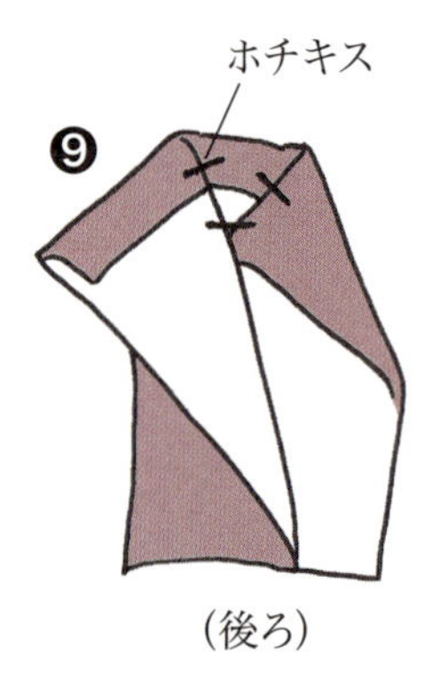

（後ろ）

ホチキスでとめる。

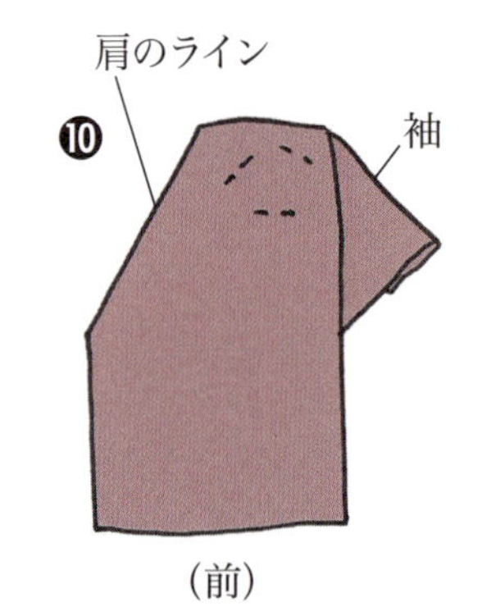

（前）

ひっくり返して表にしたところ。袖と肩のラインができた。

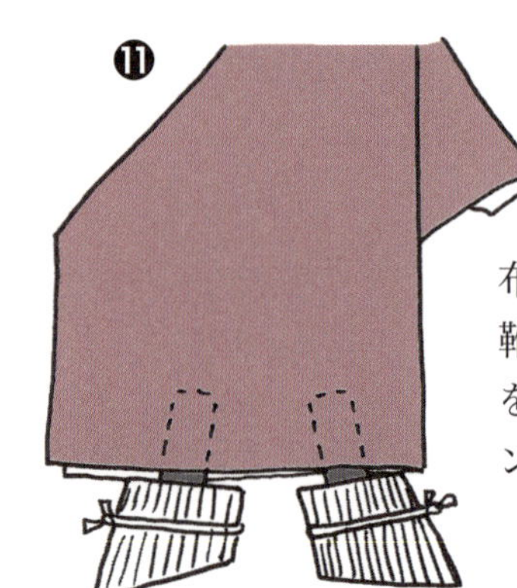

布の間にわら靴をはいた脚をはさみ、ボンドでとめる。

頭部を完成させる

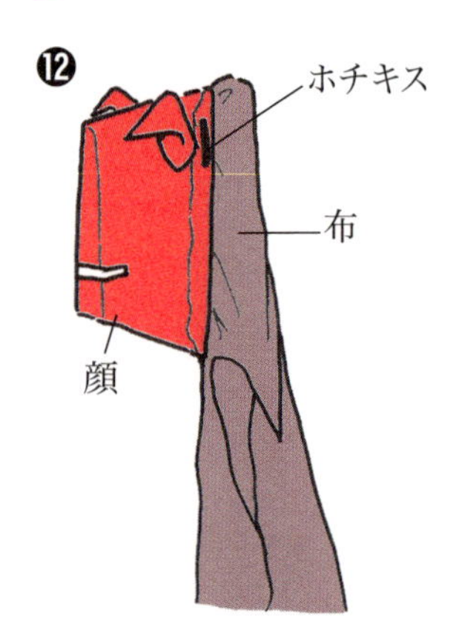

横から見た図

空洞になっている顔の裏側に布を押し込み、ホチキスで頭の縁と布をとめていく。ボンドも使って後頭部と布をきちんととめる。

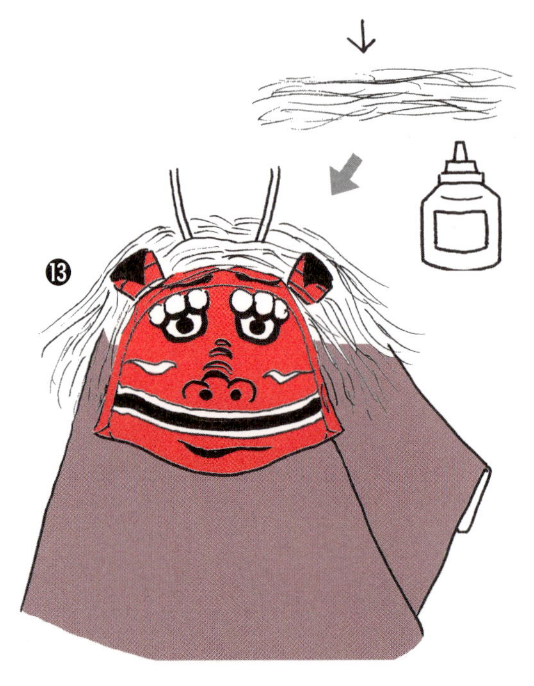

麻ひもをほぐし、頭の上のひもを隠すように頭部にボンドで貼りつけて、髪を作る。

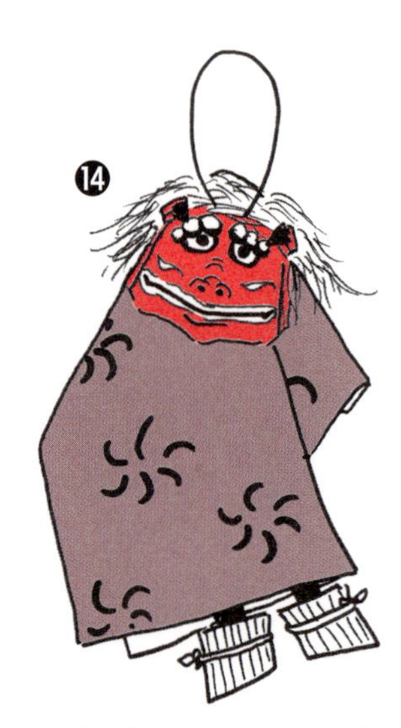

無地の布の場合、模様は修正ペンで描く。

額縁を使った祝い飾り

1月・正月

額縁の裏には2本の試験管をセットできるようになっています。
花を飾ったり、綿を入れアロマオイルを垂らして香りを楽しむのもいいですね。

材料

- 額縁（縦 21cm、横 16cm）
- 正月飾り用の小物
- 試験管２本
- ワイヤー（2mm）
  額縁用　35cm
  試験管（上）16cm×２
  　　　（下）25cm×２
- ラジオペンチ　・布　少し
- 木工用ボンド

フォトスタンドを作る

❶

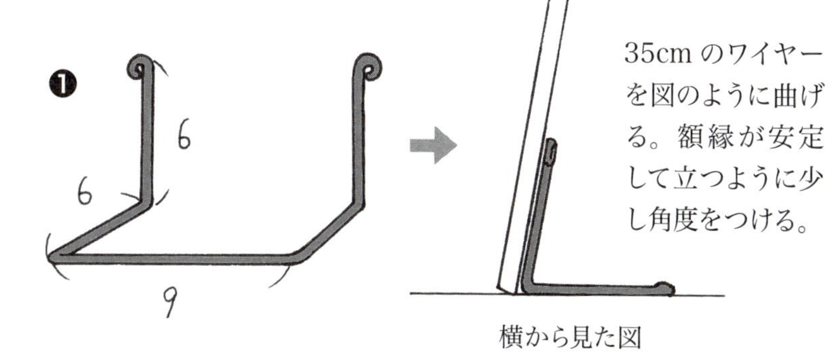

横から見た図

35cm のワイヤーを図のように曲げる。額縁が安定して立つように少し角度をつける。

❷

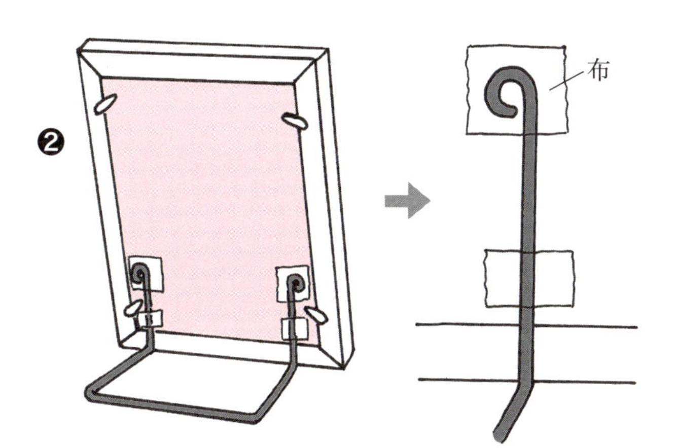

ワイヤーを額縁の裏板にボンドでつける。裏板がはずせる位置につけること。適当な大きさに切った布をワイヤーの上からのせてしっかりおさえて補強する。

試験管入れを作る

❸

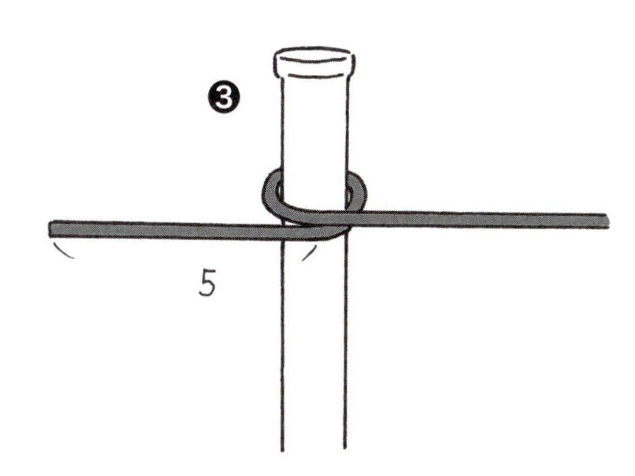

額縁の上部につけて試験管の口側を支えるワイヤーを作る。まずワイヤーを5cmのところから試験管に1回巻きつける。

❹

試験管を抜き、ワイヤーを図の形に曲げる。同じ形のものを2個作る。

❺

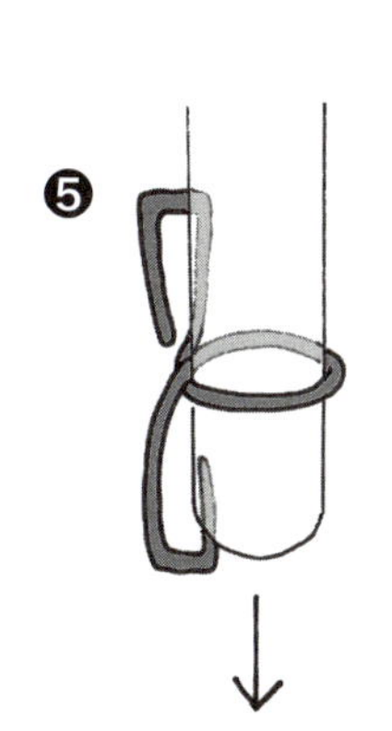

❹を横から見た姿。後ろに出た輪に試験管を通す。

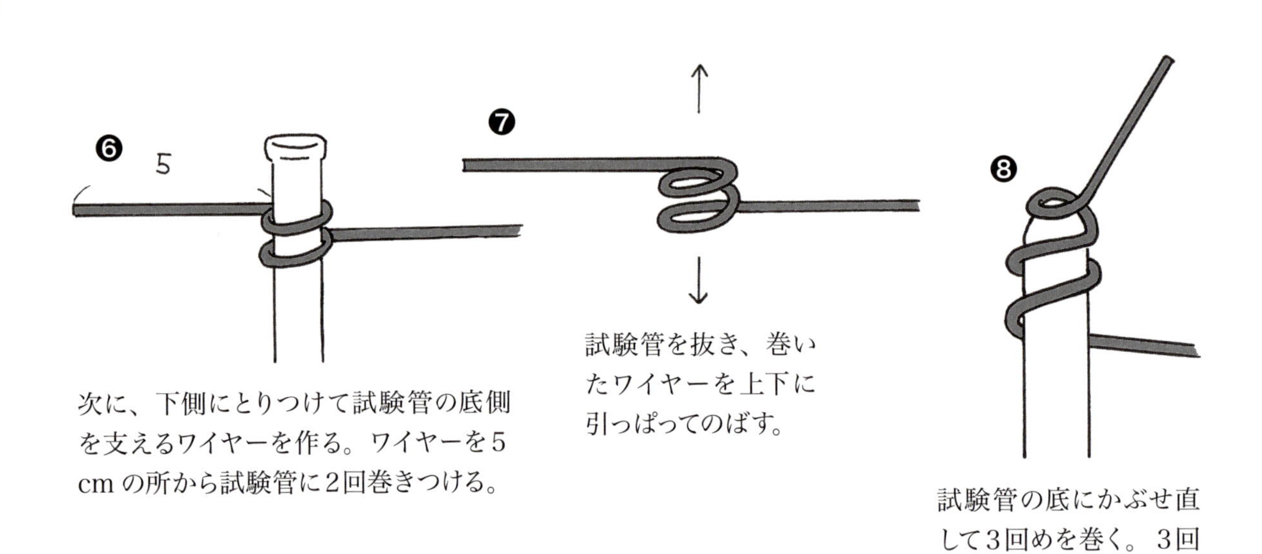

次に、下側にとりつけて試験管の底側を支えるワイヤーを作る。ワイヤーを5cmの所から試験管に2回巻きつける。

試験管を抜き、巻いたワイヤーを上下に引っぱってのばす。

試験管の底にかぶせ直して3回めを巻く。3回めは試験管の底が抜けないように先を縮める。

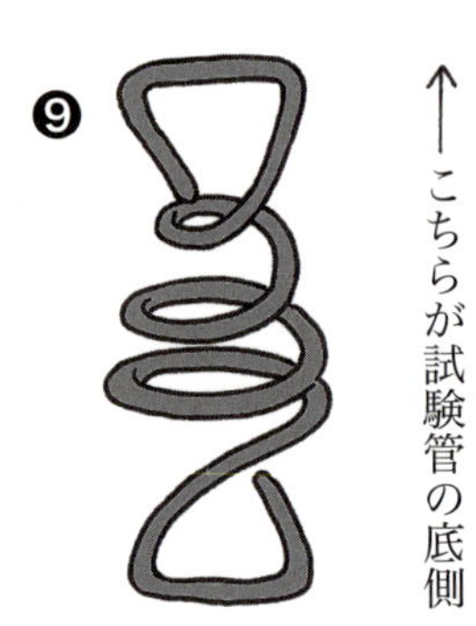

試験管から抜いて図の形に曲げ、同じ形を2個作る。

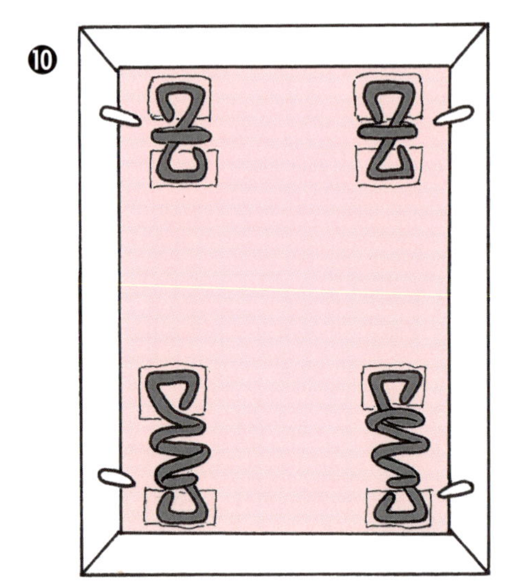

額縁の裏板にワイヤーを❹と❾各2個ずつボンドと布でとめる。

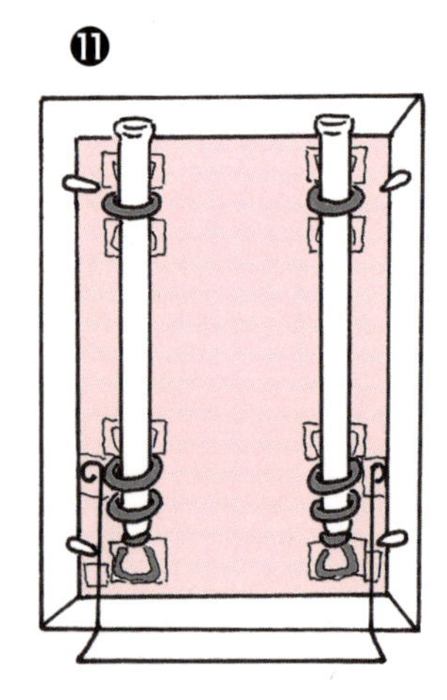

試験管を入れた様子。
※試験管は額縁からはみ出さないサイズのものを用意すること。

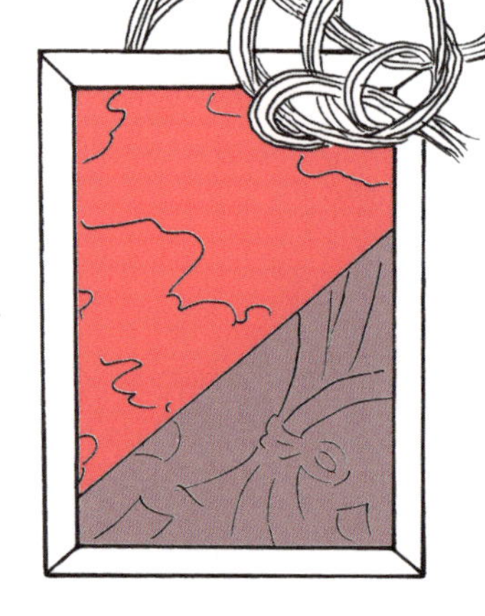

好みの絵や模様の紙を額に入れる。後ろの試験管には水引や花などを入れ、正月らしく飾る。

記念のマグネットブック、ボード、メッセージカードケース

1月・成人式

ホワイトボードで作るマグネットボードは１枚なら壁に掛けて。
２枚でブック形にすれば、写真を飾って、使わないときは閉じて本棚へ。

マグネットボード（マグネットブックにも使用）

材料　• ホワイトボード　• 布　• 木工用ボンド、へら　• ワイヤー（1mm）10cm　• ラジオペンチ

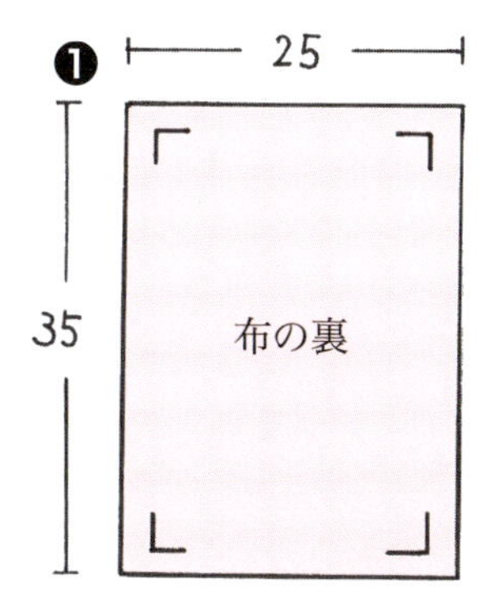

布を用意し、裏側にホワイトボードを置いてしるしをつける。

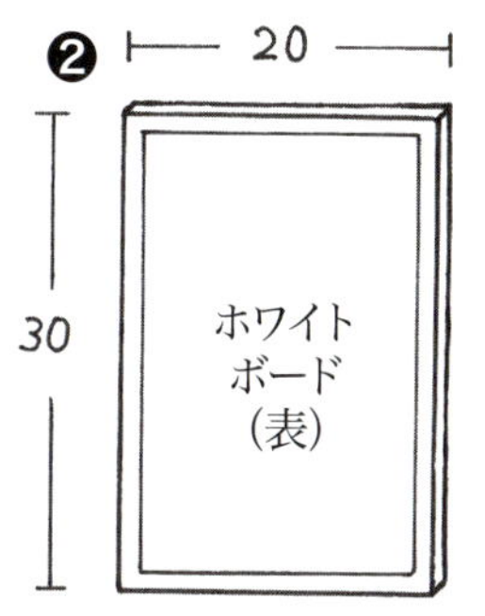

ホワイトボード。磁石のつく面を表とする。

❷の表面全体にボンドを塗り、薄く均一にのばす。

ボンドをのばすへら

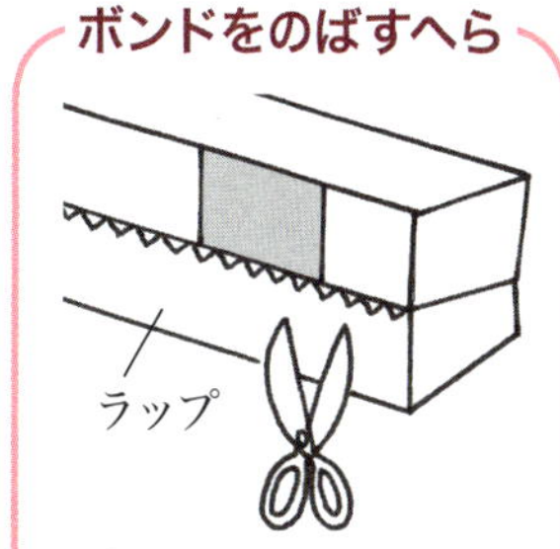

ボンドをのばす時はラップの刃を適当な大きさに切ってへらとして使うとのばしやすい。

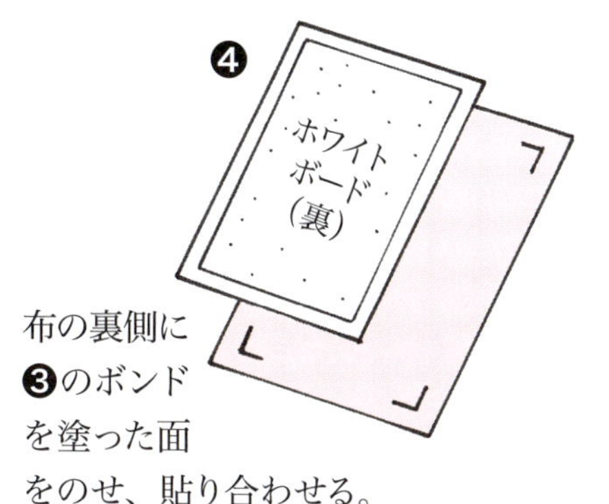

布の裏側に❸のボンドを塗った面をのせ、貼り合わせる。

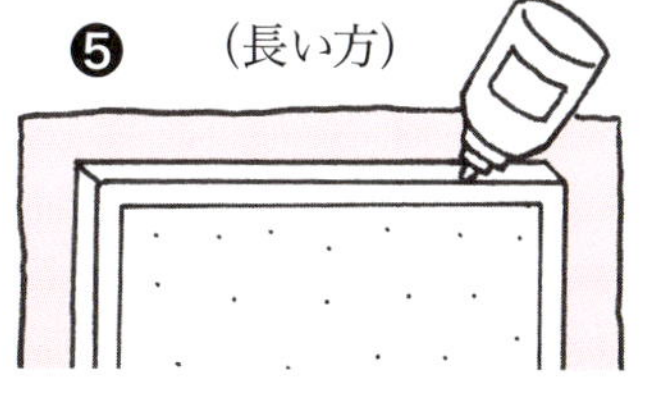

ボードを裏返し、長い方の側面と枠にボンドを薄く塗る。つけすぎると布の目からボンドがしみ出るので注意！

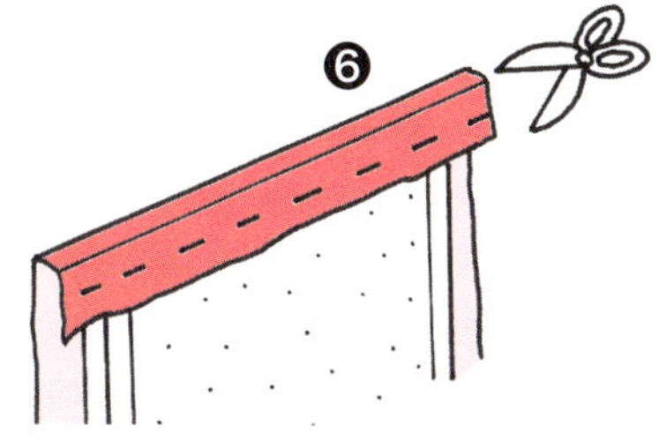

布を手でおさえて裏側の側面と枠にしっかり貼る。枠からはみ出た余分な布は切る。

〈マグネットボードだけで使う場合〉

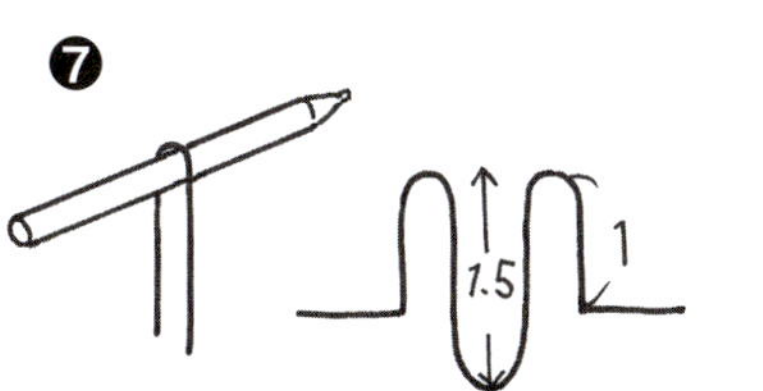

ワイヤーの中心をペンなどに巻きつけ、ラジオペンチを使って図のような形のものを2つ作る。

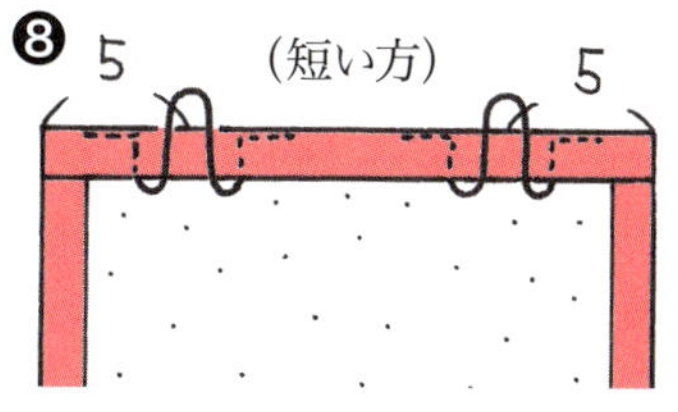

ボードの短い方の側面には、布を貼ってすぐに❽のワイヤーを差し込んで固定する。

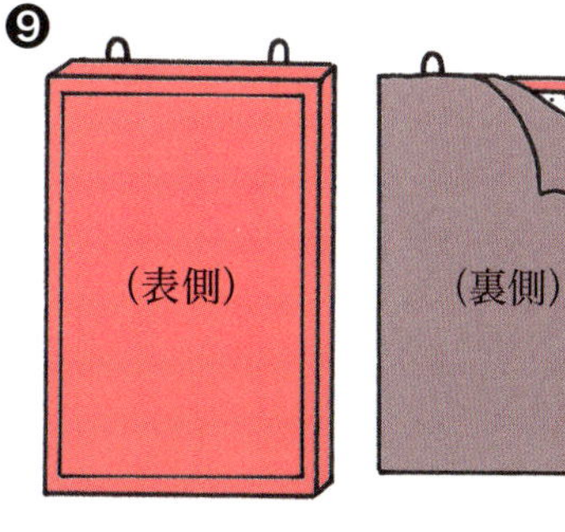

完成。裏側には別の布を貼ってもよい。

マグネットブック

材料　・マグネットボード（p.21参照。2枚）　・布　・厚紙　・布テープ　・木工用ボンド

背表紙を作る

❶

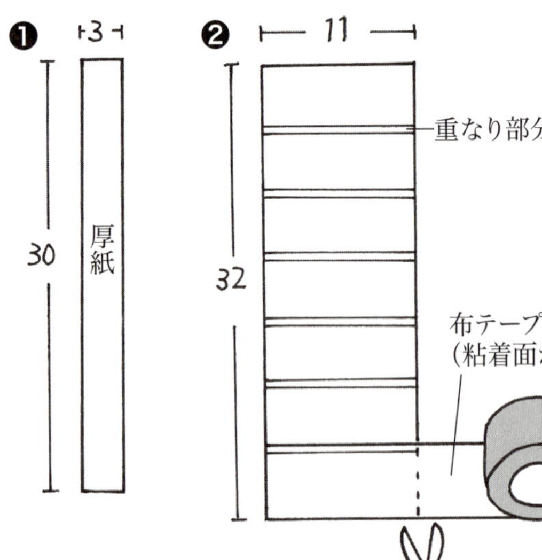

ティッシュペーパーの空き箱程度の厚さの紙を用意する。

❷

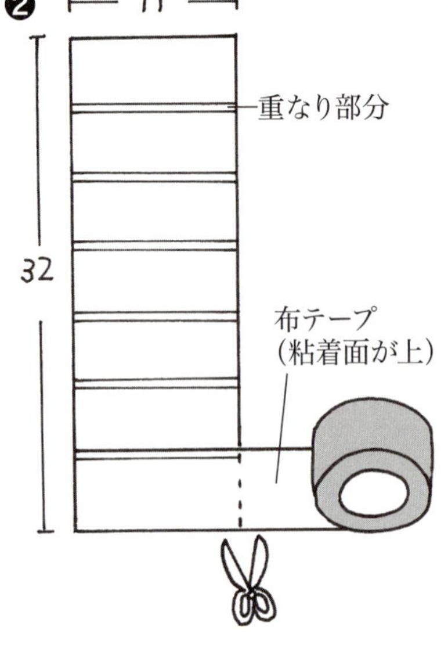

台（テーブルなど）の上で、布テープの粘着面を上に向けて少しずつ重ねながら図のサイズまで貼る。

❸

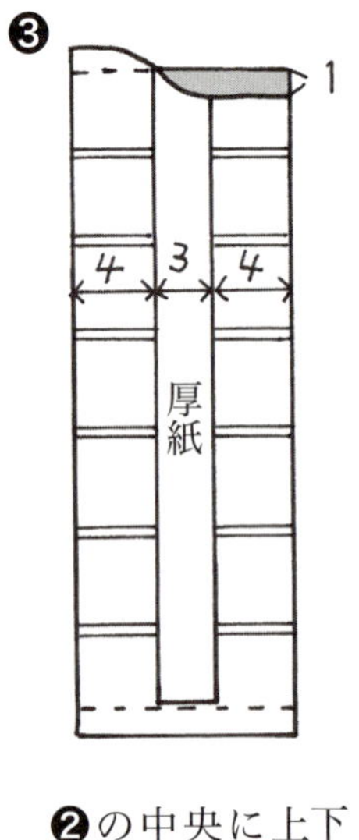

❷の中央に上下1cmずつあけて❶の厚紙を貼る。上下の布テープを1cmたたむ。

❹

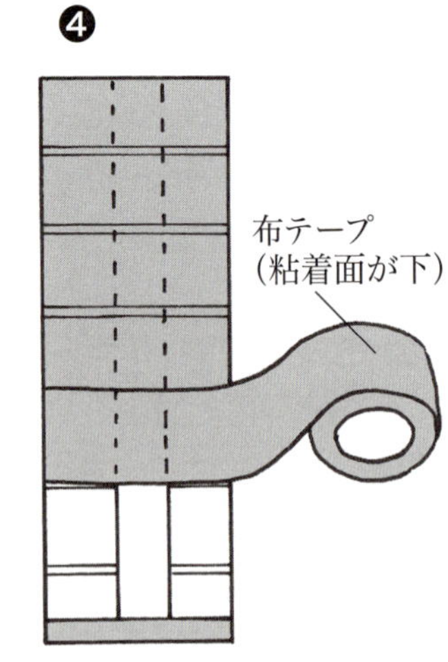

❸の上に布テープの粘着面を下にして貼り合わせるように貼っていく。強度を出すため2回貼る。

❺

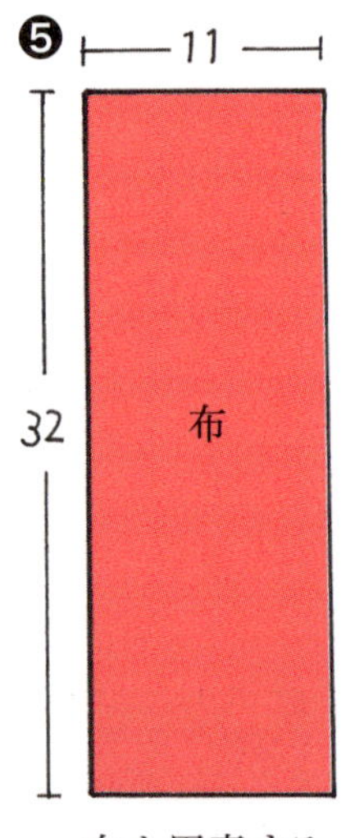

布を用意する。

❻

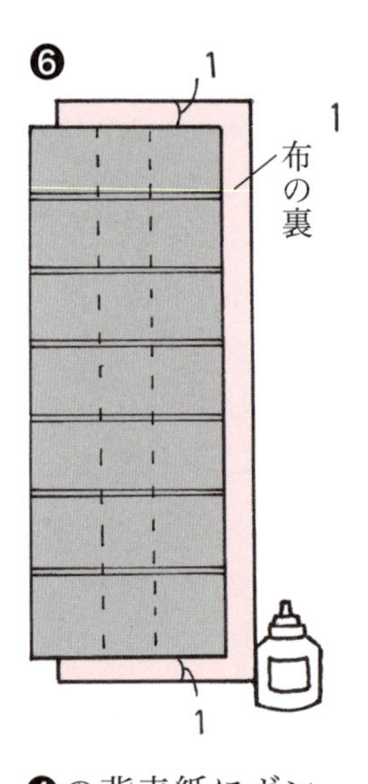

❹の背表紙にボンドをつけて、布（裏）と貼り合わせる。上下1cmずつあける。

❼

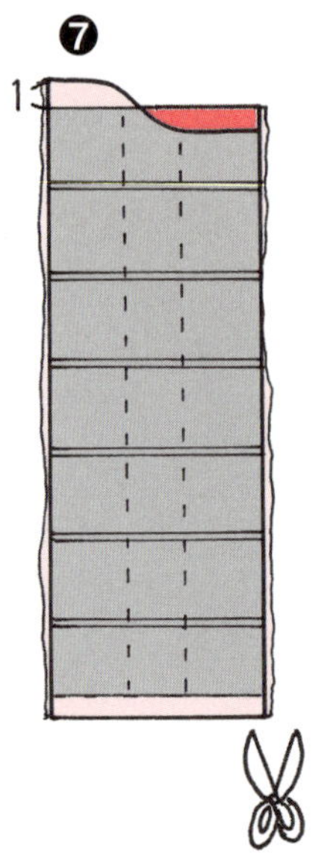

布の上下1cmにボンドをつけてたたむ。横にはみ出した余分な布は切る。

❽

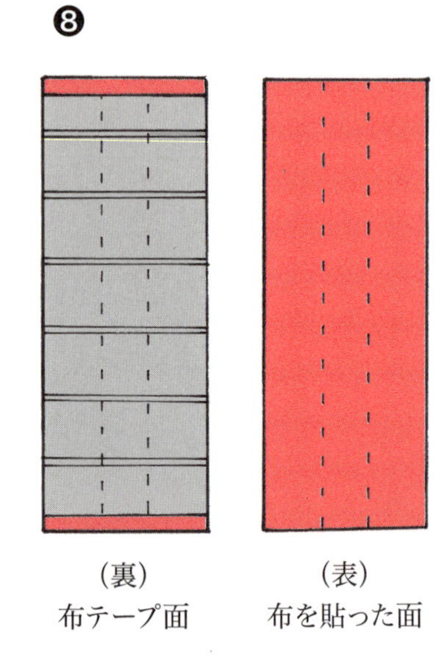

（裏）
布テープ面

（表）
布を貼った面

背表紙完成。

組みたてて本の形にする

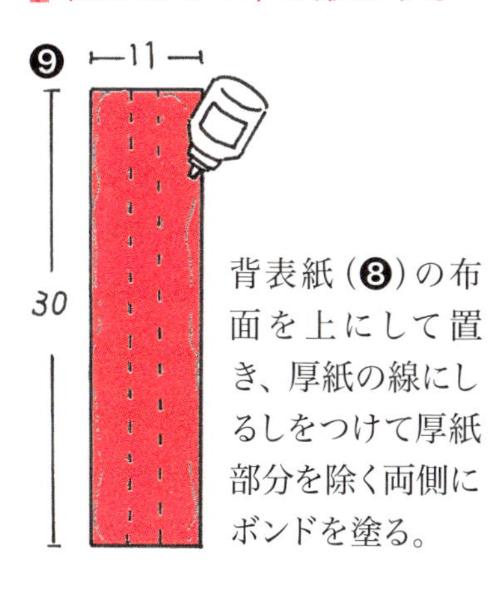

背表紙(❽)の布面を上にして置き、厚紙の線にしるしをつけて厚紙部分を除く両側にボンドを塗る。

p.21と同じ方法で作った、布を貼ったマグネットボード(ワイヤーの吊り手は不要)を2枚用意する。

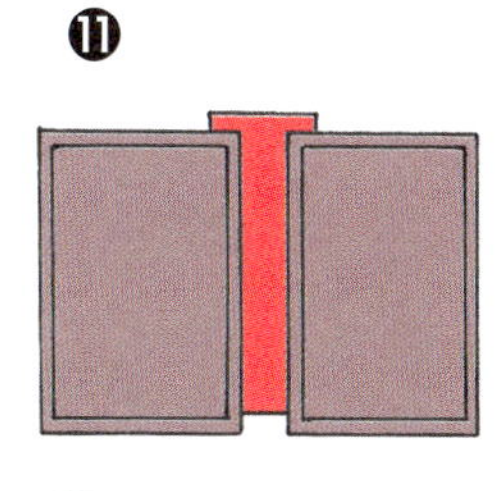

❾でしるしをつけた厚紙の線に合わせて、マグネットボードの布面(磁石がつく面)を上にして左右に貼りつける。

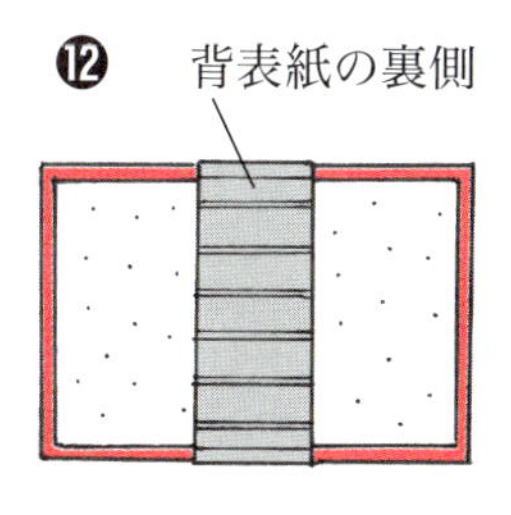

⓫の裏側の姿。

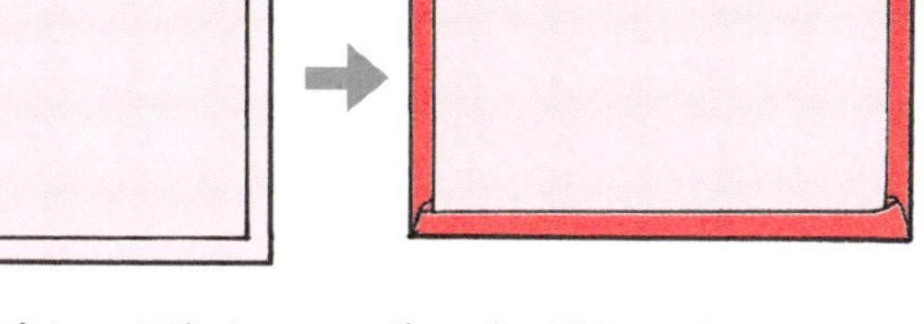

布を用意し、周りを1cmずつボンドをつけて裏側にたたんでおく。

背表紙裏側の枠だけを残して、全体にボンドをつけ、均等にのばす。

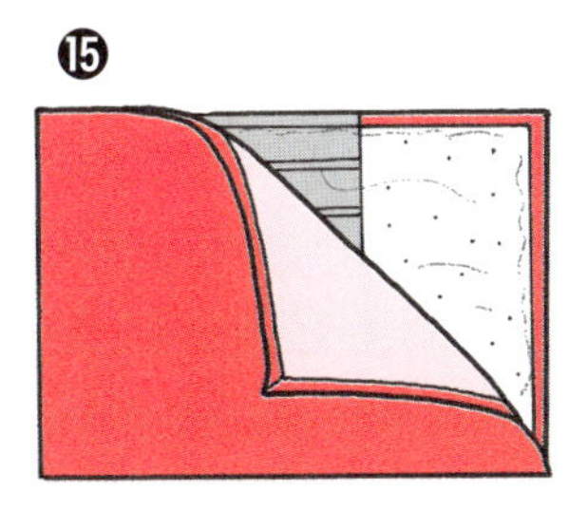

⓮のボンドを塗った面と布の裏側を合わせる。

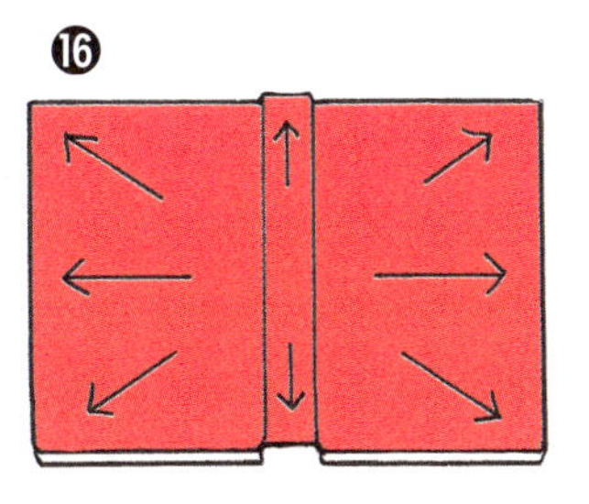

手でおさえて引っぱりながらサイズを合わせる。

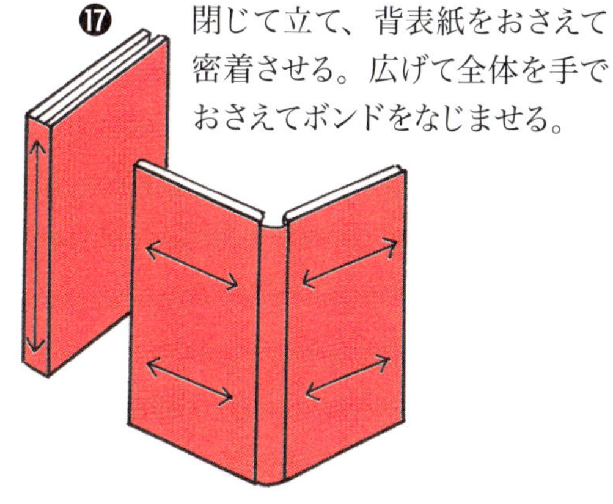

閉じて立て、背表紙をおさえて密着させる。広げて全体を手でおさえてボンドをなじませる。

端の布をめくり、布側にボンドを少し多めにつけて枠に貼りつける。

完成。開いて立てた姿。背を除いて両側は布を貼ったマグネットボード。背表紙つきなので、本のように閉じておくこともできる。

マグネットメッセージカードケース

メモを入れてホワイトボードや冷蔵庫などに貼って使う。
ケースなので写真も入れられ、誰からのメッセージかも分かる。

材料

- 布
- カードケース
  （プラスチック製硬質カードケース）
- マスキングテープ（幅 1.5cm）
- マグネットシート
- 木工用ボンド、へら

❶
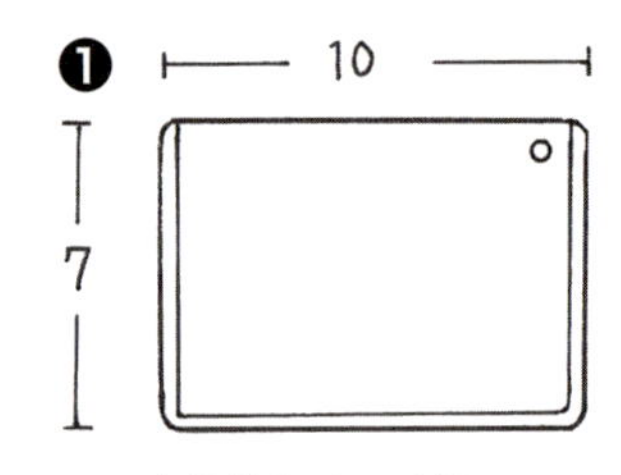

透明なカードケース
を用意する。

❷

布をカードケースより
少し大きめに切る。

❸
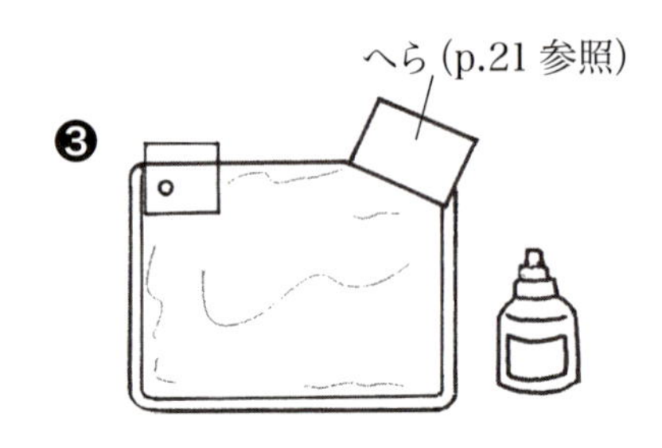

カードケースの穴の部分に紙をはさむ。
口側を上にしておき、木工用ボンドを塗って薄く均等にしっかりのばす。

❹
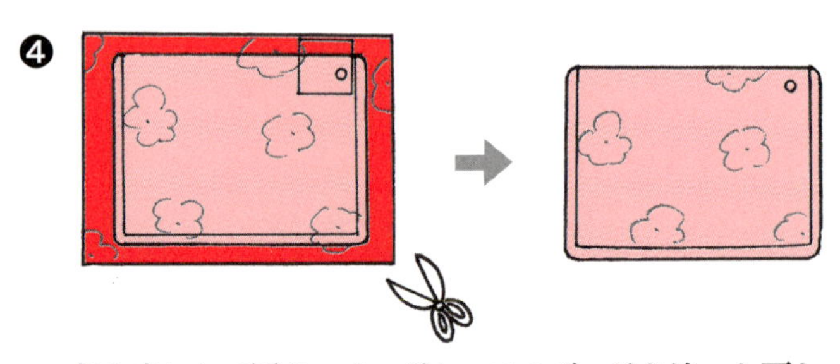

布を表にして置き、カードケースのボンドを塗った面と布の表側を貼り合わせる。乾いたら余分な布を切る。

❺
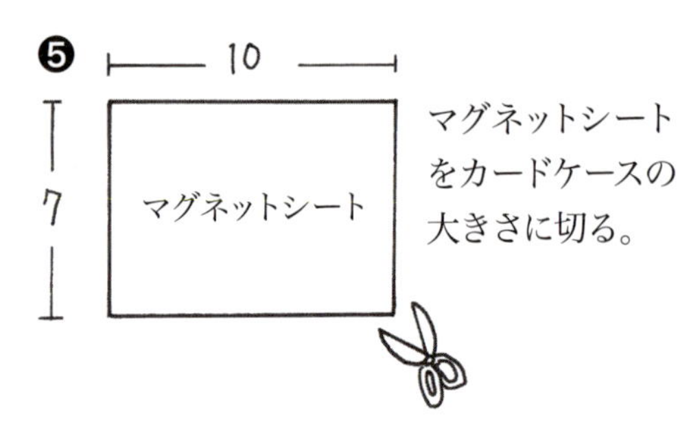

マグネットシート
をカードケースの
大きさに切る。

❻
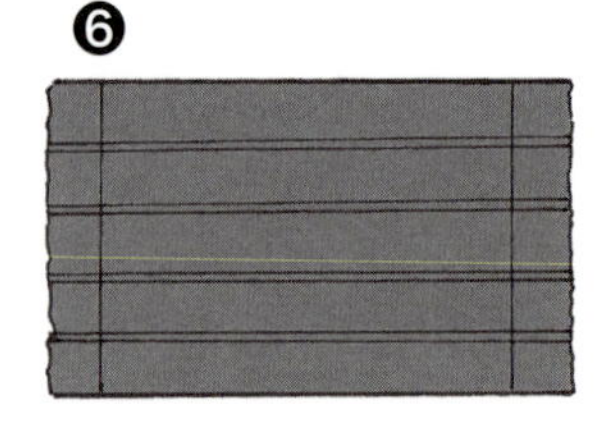

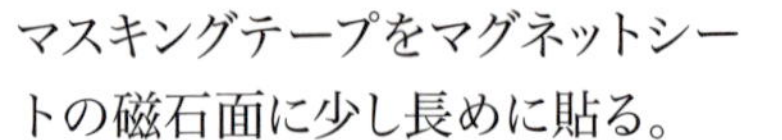
マスキングテープをマグネットシートの磁石面に少し長めに貼る。

❼
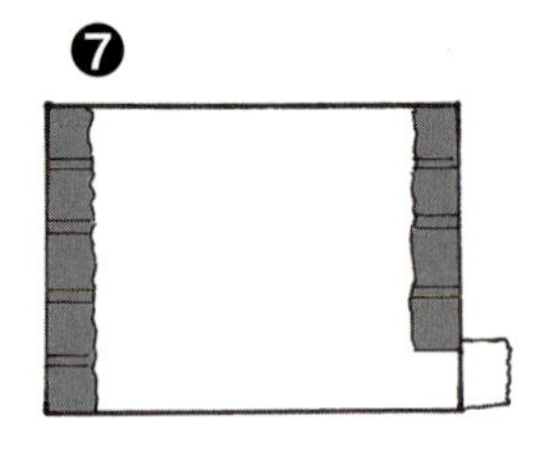

端を裏に貼り込む。

❽

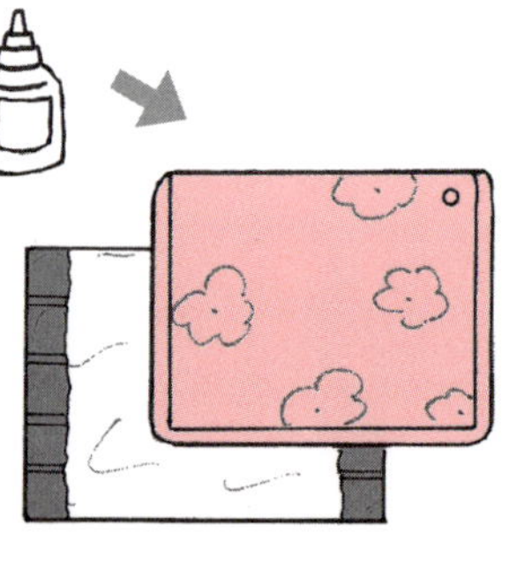

マグネットシートの
裏側にボンドをつけ、
カードケースの布の
面と貼り合わせる。

❾

おさえた時に横からはみ
出した余分なボンドは拭
きとる。裏側が磁石のメッ
セージカードケース完成。

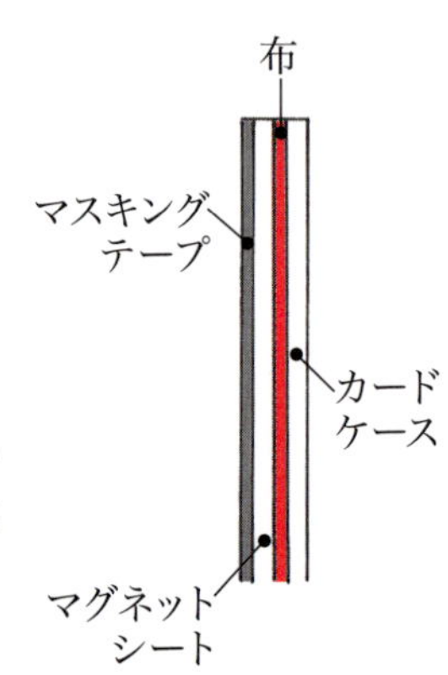

紙粘土で作る　大豆のまち針

2月・節分

粘土をころころ丸めて、少しくぼませたら大豆のでき上がり。
まち針はびんに入れて飾っておいてもかわいらしい。

材料

- ガラスびん
- 石粉粘土（紙粘土でもよい）少量
- 虫ピン　• 布　• 綿
- 絵の具（茶、オレンジ）
- 木工用ボンド
- 黒の油性ペン
- 粘土ニス　• つまようじ

大豆のまち針を作る

❶

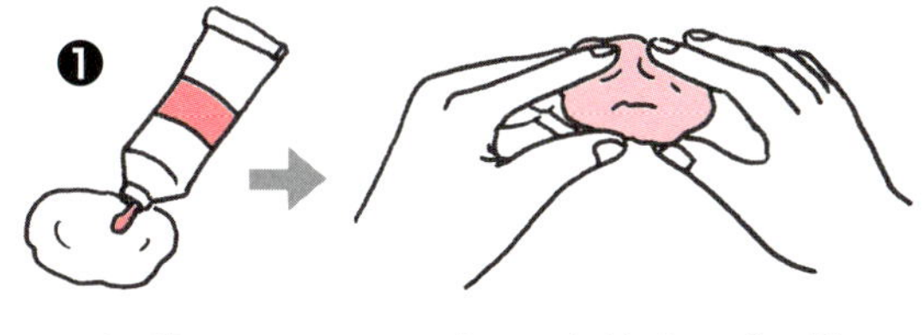

石粉粘土に、チューブから直接少しずつ絵の具（茶、オレンジ）を加えながらよく混ぜる。

注意!!

針が危ない場合は、❹の作業は職員か家族の方が行い、❺❻は針を何かに刺した状態で行ってもよいでしょう。

❷

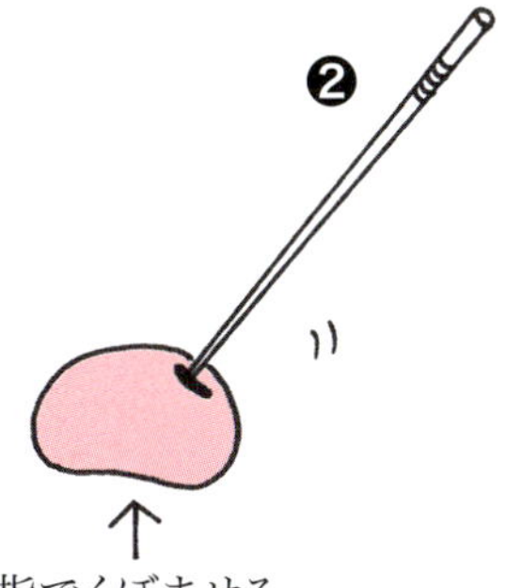

大豆の色になったら楕円形にし、下側を指でくぼませる。上側は図の位置につまようじで小さなくぼみを作る。

❸

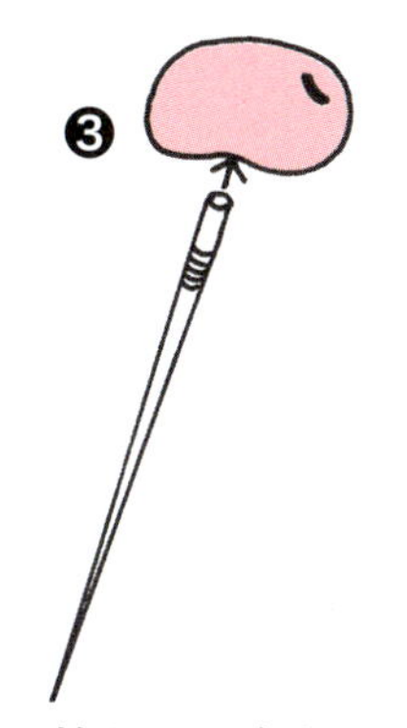

粘土が軟らかいうちに、下側のくぼみにつまようじを刺して大きめの穴をあける。穴が突き抜けないように注意。

❹

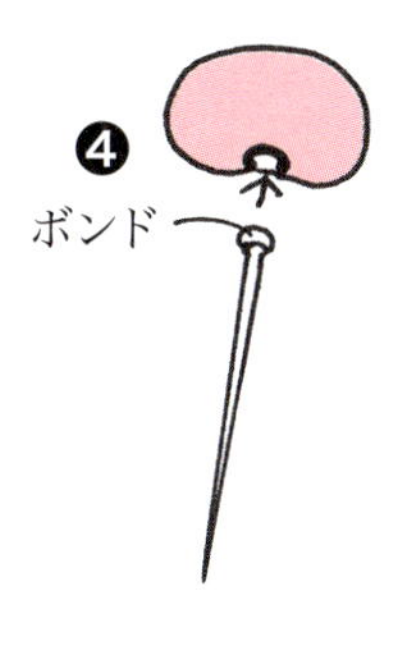

粘土が乾いたら、虫ピンの頭にボンドをつけて穴に入れる。

❺

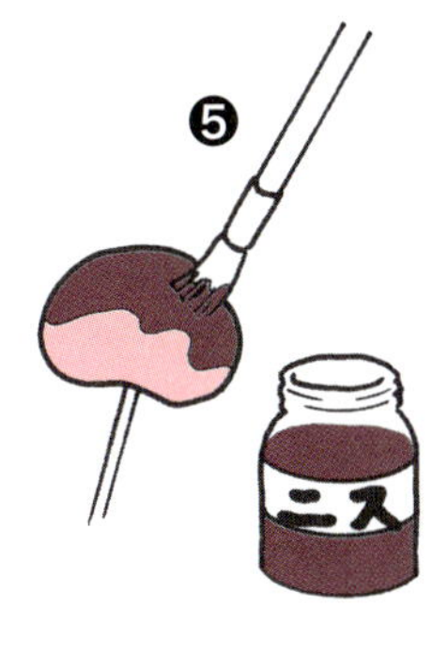

ボンドが乾いたら大豆に粘土ニスを塗り、よく乾かす。

ピンクッションを作る

❻

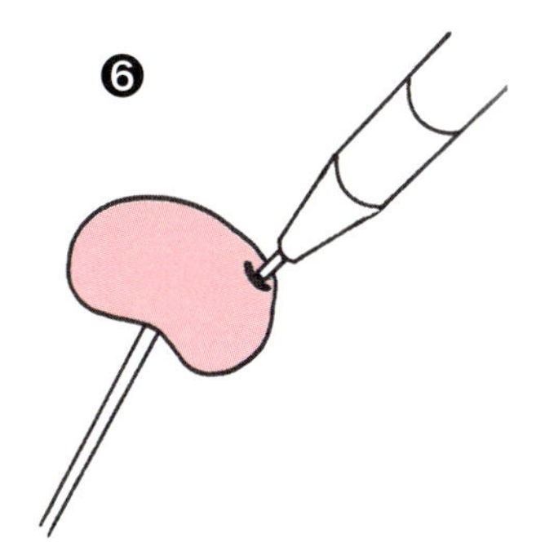

上側のくぼみに、黒の油性ペンで点を描く。

❼

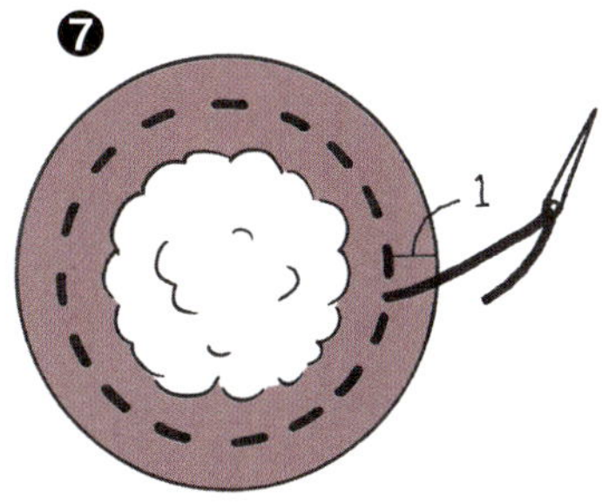

布を円形に切り、端から1cm内側をぐし縫いし、中央に綿を入れて縫い縮める。

❽

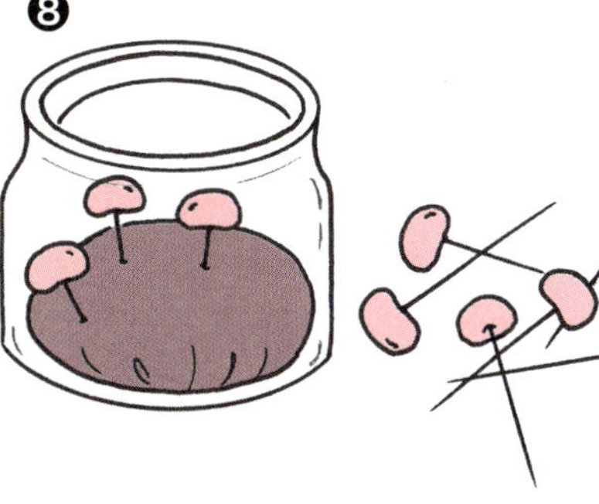

びんの中にピンクッションを入れ、大豆のまち針を刺す。

チョコにぴったり・プレゼントボックス

手作りチョコを入れるのにちょうどいい箱がない。そんな時はマスキングテープと型を使ってチョコにぴったりの箱を作ってみませんか。

p.126「マスキングテープを使った張り子の基本」も参照。

材料

- マスキングテープ
  色柄テープ（幅 1.5cm）
  養生テープ（白、幅 1.8cm）
- セロテープ
- 型（製菓用のハート型）
- 型の側面に巻く紙
  （コピー用紙など）

❶
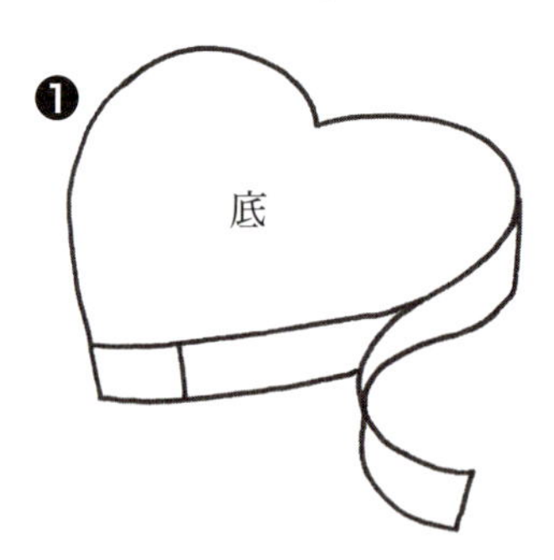

底を上にして型を置き、側面に紙を1周巻いてセロテープでとめる。

箱の内側の模様を作る

❷
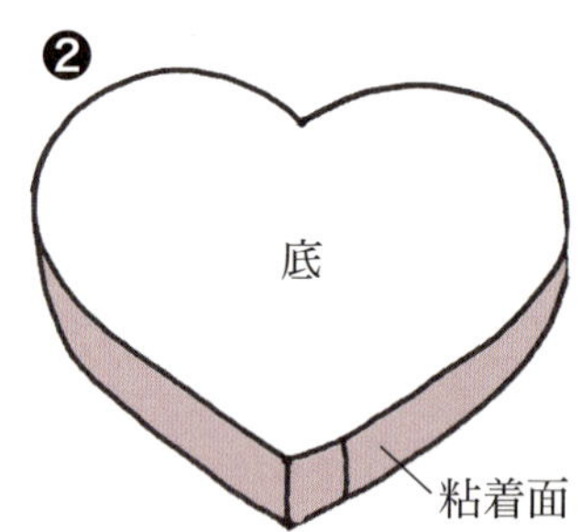

色柄テープを、粘着面を上に向けて型の側面に1周巻く。最後は少し重ねて切る。

以下、❺までは粘着面を上に向けて色柄テープを貼る。

❸

マスキングテープがずれないように、セロテープで6カ所を仮どめする。セロテープは口側に巻き込んでとめる。底面には貼らないこと。

❹
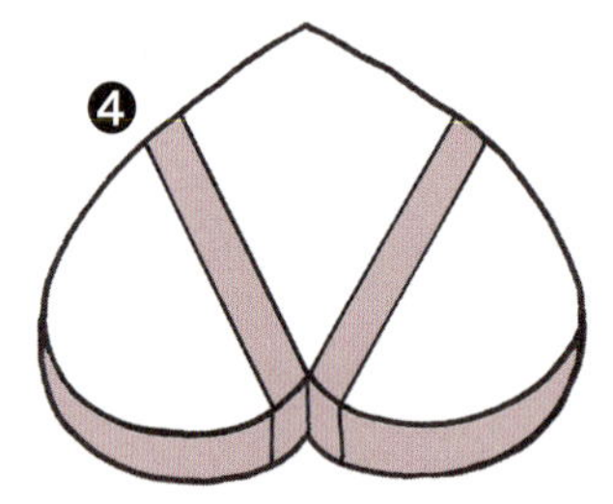

まずハートの真ん中のくぼみから2方向に底を貼る。

❺
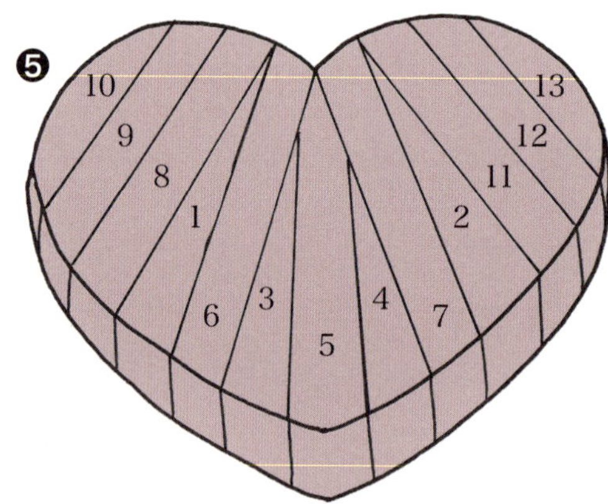

つづいて番号順に底を貼っていく。

これ以降は通常どおりマスキングテープの粘着面を下に向けて貼っていく。

養生テープを貼り重ねる

❷〜❺では内側に模様を出すため、色柄テープの粘着面を上に向けて1周貼ったが、これ以降は通常どおり粘着面が下向きとなる。養生テープは箱の厚みと強度を出すために貼るので、作りたい物によって何回貼ってもよい。

❻
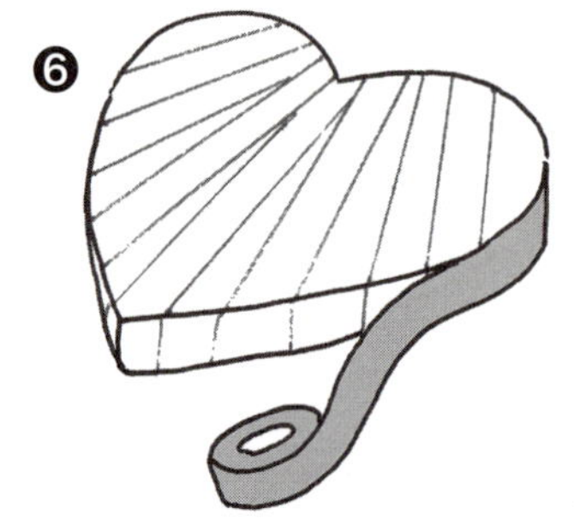

養生テープを粘着面を下に向けて側面に1周巻く。

❼

少し重ねながら底を斜めに貼る。カーブは切り込みを入れて型にそわせる。両端は側面に少しはみ出させる。

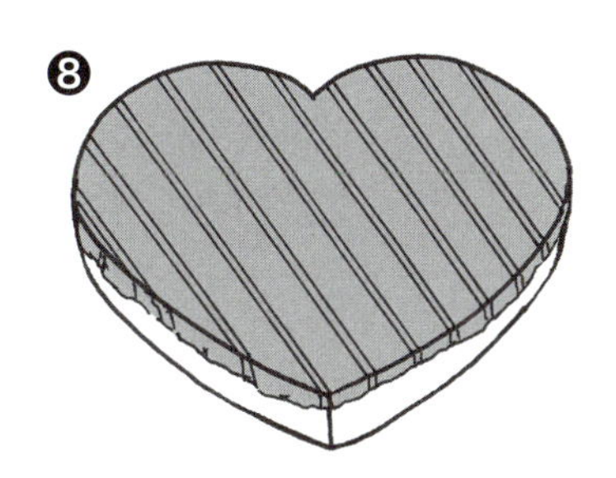

方向を逆にして底を斜めに貼る。
底を貼る時は少し重ねて貼る。

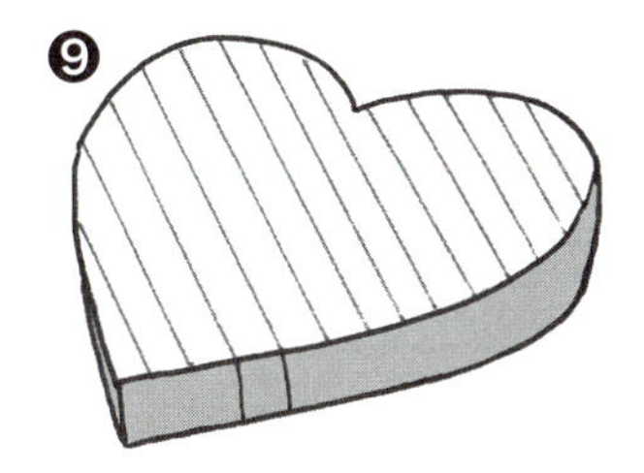

もう一度側面に1周巻く。

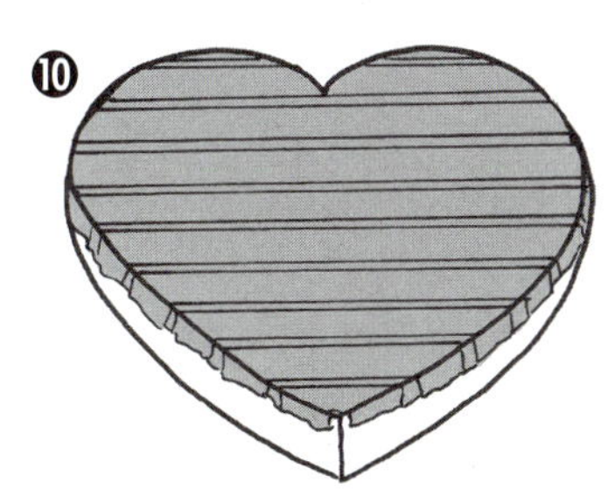

底を横に貼る。

外側に色柄テープを1層巻く

養生テープを何回か貼った後、最後に粘着面を下に向けて色柄テープを全体に貼る。これが箱の表面の模様になる。

色柄テープを底に縦に貼る。

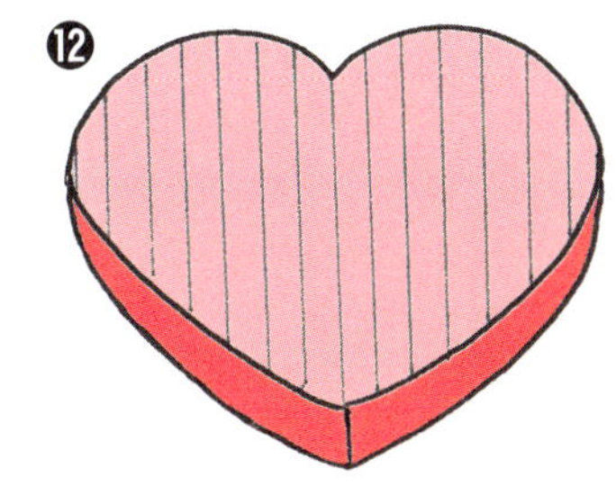

側面にも1周巻く。

ふたを作る

ふたの作り方の手順は箱と同じ。

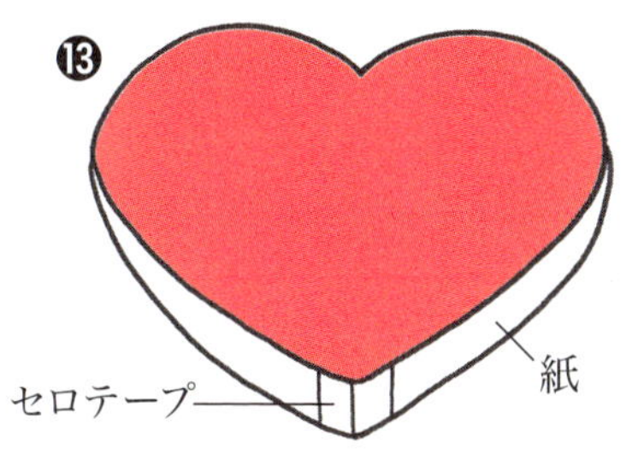

箱とふたの間にすき間を作って抜けやすくするため、完成した箱の側面に2つ折りにした紙を巻いて最後をセロテープでとめる。

箱と同様、まず色柄テープの粘着面を上に向けて側面を1周巻く。この後は箱の❸〜⓬と同じ手順でふたを作る。

型から抜き、箱とふたの口側を整え補強する

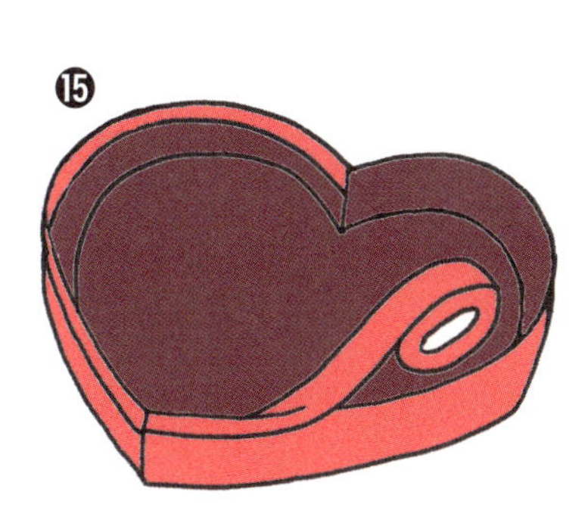

箱は型から抜いた後、側面と同じテープを口の縁部分の内側と外側に折り込んで口を補強する。

ふたは箱にかぶせた時に開けやすくするため、側面を半分切り落としてから、箱同様側面と同じテープで口を補強する。

型が浅い場合は、箱とふたは同じ幅のマスキングテープ1段で巻くため、仕上がりの深さが同じになります。そのため、ふたを開けやすいようにふたの口側を切り落として浅くする作業が必要になります。
しかし型が深い場合は、側面を何段かで巻いていくため、最初から箱とふたの深さを変えて作っていくことができます。その場合は最後にふたの口部分を大幅に切り落とす必要はなくなります。

縫わずに作る ホチキスバッグ

2月・バレンタインデー

ホチキスで作る簡単バッグです。持ち手のリボンはボタンに通すだけなので お気に入りのリボンに着せ替えれば、また違った雰囲気に。

材料

- 布
- サテンのリボン 40cm 2本
- ボタン4個
- ホチキスとステンレス針
- チャコペン
- 布用ボンド

❶

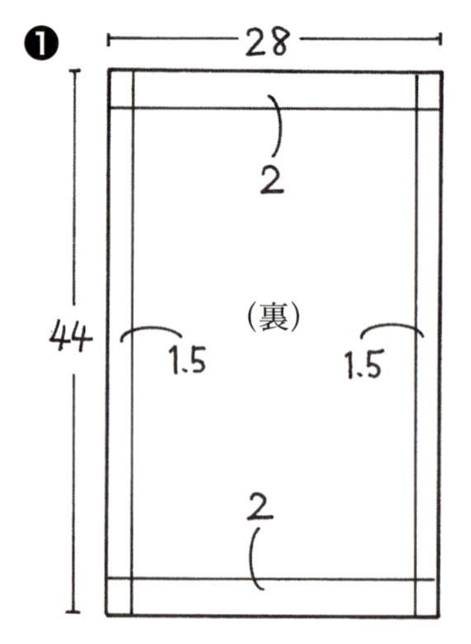

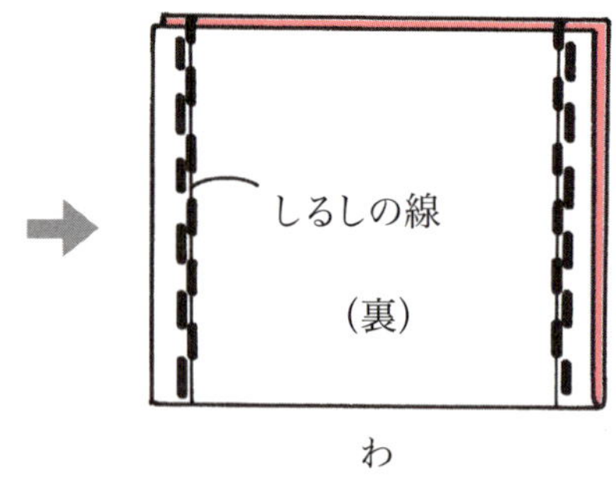

布を用意し、左右のぬいしろ1.5cmにしるしをつける。布を中表に半分に折り、しるしの線の上をホチキスでとめ、間を埋めるように外側にも1列とめる。

❷

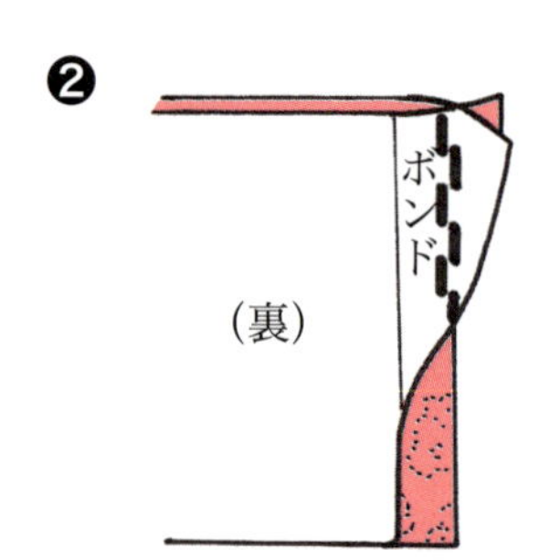

ホチキスの針を隠し、両端を補強するため、両脇の布を割ってボンドでとめる。

❸

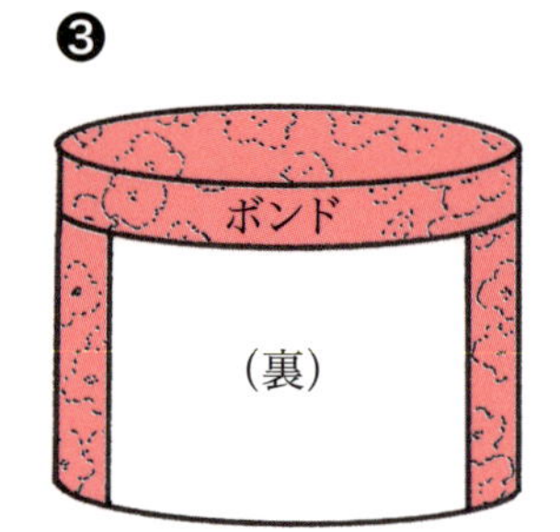

口側を裏側に2cm 折ってボンドでとめる。

❹

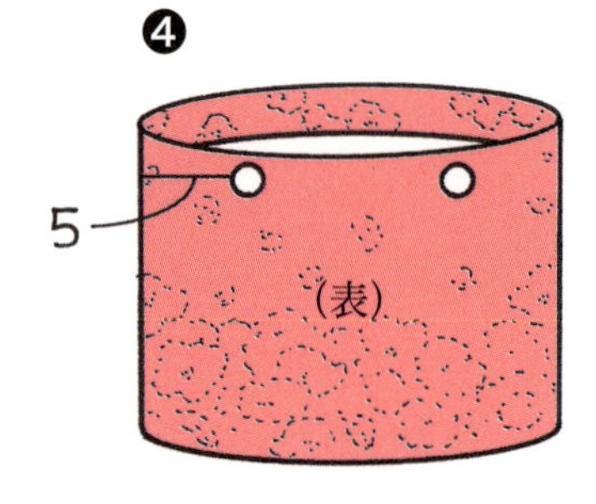

ボンドが乾いたら表に返し、端から5cmの前と後ろに計4個のボタンをつける。

❺

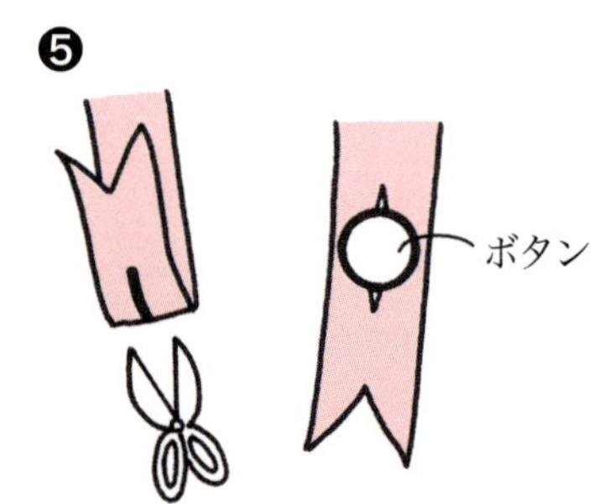

リボン(40cm 2本)は、先がほつれないようにV字に切り、ボタンを通す穴の大きさに切り込みを入れる。

❻

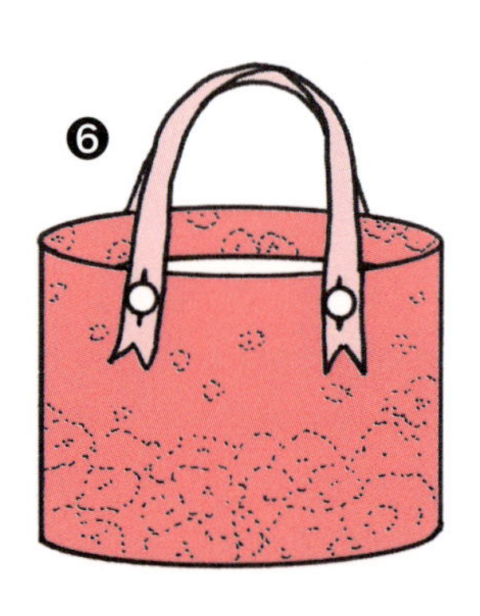

リボンをボタンに通して完成。

菱もちの小物入れ

3月・桃の節句

3色のマスキングテープで菱もちのようなかわいらしい小物入れを作りました。型はティッシュペーパーの空き箱を再利用します。

p.126「マスキングテープを使った張り子の基本」も参照。

材料
- マスキングテープ
  色柄テープ（幅1.5cm）：白、ピンク、緑、茶　養生テープ（白、幅1.8cm）
- セロテープ
- ティッシュペーパーの空き箱
- 型の側面に巻く紙（コピー用紙など）

型を作る

❶

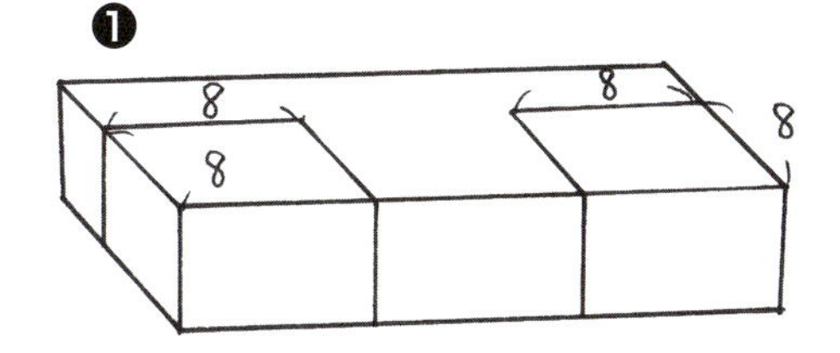

ティッシュペーパーの空き箱の取り出し口のない方にしるしをつけて2つ切りとる。

❷

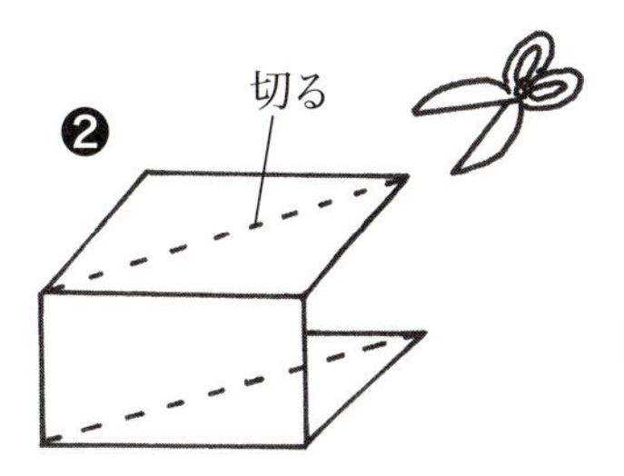

上下に切り込みを入れる。

❸

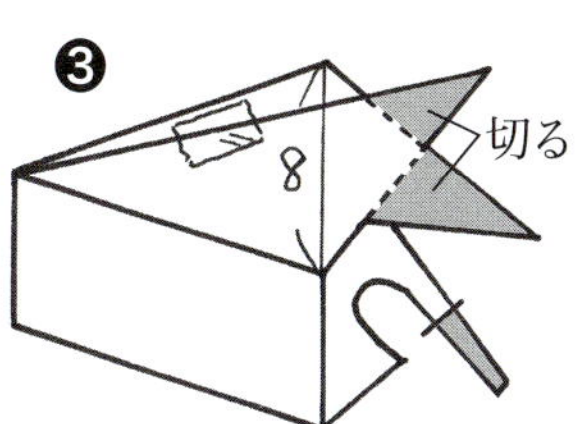

図のように重ね、セロテープでとめる。

❹

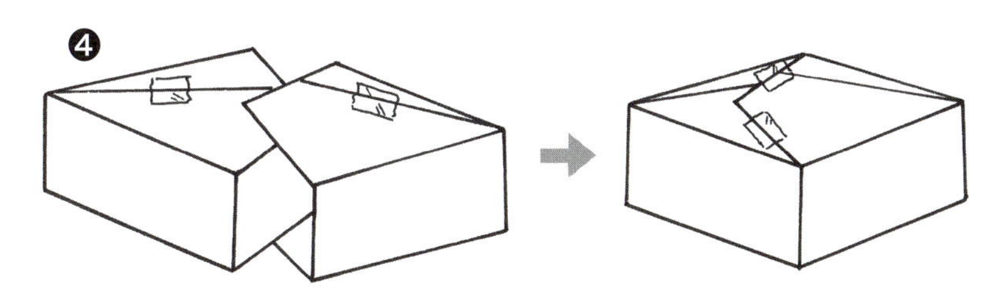

上下を組み合わせて菱形を作り、ずれないようにしっかりセロテープでとめる。

❺

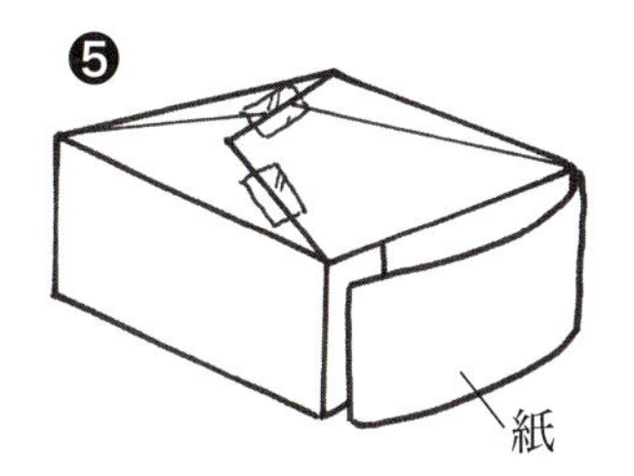

側面に紙を1周巻いてセロテープでとめる。

箱の内側の模様を作る（色柄テープの粘着面を上に向けて貼る）

❻

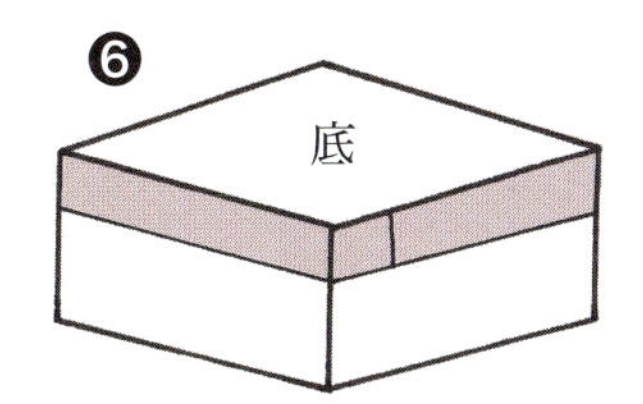

茶のマスキングテープを、粘着面を上に向けて型の側面に1周巻く。最後は1cmほど重ねて切る。

❼

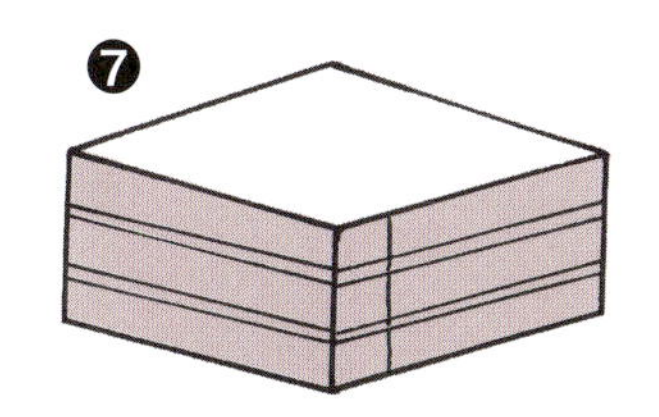

少し重ねながら残り2段を貼る。

❽

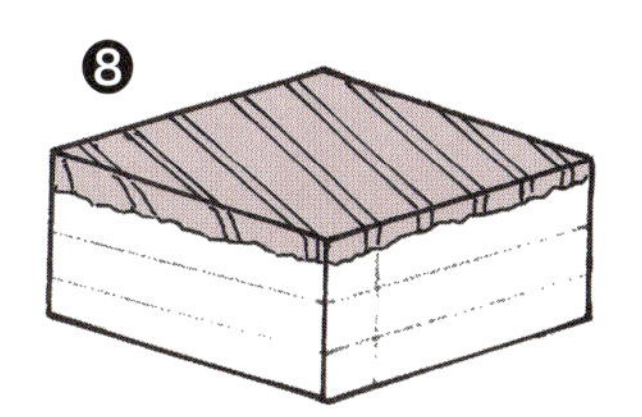

箱の底になる面は少し重ねながら斜めに貼る。

これ以降は通常どおりマスキングテープの粘着面を下に向けて貼っていく。

養生テープを貼り重ねる

❾

側面を少し重ねながら貼る。テープは図のように底面に少しはみ出させて切る。

❿

底を斜めに貼り、続いて側面も貼る。

⓫

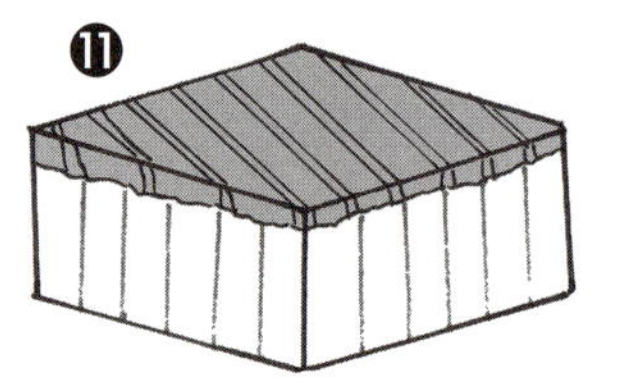

❿と逆方向に底を斜めに貼る。

⓬

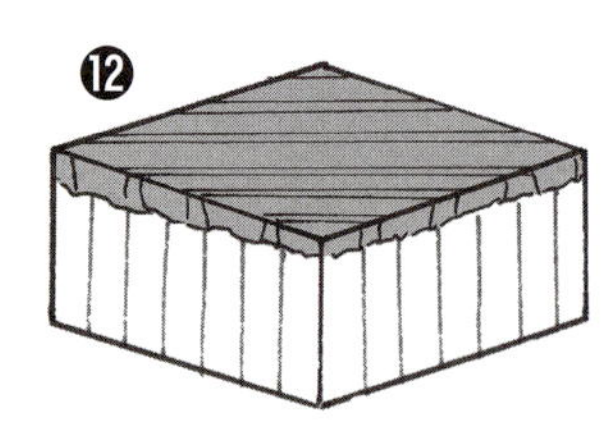

角度を変えて底を貼る。

⓭

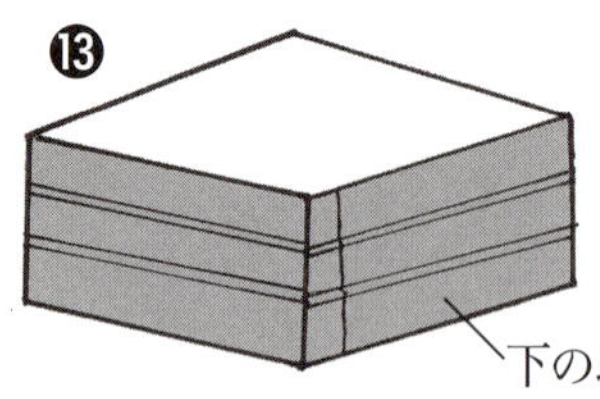

側面を横方向に貼る。下の段だけは2回貼る。

外側に色柄テープを1層巻く

最後に粘着面を下に向けて色柄テープを1層巻いて、箱の外側の模様を作る。

⓮

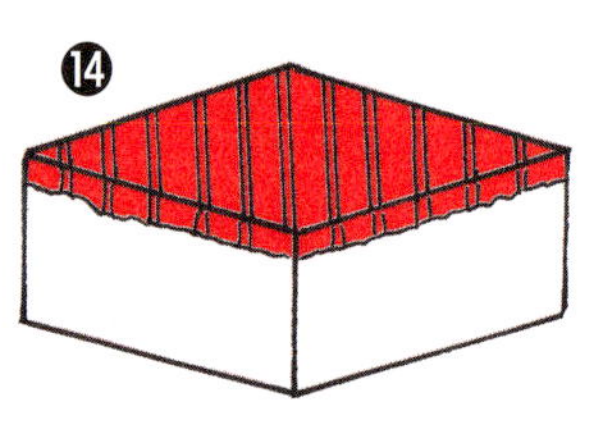

緑の色柄テープで底を貼る。

⓯

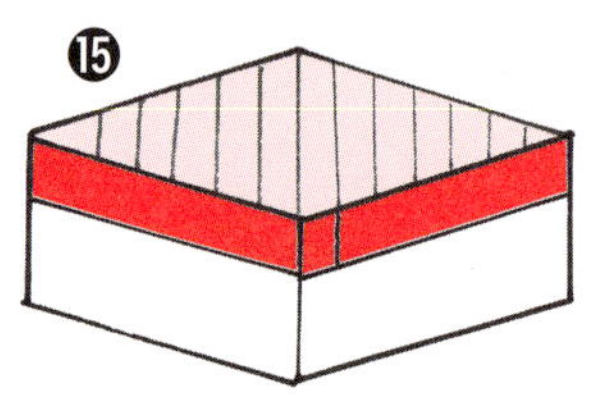

底に接する側面を緑で巻く。

⓰

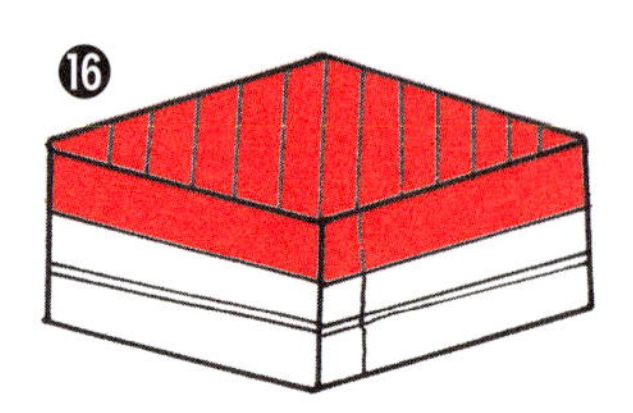

真ん中と下の段は白(柄付)のテープで巻く。

ふたを作る

⓱

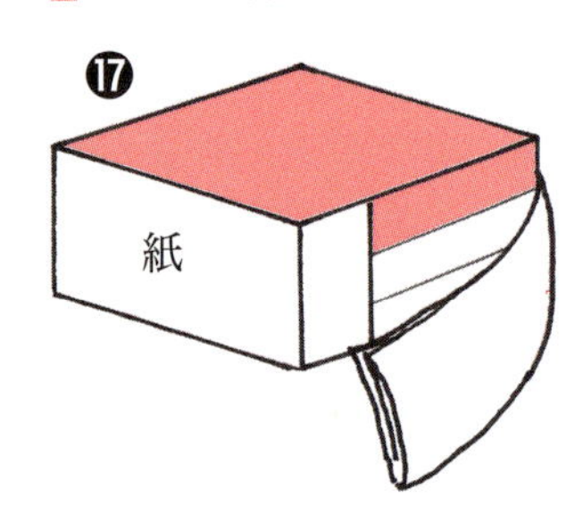

完成した箱の側面に紙を3重にたたんで巻き、セロテープでとめる。

⓲

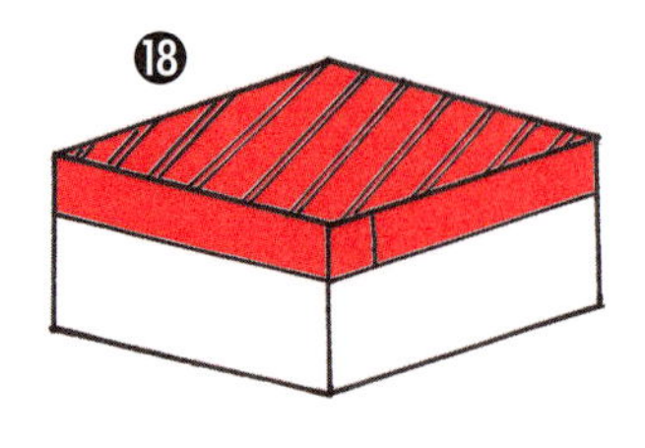

箱と同様に作る。ただし箱本体より浅くするため、側面はテープ1段分で作っていく。内側は茶、外側はピンクで巻く。

型から抜き、箱とふたの口側を整え補強する

⓳

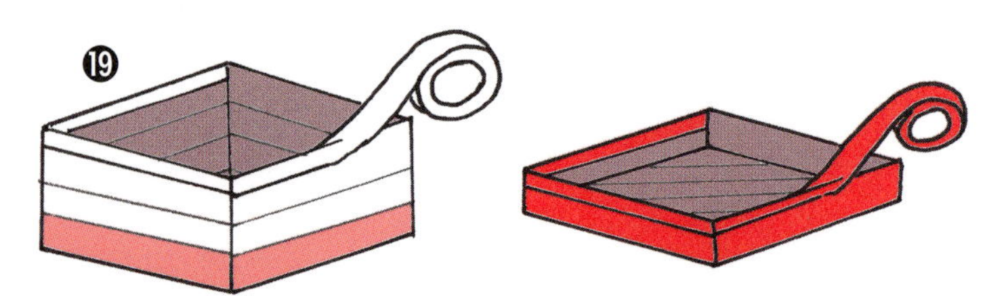

型から抜いて本体とふたに分ける。余分なテープは切りとってから、口の縁を補強する。箱、ふたともそれぞれ側面と同じテープを使い、縁の内側と外側に折り込む。

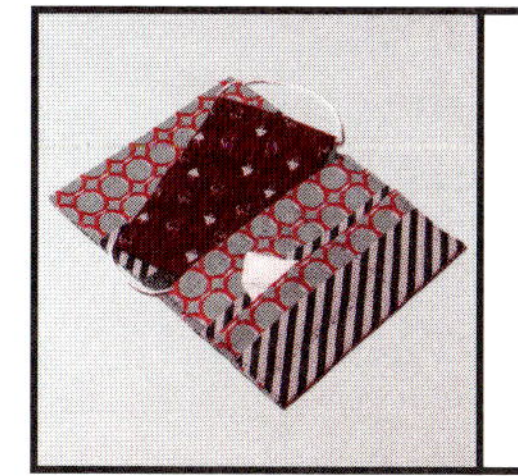

お出かけフィットマスクと ポケットティッシュ入れつきマスクケース

3月・花粉の季節

マスクをお気に入りの布で作りましょう。マスクをはずしたらティッシュ入れつきマスクケースに。小さなポケットには鼻炎薬なども入ります。

お出かけフィットマスク

材料
- 布　• マスクゴム　• サテンのリボン　20cm 2本
- ワイヤー（1mm、痛くなく曲げやすい適度な硬さのもの）13cm 2本、10cm 4本
- ガーゼ　• テープ（梱包用ポリエチレン織布）、糸　• 布用ボンド

❶

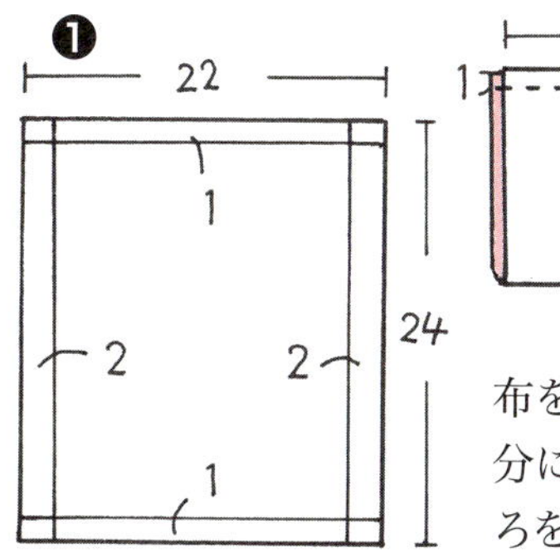

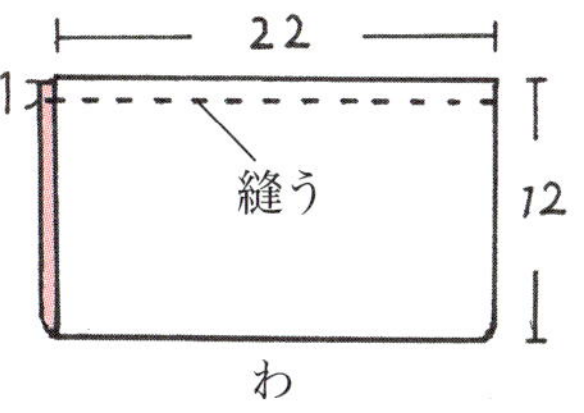

布を用意し、中表に半分に折って1cmのところを縫い、表に返す。

❷

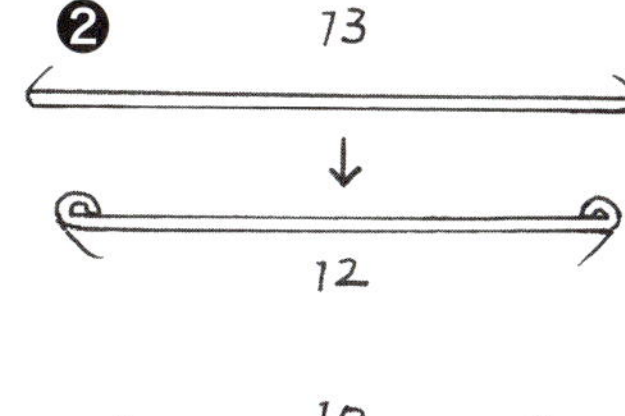

ワイヤー13cmを2本（マスク本体の上下用）、10cmを4本（本体の左右用とガーゼどめ用）用意し、両端を少し曲げておく。

❸

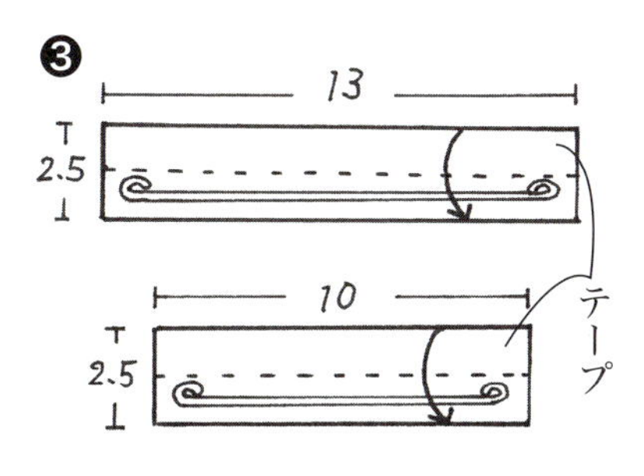

ガーゼどめ用の2本以外のワイヤーをテープの片側に置き、テープではさむ。

❹

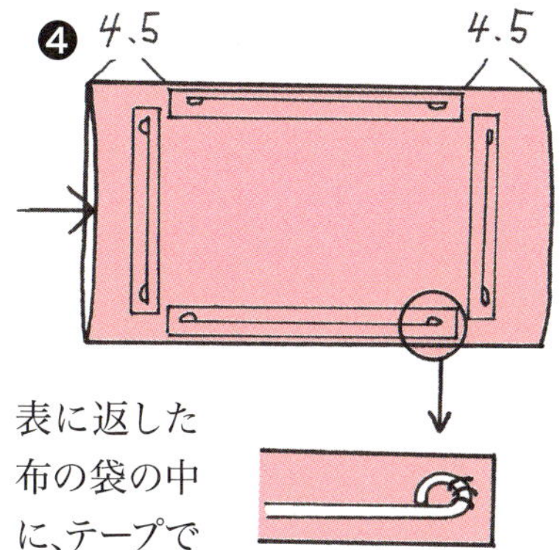

表に返した布の袋の中に、テープではさんだワイヤーを入れてワイヤーの両端を裏側に糸で縫いとめる。

❺

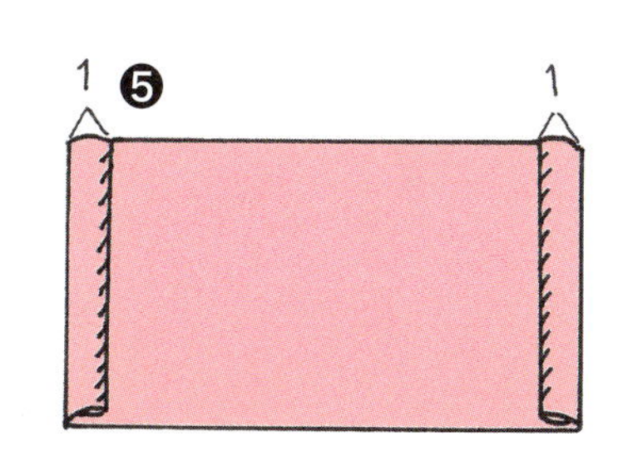

布の両脇を三つ折りしてまつり縫いし、ゴムを通す部分を作る。

❻

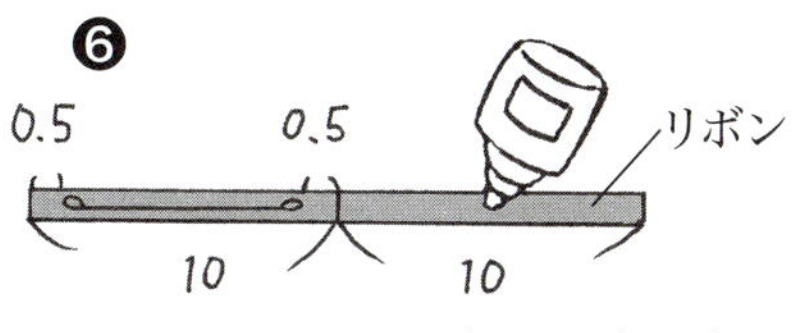

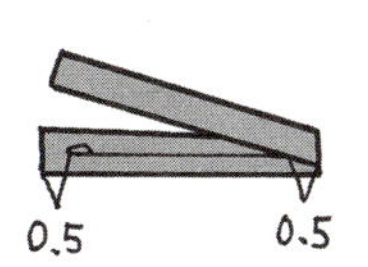

リボンにボンドを塗り、ガーゼ留め用のワイヤーを置いてリボンではさんだものを2本作る。

❼

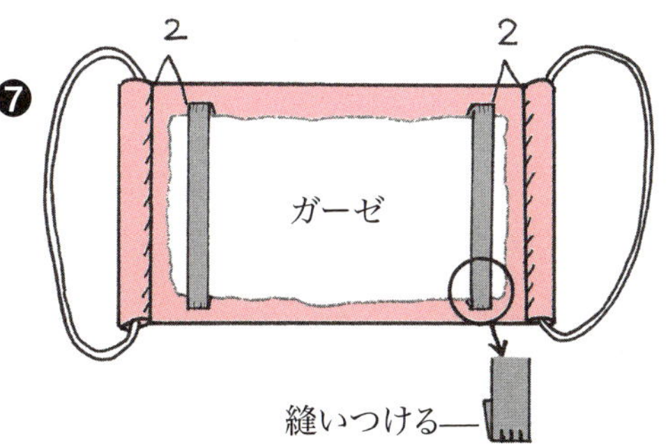

リボンは両端を5mmのところで折り、マスクの内側に図のように縫いつける。マスク用のゴムを通して完成。

ポケットティッシュ入れつきマスクケース

材料　・布　・ししゅう糸　・糸　・布用ボンド

❶

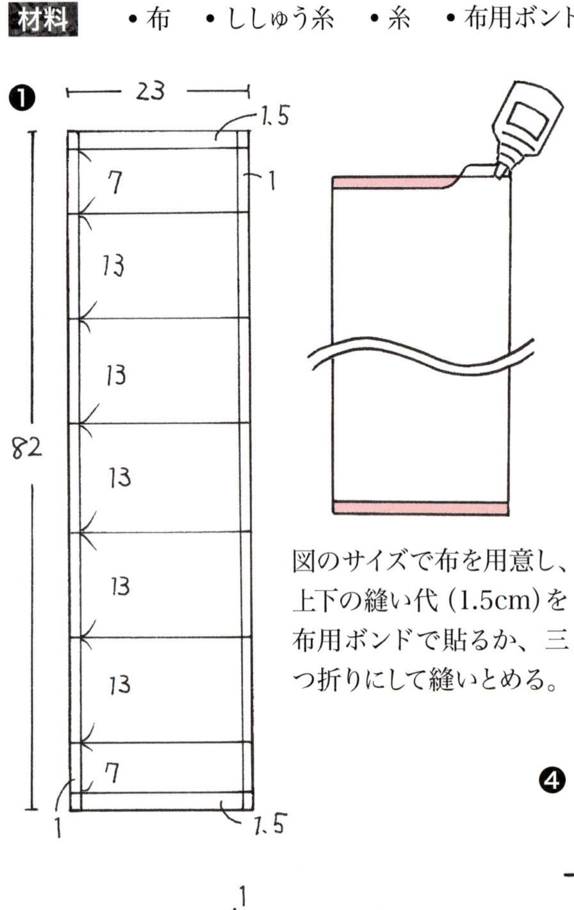

図のサイズで布を用意し、上下の縫い代（1.5cm）を布用ボンドで貼るか、三つ折りにして縫いとめる。

❷

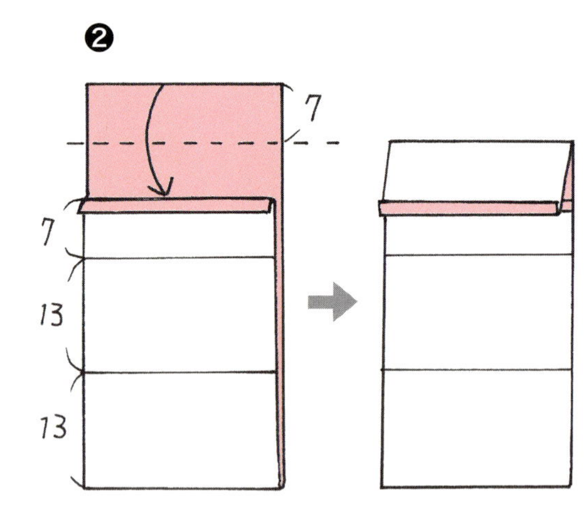

中表に布を合わせ、上から7cmのところで折って下の縫い代に上の布を重ねる。

❸

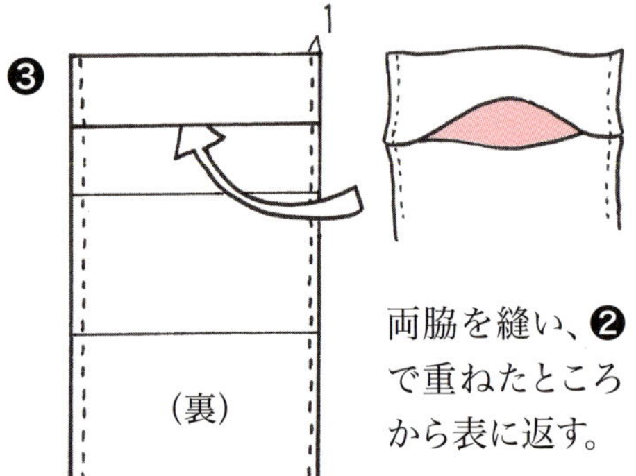

両脇を縫い、❷で重ねたところから表に返す。

❹

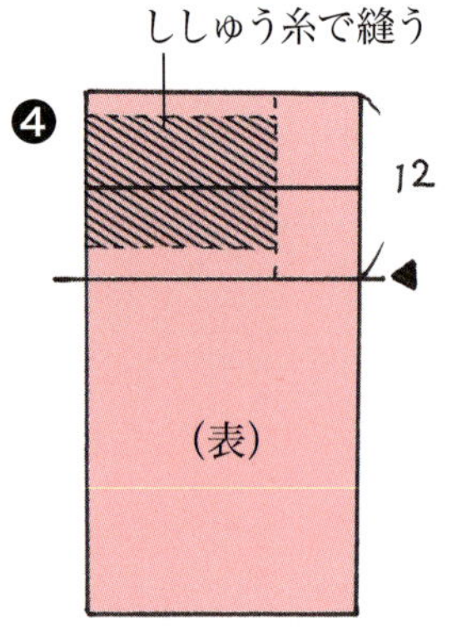

ポケットティッシュを左に寄せて置き、1cmずつ外側にしるしをつける。しるしの位置をししゅう糸（2本どり）で縫う。

❺

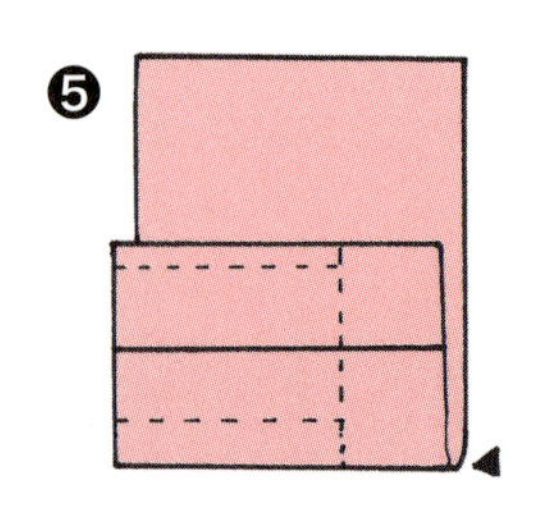

上から12cmのところで後ろに折り返す。

❻

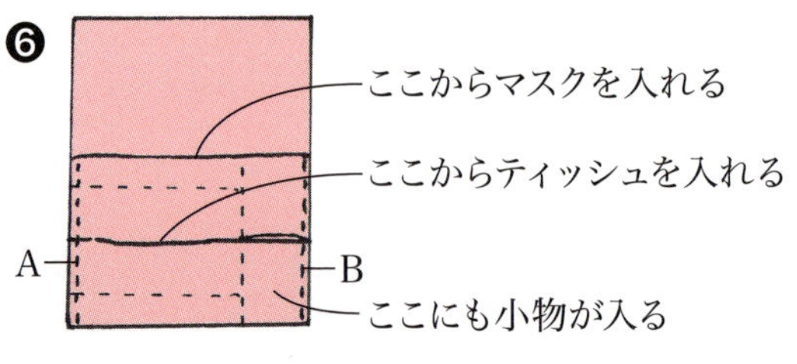

両脇（A、B）をししゅう糸（2本どり）で縫う。

手ぬぐいを使う場合

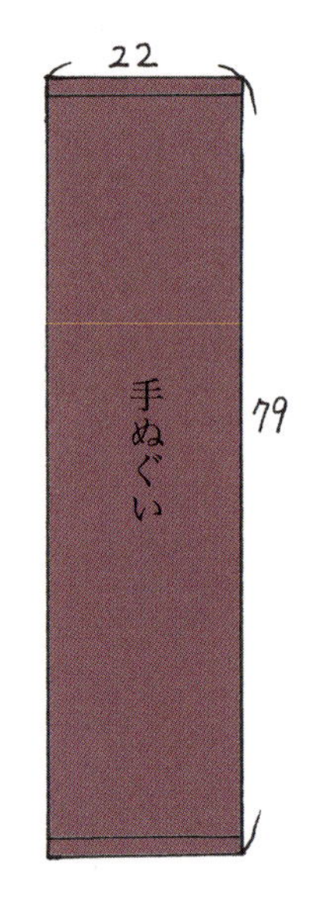

手ぬぐいで作る場合は、本体が79cmになるように上下の縫い代を調節し、後は同様に。

第2章

4月 卯月

5月 皐月

6月 水無月

4月・春の味覚

たけのこの印鑑入れ

（作り方 41 ページ）

フェルトのペンホルダー

（作り方43ページ）

4月・お花見

お皿に変身！カトラリーホルダーとはし袋

はし袋

カトラリーホルダー

（作り方45ページ）

スライドして楽しむ　桜のコースター

（作り方 47 ページ）

5月・端午の節句

鯉のぼりの ペン差し

（作り方48ページ）

5月・茶摘み

ワイヤーと 和紙で作る 茶の葉の アクセサリー

（作り方49ページ）

茶筒形の小物入れ

（作り方 124 ページ）

6月・雨傘

吸水の折りたたみ傘ポーチ

（作り方 52ページ）

6月・雨傘

糸かけコースター

（作り方 54ページ）

6月・ほたる

ほたるのカフェカーテン

ホタル模様はお尻に穴があいているので、窓際の日除けなどにすれば、ホタルのお尻が光ります。
上：後ろから光が差して光っているほたる。
下：ほたるが飛んでいるカフェカーテンの全景。

（作り方55ページ）

6月・ほたる

ほたるのマグネット

（作り方56ページ）

たけのこの印鑑入れ

4月・春の味覚

フェルトで作る印鑑入れです。たけのこらしく見せるコツは皮にするフェルトの端をしごいて型から少し浮かせること。これで立体感がでます。

材料

- マスキングテープ（茶、幅 1.5cm）
- フェルト（茶、薄黄、黄、黄緑）
- コピー用紙
- 木工用ボンド
- 糸、セロテープ

容器（印鑑を入れる部分）を作る

❶（裏）

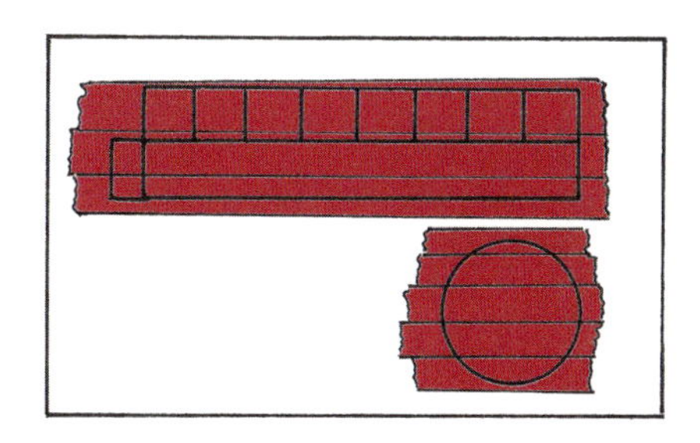

型紙の容器と底をコピーして裏返し、線をなぞる。線からはみ出させてマスキングテープを貼る。

❷（表）

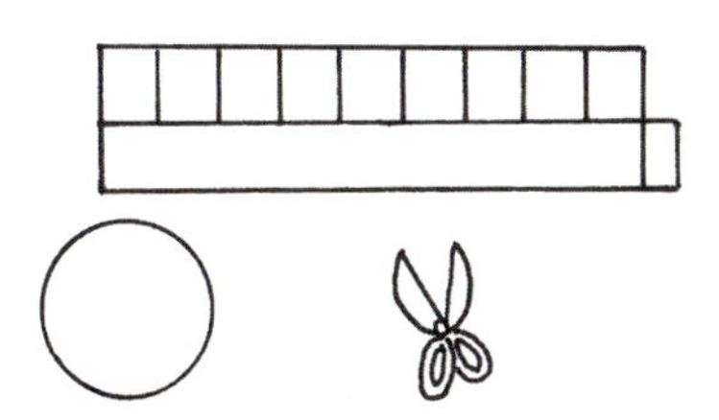

紙を表にもどし、型紙どおりマスキングテープごと切りとる。

✿ たけのこの型紙 ✿

（2倍に拡大して使用）

容器、底、ふたの型紙

型紙をコピーした紙をベースとしてそのまま使用。

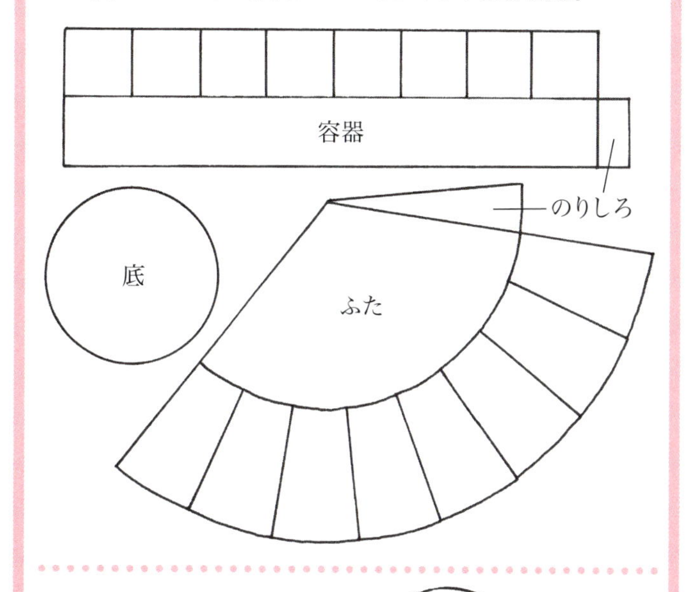

たけのこの皮7枚

使用するフェルトにコピーした型紙を写す。

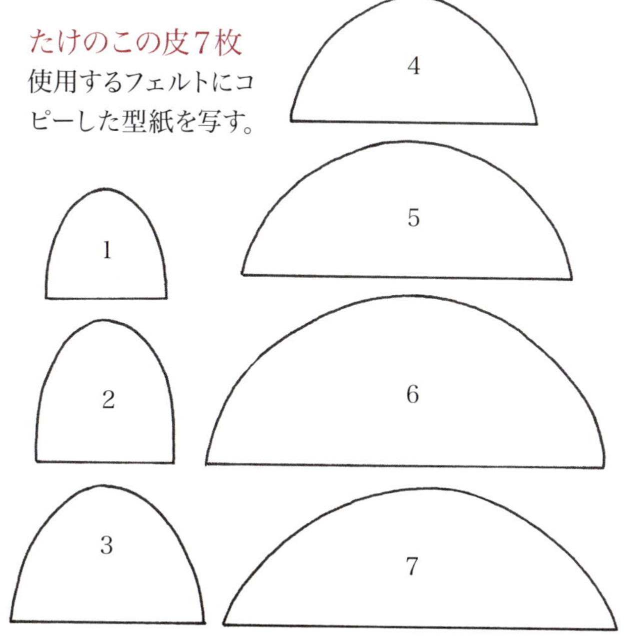

❸

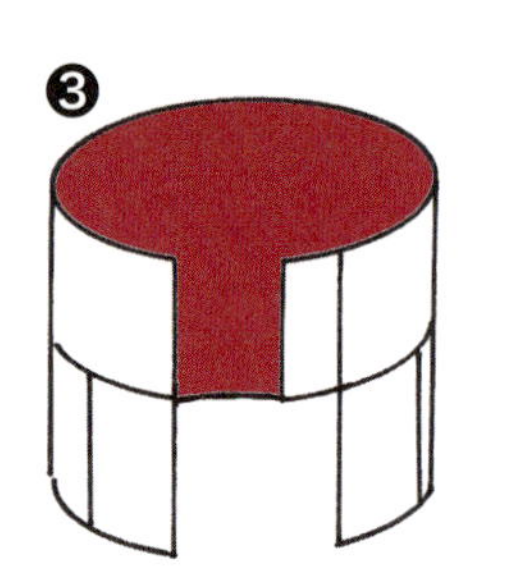

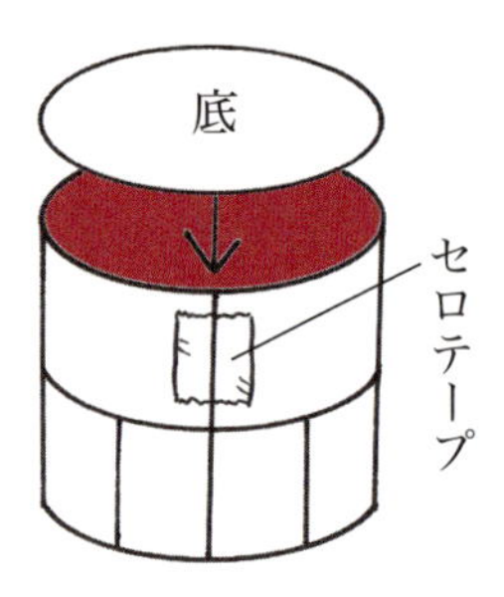

マスキングテープを貼った面を内側にして、容器ののりしろで合わせてセロテープでとめる。底をのせる。

❹

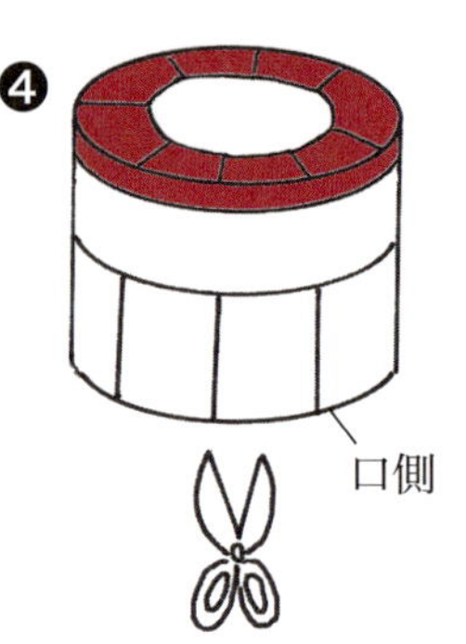

貼りやすいように切り込みを入れながら、側面と底にまたがるように、マスキングテープでとめていく。口側には型紙どおり切り込みを入れる。

❺

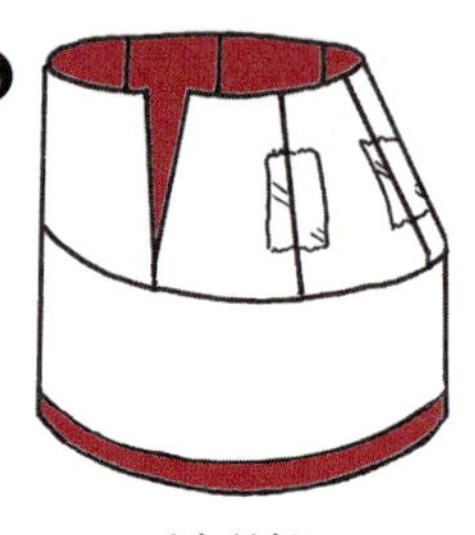

ひっくり返して口側を上にし、切り込み部分を少し重ねて口をすぼませ、セロテープでとめる。

❻

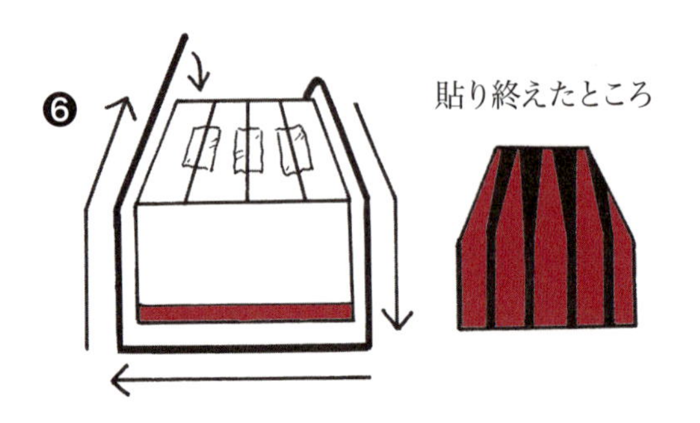

マスキングテープを口の2cm内側からとめて、図のように側面、底、反対側の側面、口と1周巻く。続いて少し重ねながら全体にテープを貼る。

❼

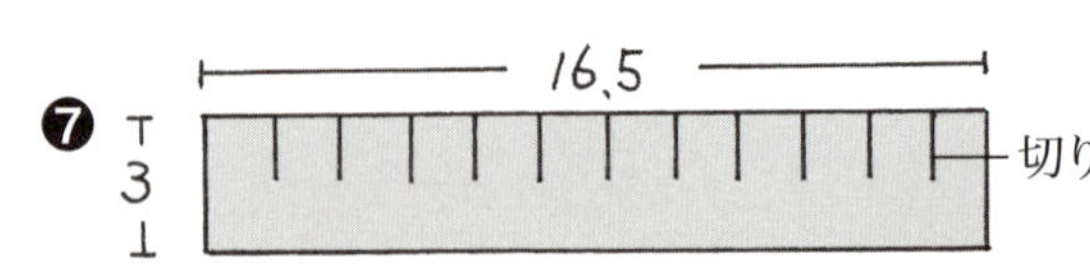

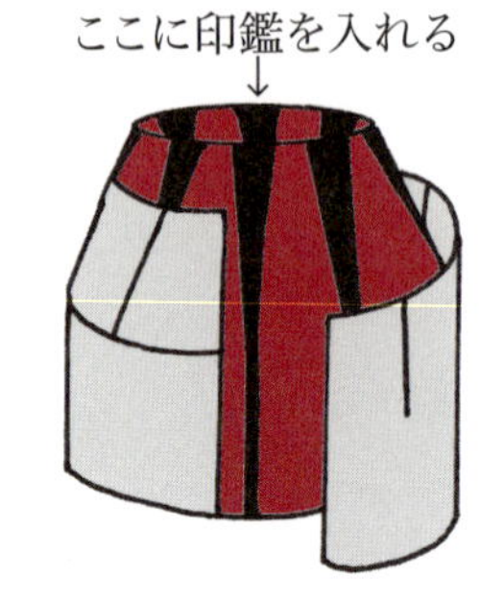

薄黄のフェルトを用意し、上部に切り込みを入れる。全面にボンドを塗り、底側にそろえて土台にそわせながら1周巻いて貼りつける。

ふたを作る

❽

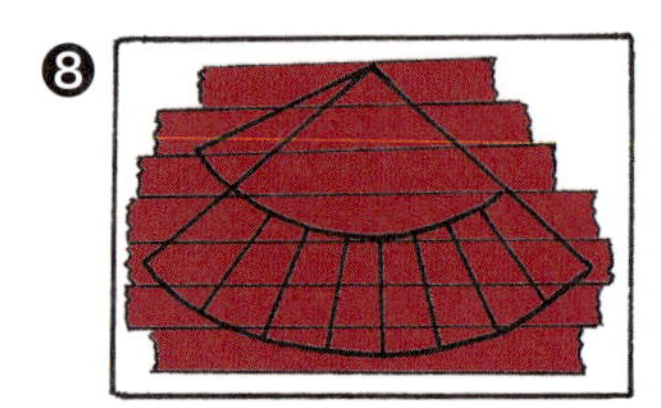

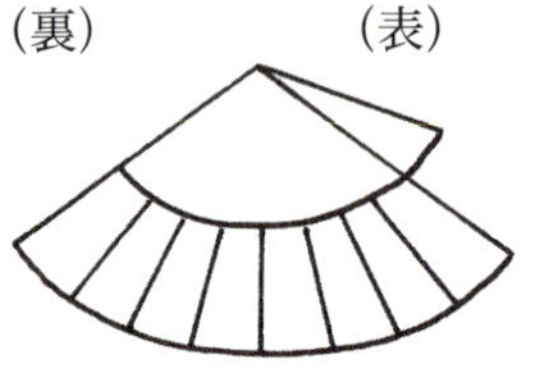

❶と同じ方法で、型紙のコピーの裏側にマスキングテープを貼り、型紙どおり切り抜く。

❾

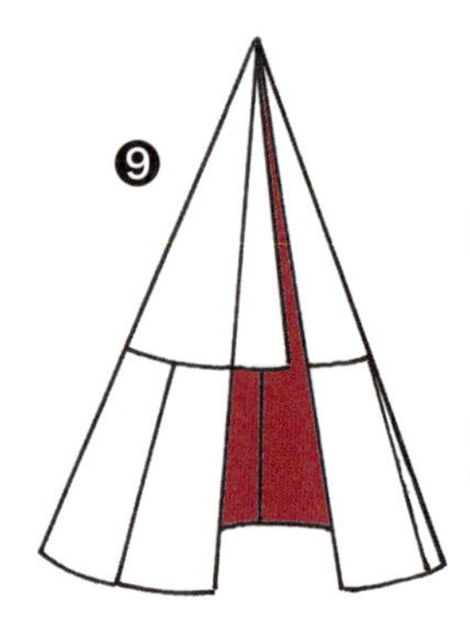

マスキングテープを貼った面を内側にしてのりしろで合わせ、セロテープで貼って円錐形を作る。
下側に型紙どおり切り込みを入れる。

❿

❾の切り込み部分を均等に重ねながら図の形を作り、セロテープでとめる。底の縁だけをマスキングテープでとめる。

たけのこの皮を作る

⓫

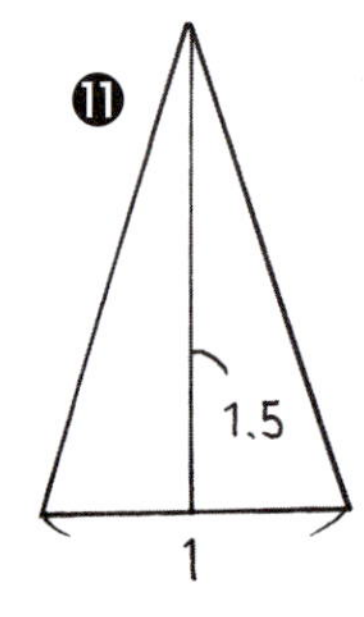

まず2色のフェルトでたけのこの皮の先端を作る。図のサイズで黄緑3枚、黄4枚を用意する。

⓬

半分にたたみ、底辺を重ねながら縫いとめ形を作る。

⓭

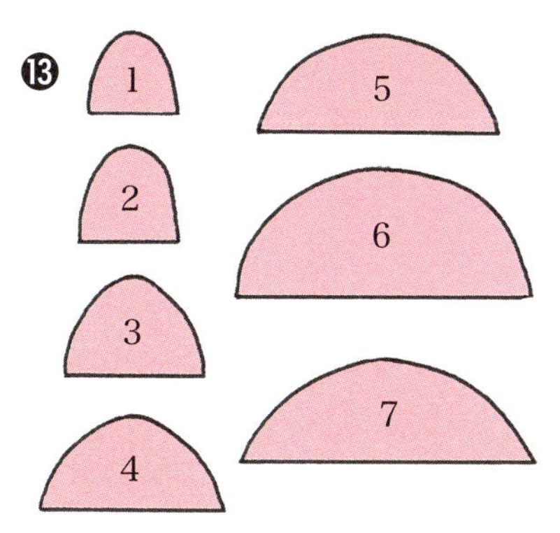

茶のフェルトでたけのこの皮を7枚作る（型紙は p.41）。

⓮

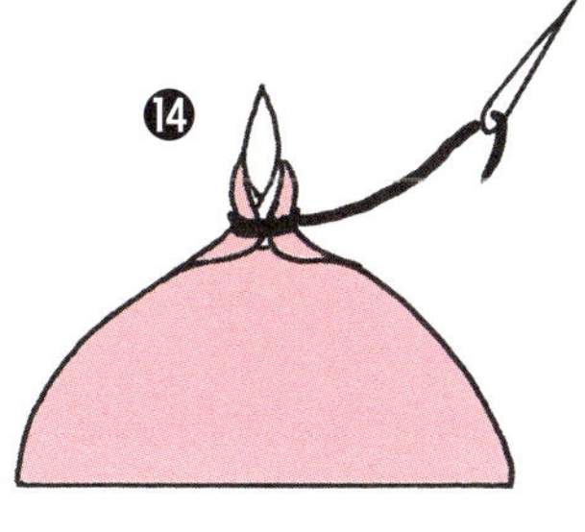

1〜3の皮には黄緑の先端、4〜7の皮には黄の先端を図のようにとめつける。

⓯

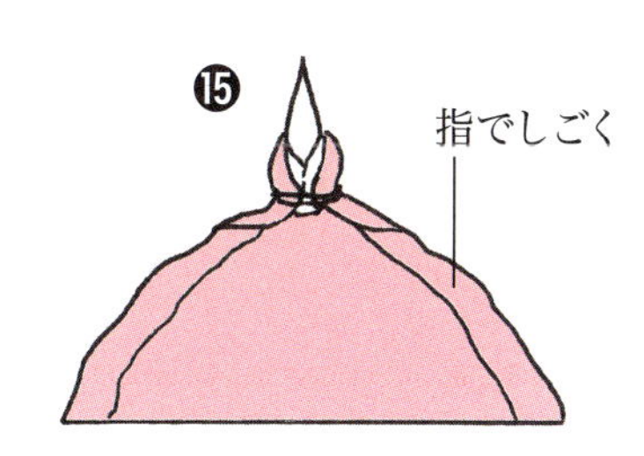

皮の両脇の部分を指でしごいて生地をのばすと、土台に貼りつける際に、皮の先端が少し土台から離れて立体感が出る。

⓰

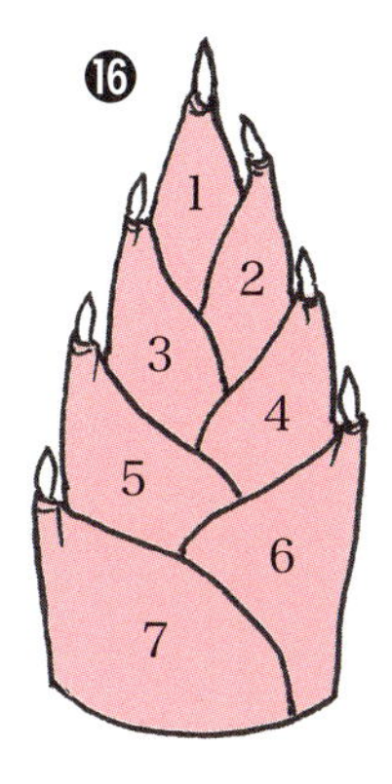

⓭のたけのこの皮のフェルトにボンドを全面塗り、❿の土台に上から番号順に交互に貼っていく。最後に6と7を貼る際は、土台の下の縁が出ないように注意。

⓱

容器にかぶせて完成。

⓲

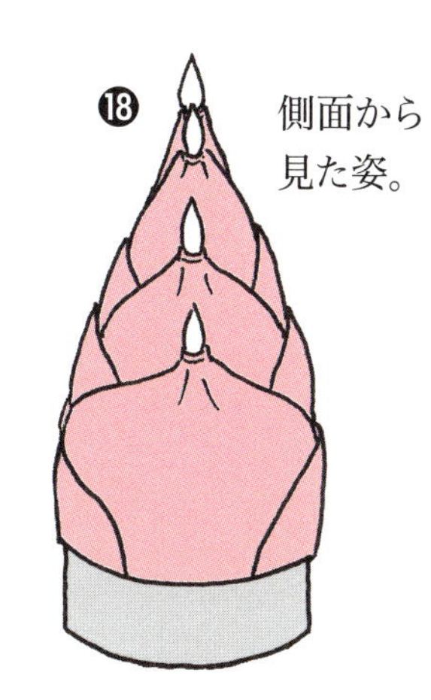

側面から見た姿。

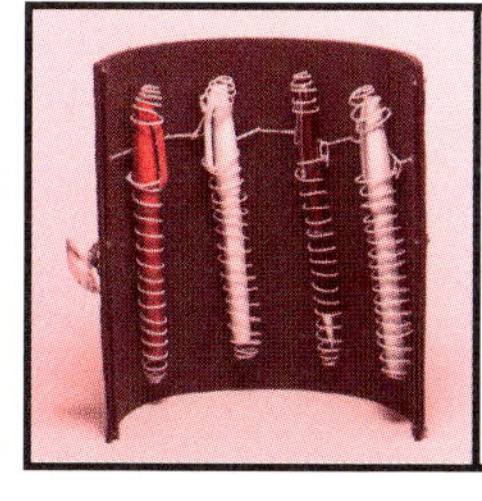

フェルトのペンホルダー

4月・春の味覚

軟らかめのワイヤーをぐるぐる巻いた楽しいペンホルダー。硬めのワイヤーがフェルトの左右についているので、立たせて使うこともできます。

材料　• フェルト　• サテンのリボン（28cm）　• ひも（30cm）　• アサリの貝がら　• 紙粘土　• ししゅう糸　• 粘土ニス　• ワイヤー　ペンホルダー（1mm）85cm 4本、キャップ用（1mm）20cm 4本、本体の支柱（2mm）20cm 2本

❶

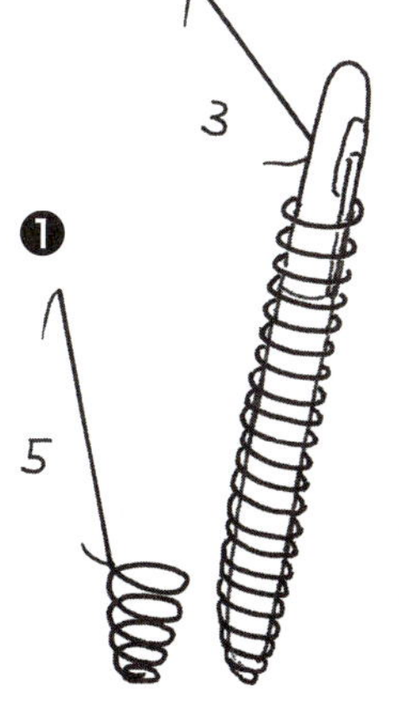

ペンホルダーはワイヤーを20回ほど巻き、端を3cm残す。キャップは5回ほど巻き、端を5cm残す。巻きつけたものの間隔を調整して、ペンの長さに合わせる。

❷

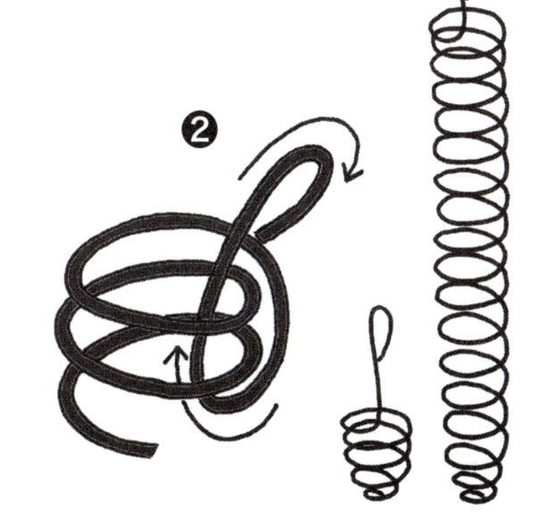

残したワイヤーで、巻いた2本のワイヤーをひっかけてから先端を曲げる。キャップの先端は長めにし、どちらも4本ずつ作る。

アサリの留め具を作る

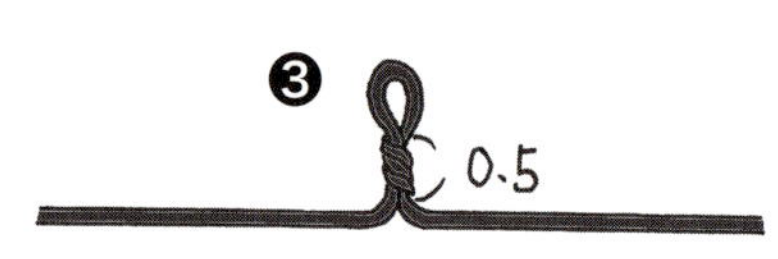

ワイヤーを手でねじって糸を通す輪を作り、さらに5mmねじって左右に広げる。

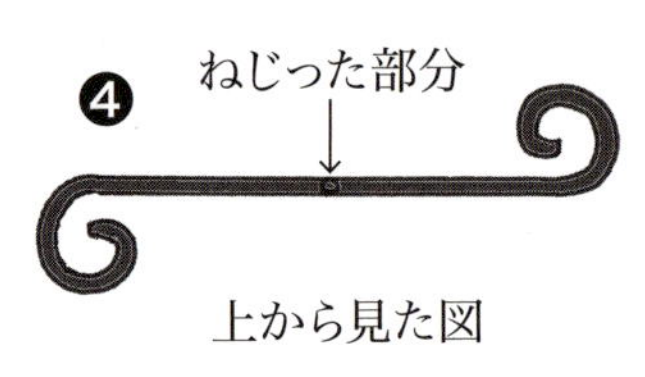

左右に広げたワイヤーを、真上から見て図のようにうず巻き状に曲げる。

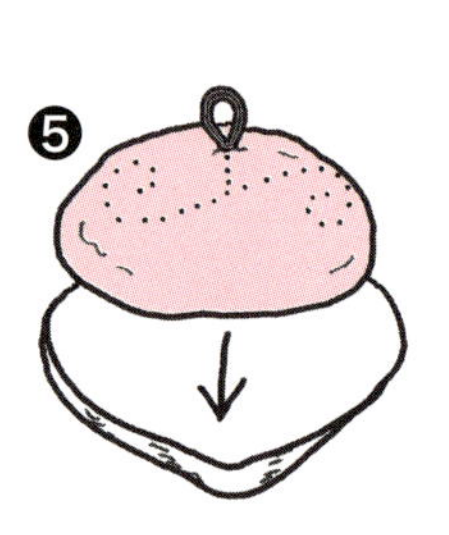

中央の輪以外のワイヤーを紙粘土でくるみ、アサリの中に埋め込む。

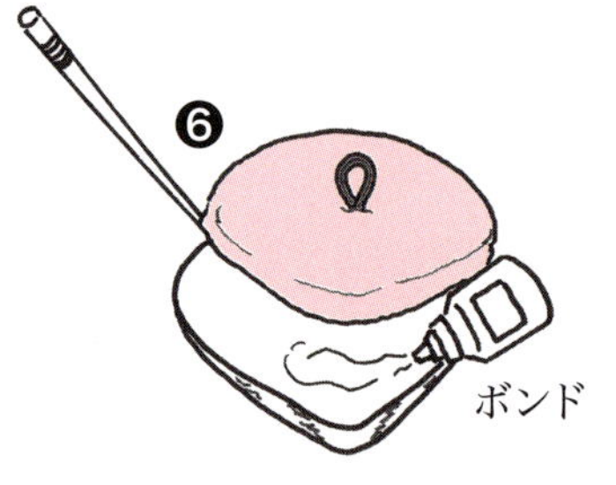

つまようじなどでできるだけ形を崩さないように貝から紙粘土をはずす。貝の方にボンドをつけて紙粘土を貝にもどし形を整える。

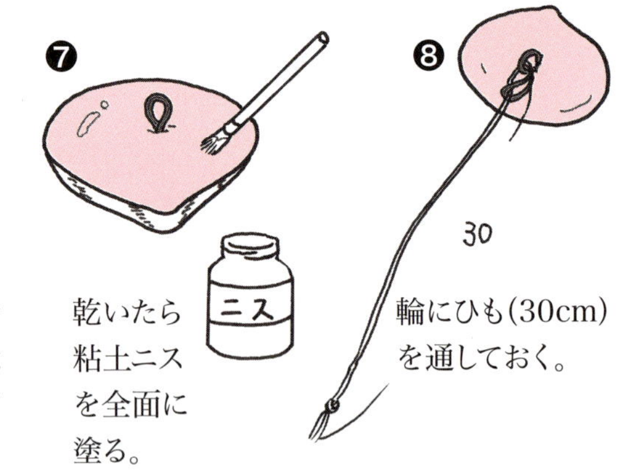

乾いたら粘土ニスを全面に塗る。

輪にひも(30cm)を通しておく。

ペンホルダー本体を作る

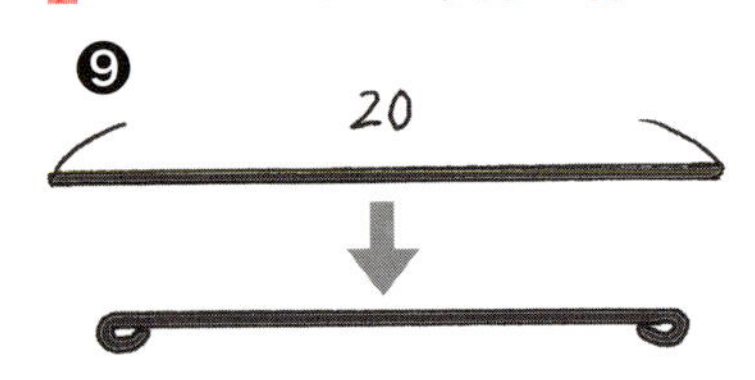

本体のフェルトを立てるためのワイヤーを作る。20cmのワイヤーの両端をラジオペンチで直径5mmの輪にする。

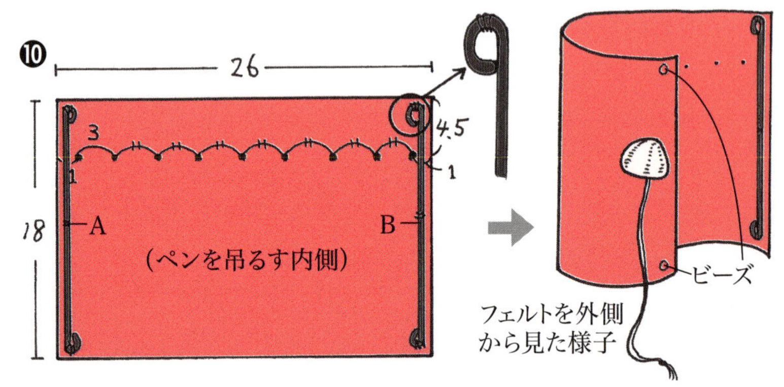

フェルトを用意し、両脇に❾を置き両端の輪の部分でフェルトに縫いとめる。その際、同時に外側にはビーズを縫いつける。ワイヤーの真ん中(A、B)を縫いとめる際には、Aの外側には❽を、Bにはビーズを一緒に縫いとめる。⓫の作業の際の目印として、フェルトの上側から4.5cmの位置に均等に9個しるしをつけておく。

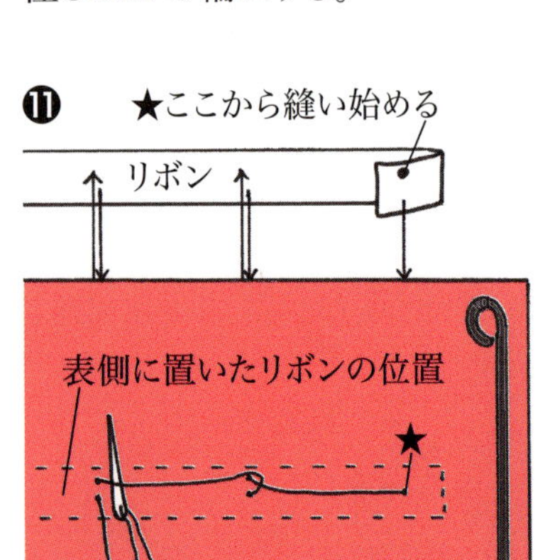

内側に❷のワイヤーを吊るす部分を3本どりのししゅう糸で縫い、同時に外側にリボンも縫いとめていく。縫う際は図のようにリボンの端を1cm折り、そこから縫い始める(★)。★から通した糸はフェルトの★部分に出る。以下、図のとおり縫い進める。

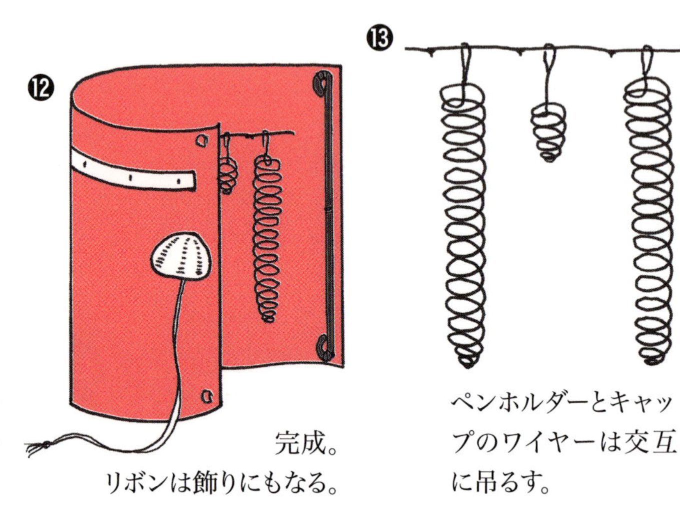

完成。
リボンは飾りにもなる。

ペンホルダーとキャップのワイヤーは交互に吊るす。

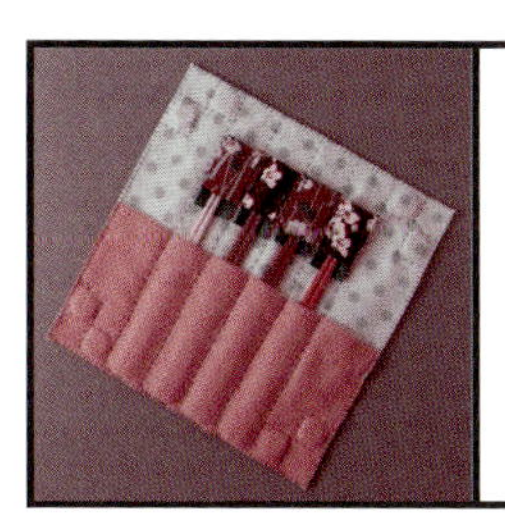

お皿に変身！ カトラリーホルダーとはし袋

4月・お花見

フリースのポケット部分にはカトラリーが入ります。
四隅をマグネットでとめればお皿にもなります。

はし袋

材料 • フェルト • 布（ちりめん） • 糸

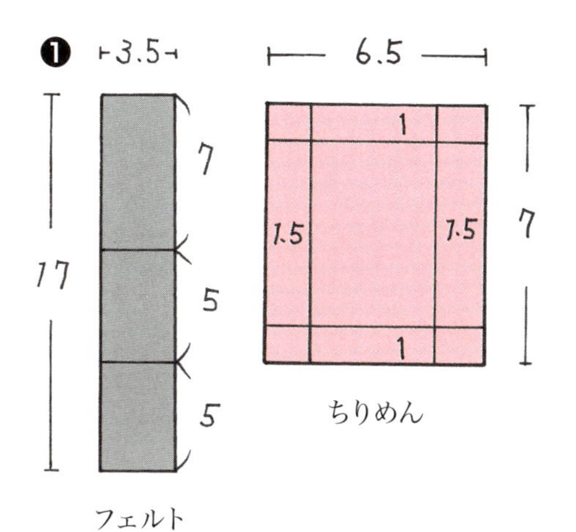

フェルトとちりめんを用意する（３枚組みや５枚組みなどおそろいのセットで作るとよい）。

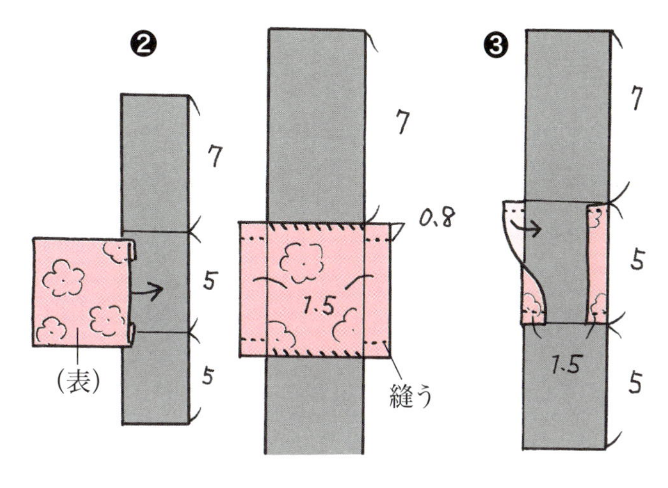

ちりめんを上下1cmずつ折り、両端は8mmのところを縫い、中央はフェルトに縫いとめる。

ちりめんの両端1.5cmをフェルトをはさんで裏側に折る。

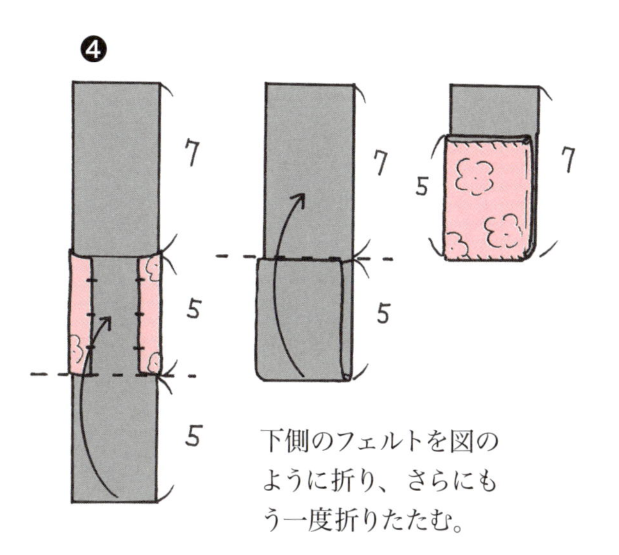

下側のフェルトを図のように折り、さらにもう一度折りたたむ。

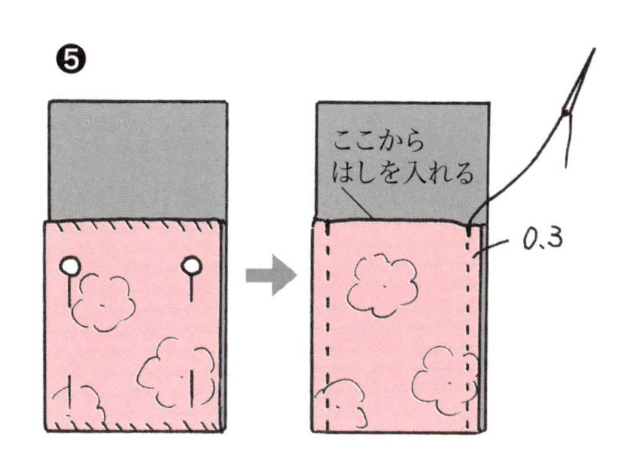

まち針でとめ、フェルトとちりめんを一緒に縫いとめて袋状にする。口部分は補強のため２、３回縫っておく。

カトラリーホルダー

材料　• フェルト　• フリース（ポケット用）　• ししゅう糸　• マグネット（直径2cm、600ガウス）8個

❶

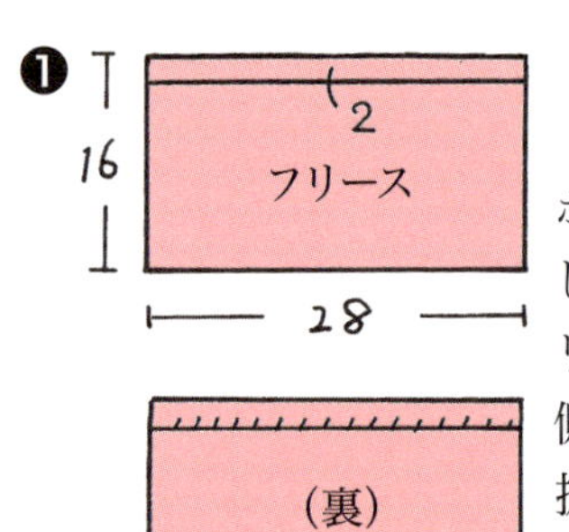

ポケットとして使うフリースは口側を2cm折り返してまつる。

❷

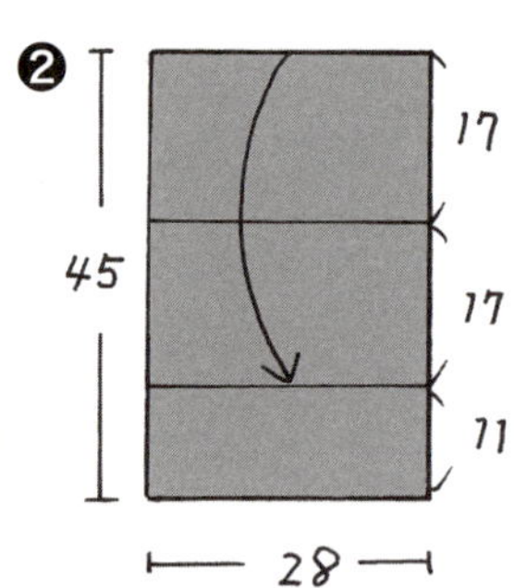

フェルトは図のように切り、17cmのところで手前に折る。

❸

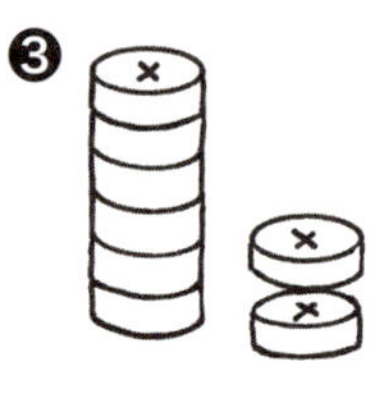

マグネットを8個重ねてくっつけ、上を向いた方にすべてしるしをつける。

❹

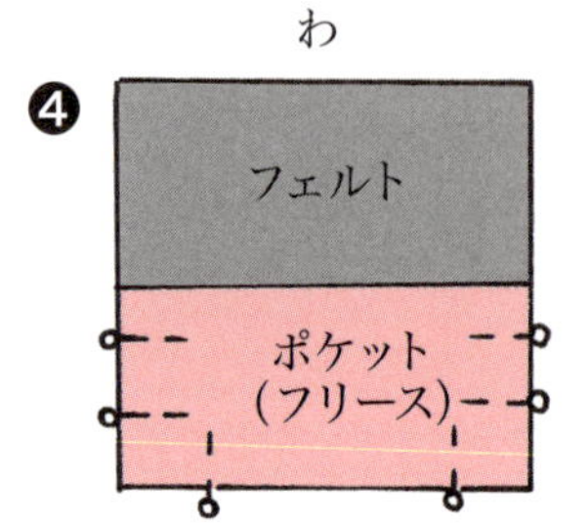

フェルトの上に❶で作ったフリースを置き、まち針でとめる。

マグネットの入れ方

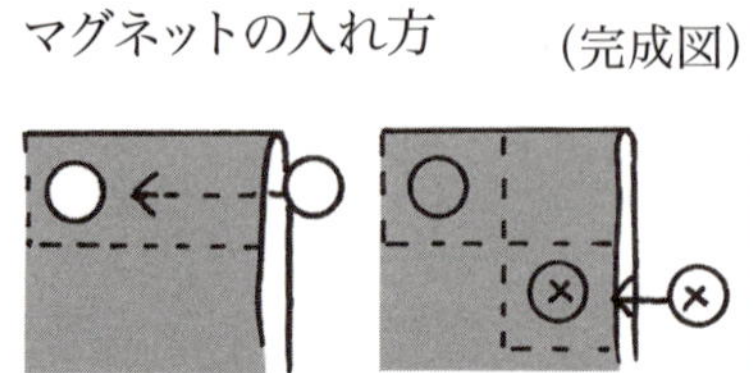

（完成図）

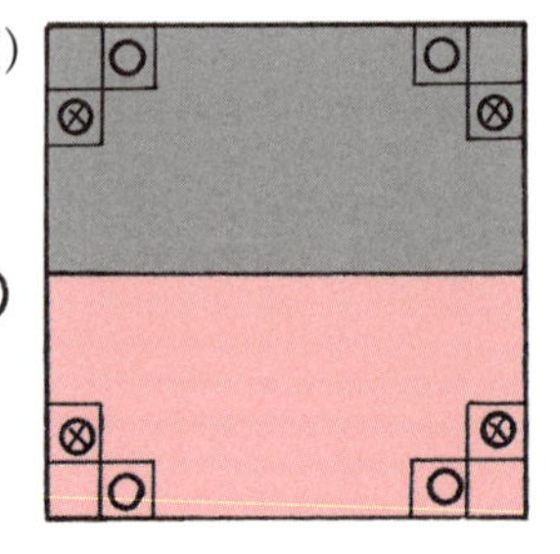

❸でつけたマグネットのしるしを見ながら、注意して配置する。

❺

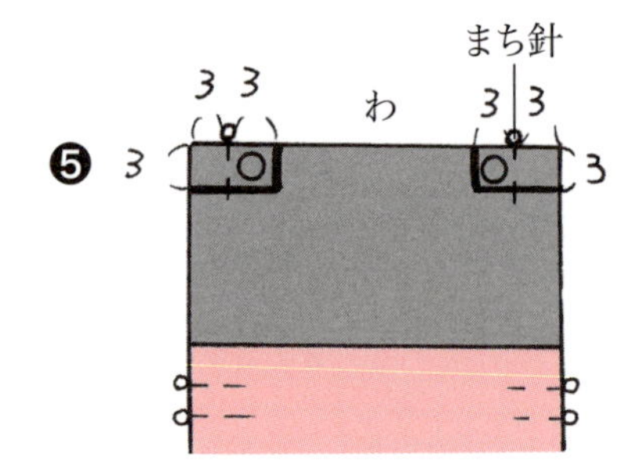

図のように太線部分を縫い、マグネットを入れてまち針でとめる。

❻

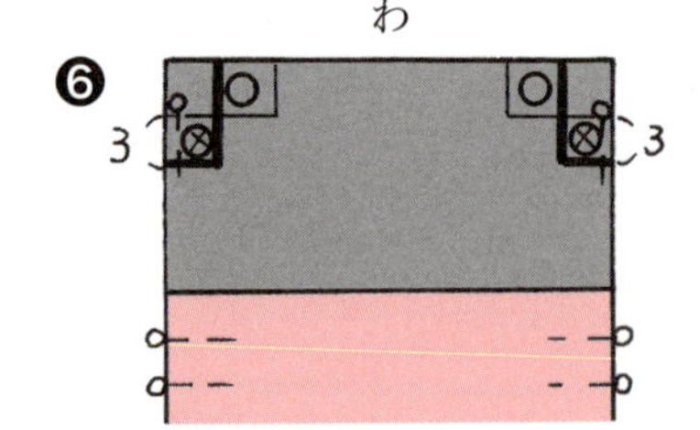

❺のまち針をはずして次の太線部分を縫い、マグネットを入れてまち針でとめる。

❼

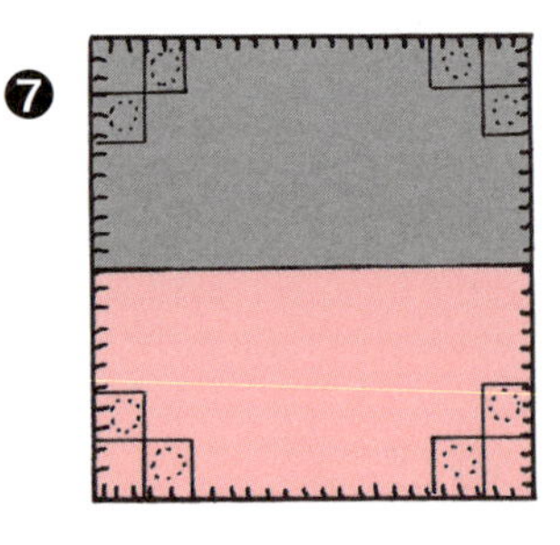

マグネットをすべて入れたらまち針をはずし、四方にブランケットステッチをする。

❽

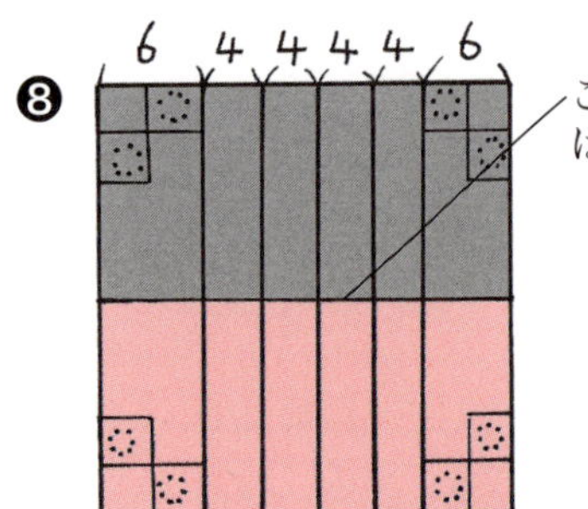

フリースのポケットも一緒にして、図のサイズで縫う。

❾

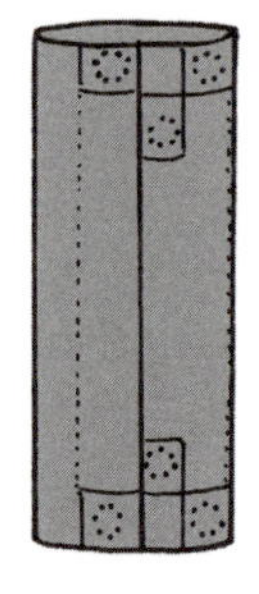

p.35の写真のように、四つの角のマグネット同士でとめると、皿として使えるが、持ち歩く時はたたんで、マグネット同士が合うところでとめる。

ブランケットステッチ

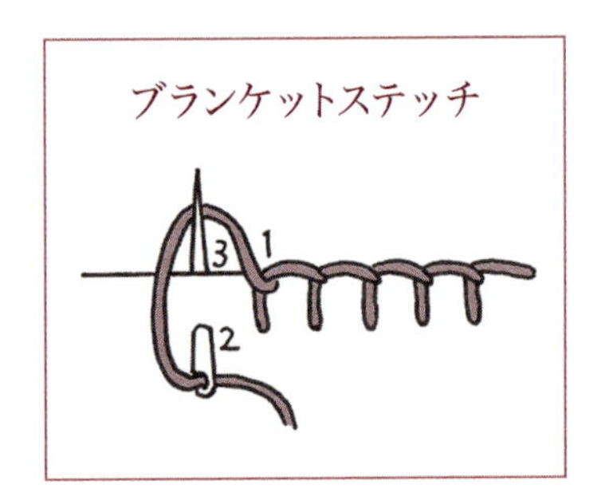

スライドして楽しむ桜のコースター

4月・お花見

重ねた花を糸でとめ、ずらして円形にすればコースターに。
使わない時は重ねたままにしておけば場所をとりません。

材料

- フェルト（好みの色や柄つきのものを必要枚数）
- ししゅう糸

✿ 桜の型紙 ✿

Aは花を重ねて中心でとめる方法。一番上の花にだけ中央に飾りのししゅうをし、とめた糸をカバーしている。Bは重ねた花を中心をずらしてとめる方法。糸が一番上の花にでるが、目立たないように少し（1mmほど）で折り返す。図は好みのサイズにコピーして型紙として使用してください。

中心でとめる桜コースター

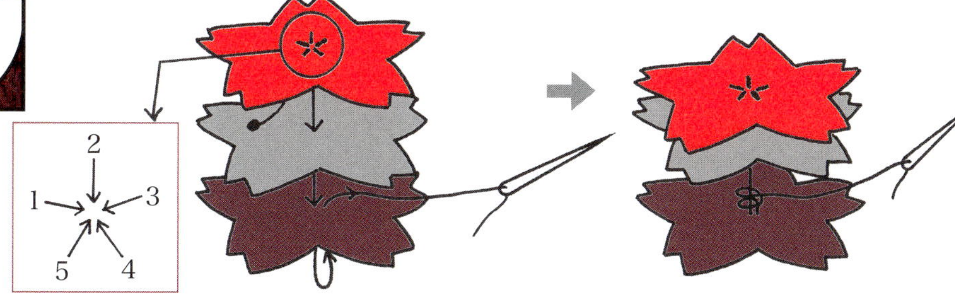

1番上の花の裏から糸を入れてししゅうの線の端に出し、中心から裏に通す。これをくり返してししゅうを完成させ、最後に図の5から中心に通した糸を下の花まで通す。終わりは、一番下の花の裏側にある糸を1mm程ずらして表に出し糸を引きしぼった後、玉どめする。

中心をずらしてとめる桜コースター

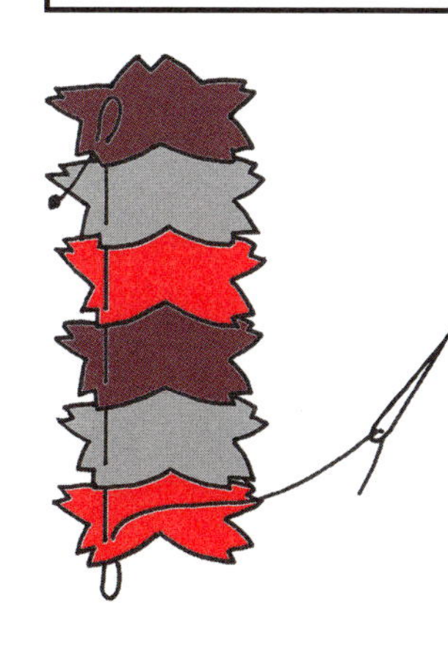

一番上の花の裏から玉どめで縫い始める。糸を上に出したら少しだけずらして下に入れそのまま一番下の花まで通す。終わりは1mm程ずらして糸を一番下の花の表に出し、糸を引きしぼったらそこで玉どめする。

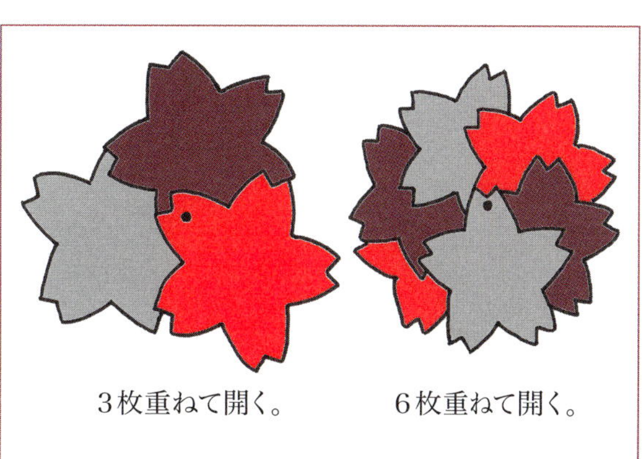

3枚重ねて開く。　6枚重ねて開く。

中心をずらしてとめると自由に開いて動かせるので、いろいろな形を楽しむことができる。

鯉のぼりのペン差し

5月・端午の節句

バッグの中にちょっと引っかけて使う鯉のぼりのペンホルダー。
これでペンが迷子になりませんね。

材料

- 布（ちりめん）
- ボタン白（大）、黒（小）各1個
- ワイヤー（2mm）50cm
- ししゅう糸（黄）

鯉のぼりを作る

布を用意し、完成時に前側になる部分に、4本どりのししゅう糸で2本バックステッチをする。

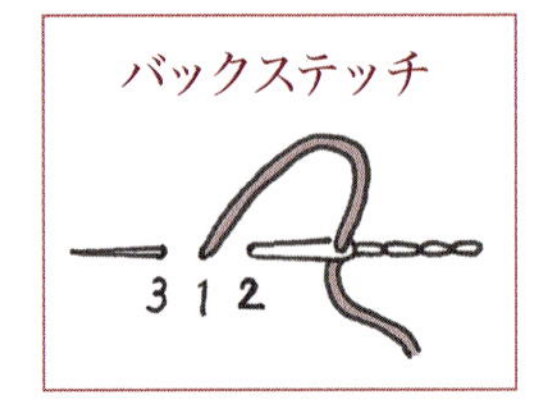

❶

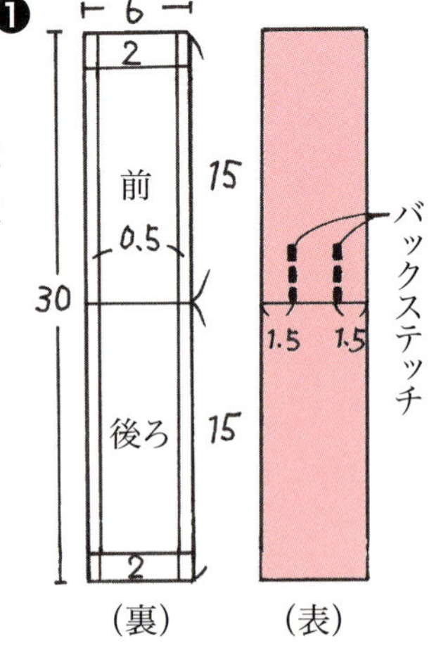

❷

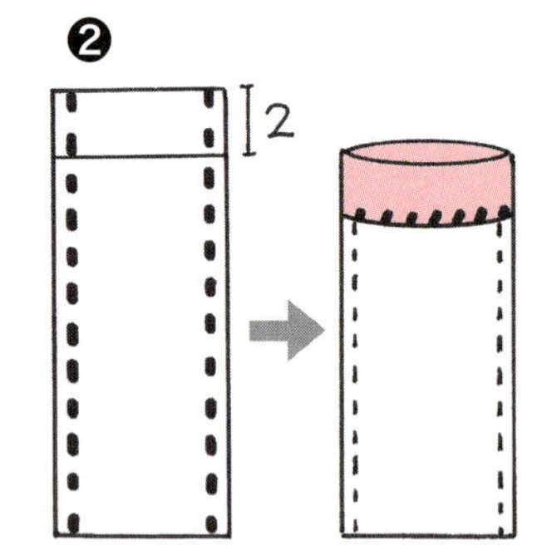

布を中表に半分に折る。両脇を縫い、口側は2cmで折り返してまつり縫いする。

❸

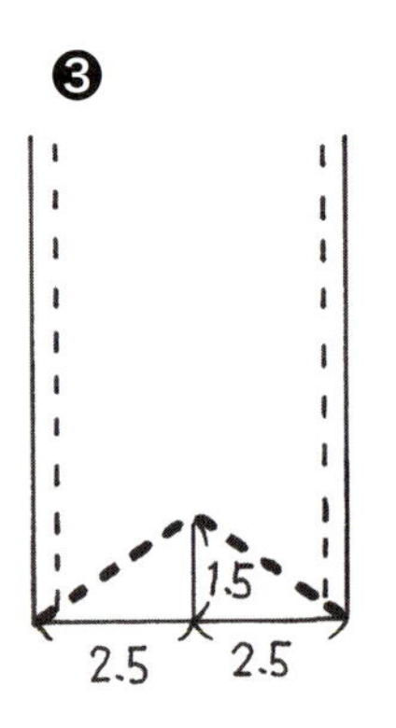

底側を図のように縫い、尾びれを作る。

❹

表に返し、白と黒のボタンを重ねて縫いとめる。尾びれの中心線は、2枚の布を一緒にバックステッチをする。

ワイヤーの形を作る

❺

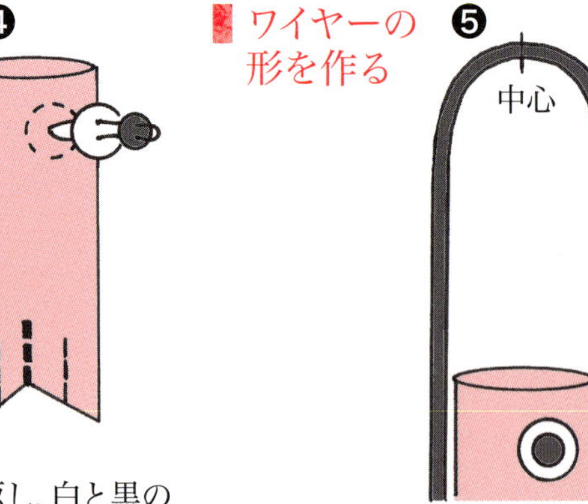

ワイヤーの中心にしるしをつけ、鯉のぼりの幅に合わせて手で曲げる。下側は尾びれの端と合わせる。

❻

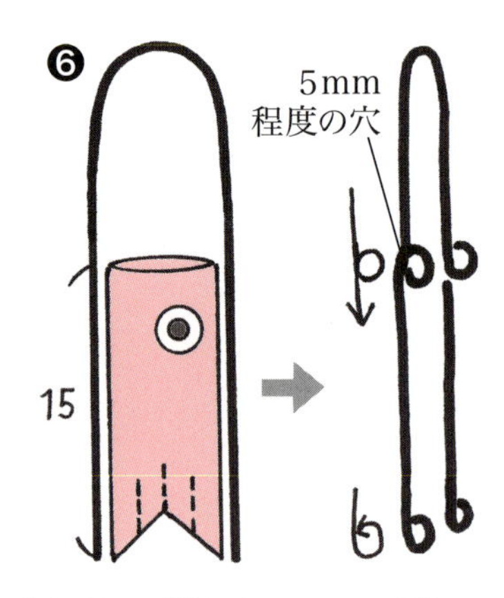

尾びれの端から15cmの所で、両脇のワイヤーをペンチに巻きつけて1周巻く。先端も同様に1周巻く（糸を通すのですき間がないように巻く）。

❼

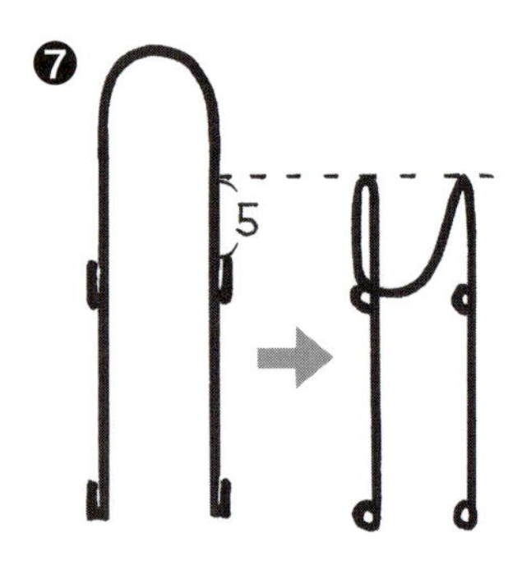

頭側のワイヤーをU字型に整え、図の位置で❻と同じ方向に曲げる。

❽

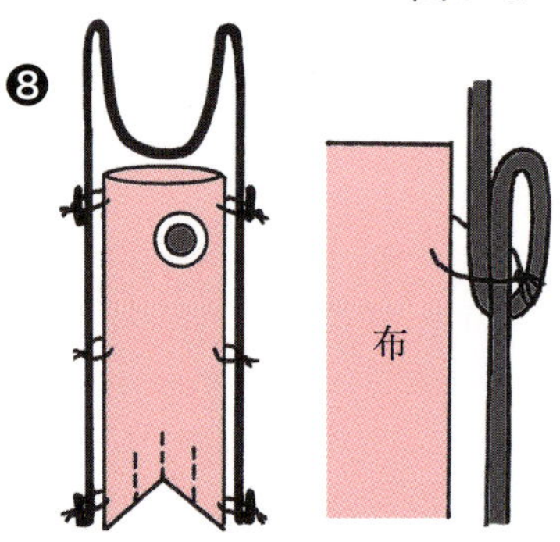

針金の幅を鯉のぼりの幅より少し開く。図のように6カ所を8本どりのししゅう糸で二重の堅結びをし、糸を切る。

ワイヤーと和紙で作る茶の葉のアクセサリー

5月・茶摘み

ワイヤーを葉っぱの形に曲げて和紙を貼ったアクセサリーです。
仕上げのマニキュアが和紙に浸透すると半透明になり、きれいです。

1枚葉のアクセサリー

材料

- ワイヤー（緑、0.9mm）28cm
- 折り紙（和紙・薄緑）
- ひも（ネックレス用）
- マニキュア（透明、銀）
- つまようじ
- 木工用ボンド
- ラジオペンチ

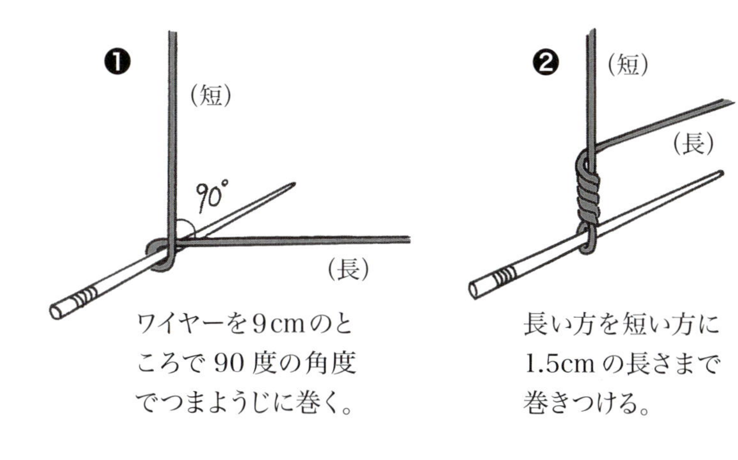

❶ ワイヤーを9cmのところで90度の角度でつまようじに巻く。

❷ 長い方を短い方に1.5cmの長さまで巻きつける。

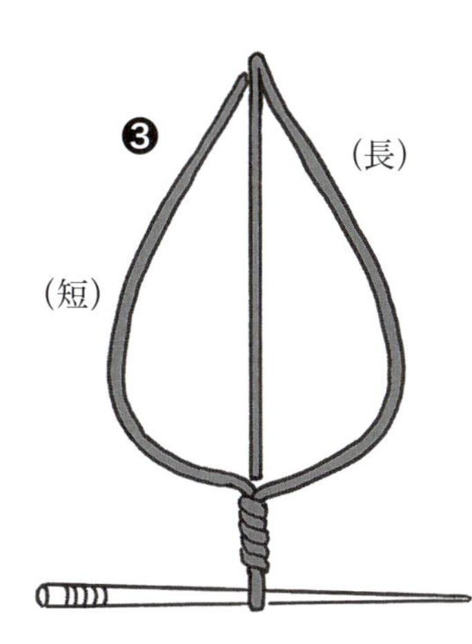

❸ つまようじを真横にし、図のように長短のワイヤーを曲げ、葉の形にする。

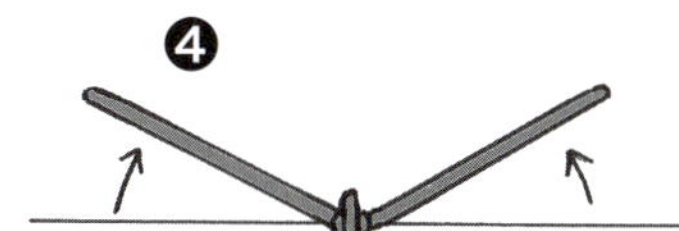

❹ 葉の両側を水平な状態から少し上に上げる。

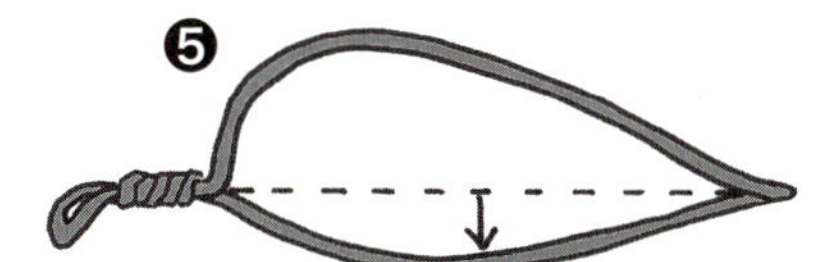

❺ 中央のワイヤーを少し下に曲げて立体感を出す。

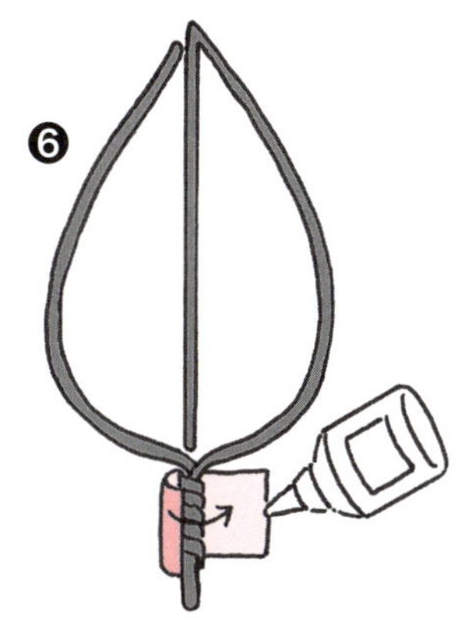

❻ 葉柄の先端の輪の部分を除いて、葉柄部分にボンドをつけた折り紙を巻く。

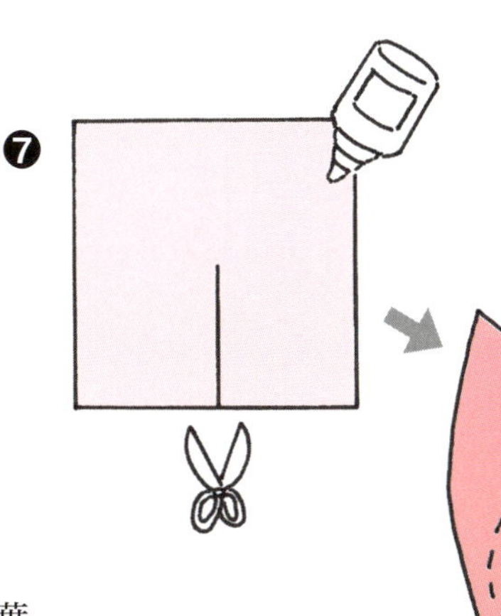

❼ 葉より大きく切った折り紙を2枚用意する。1枚は図のように1辺の真ん中から中心まで切り込みを入れる。裏側に全面ボンドをつける。ワイヤーを葉の表側を上にして置き、その上にボンドを塗った紙を置く。切り込みを使って紙をワイヤーにそわせる。

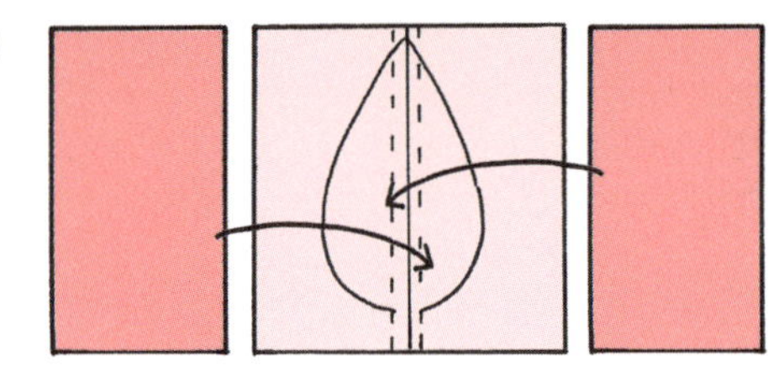

❽ もう1枚の折り紙はまず半分に切る。葉の裏側を上に向けて❼を置き、左右から半分に切った紙を貼りつける。
真ん中のワイヤーからはみ出した紙は切る。

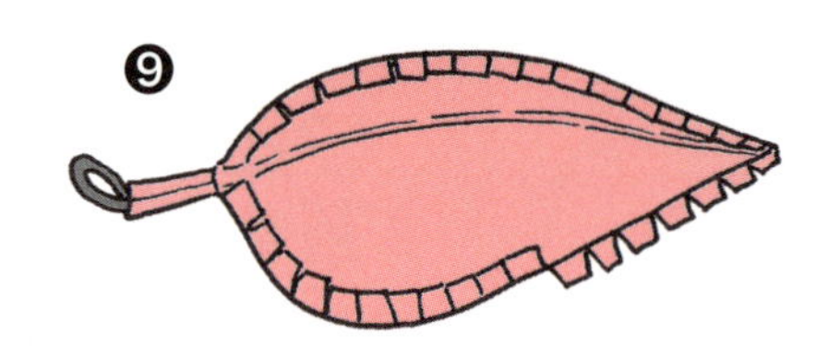

❾ 表と裏から貼った紙がワイヤーと密着するように、指でおさえて紙同士もぴったり貼り合わせる。まわりに5mmほど残して余分な紙を切る。残ったまわりの紙に切り込みを入れ、ボンドをつけて葉の裏側に貼る。

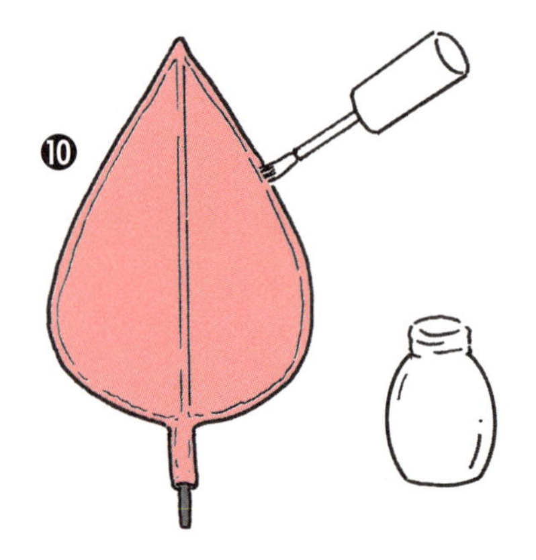

❿ 透明なマニキュアを全体に塗り、葉の表はワイヤー部分だけに銀のマニキュアを塗る。裏は全体に銀のマニキュアを塗る。

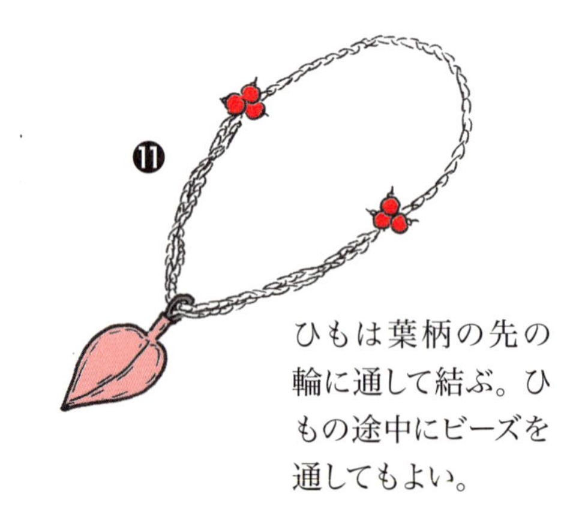

⓫ ひもは葉柄の先の輪に通して結ぶ。ひもの途中にビーズを通してもよい。

3枚葉のアクセサリー

材料
- ワイヤー（緑、0.9mm）30cm
- 折り紙（和紙・緑）
- ひも
- マニキュア（透明、金）
- ラジオペンチ
- つまようじ
- 木工用ボンド

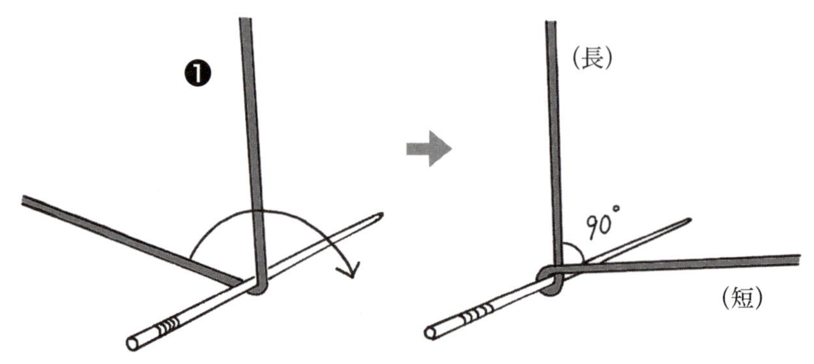

❶ ワイヤーを10cmのところでつまようじに1回巻きつけ、長い方を上に、短い方を横に90度の角度にする。

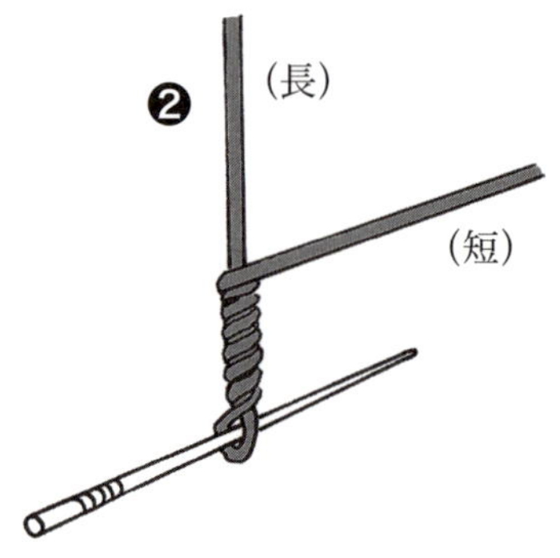

❷ 長い方のワイヤーに短い方を1.5cmの長さまで巻きつける。

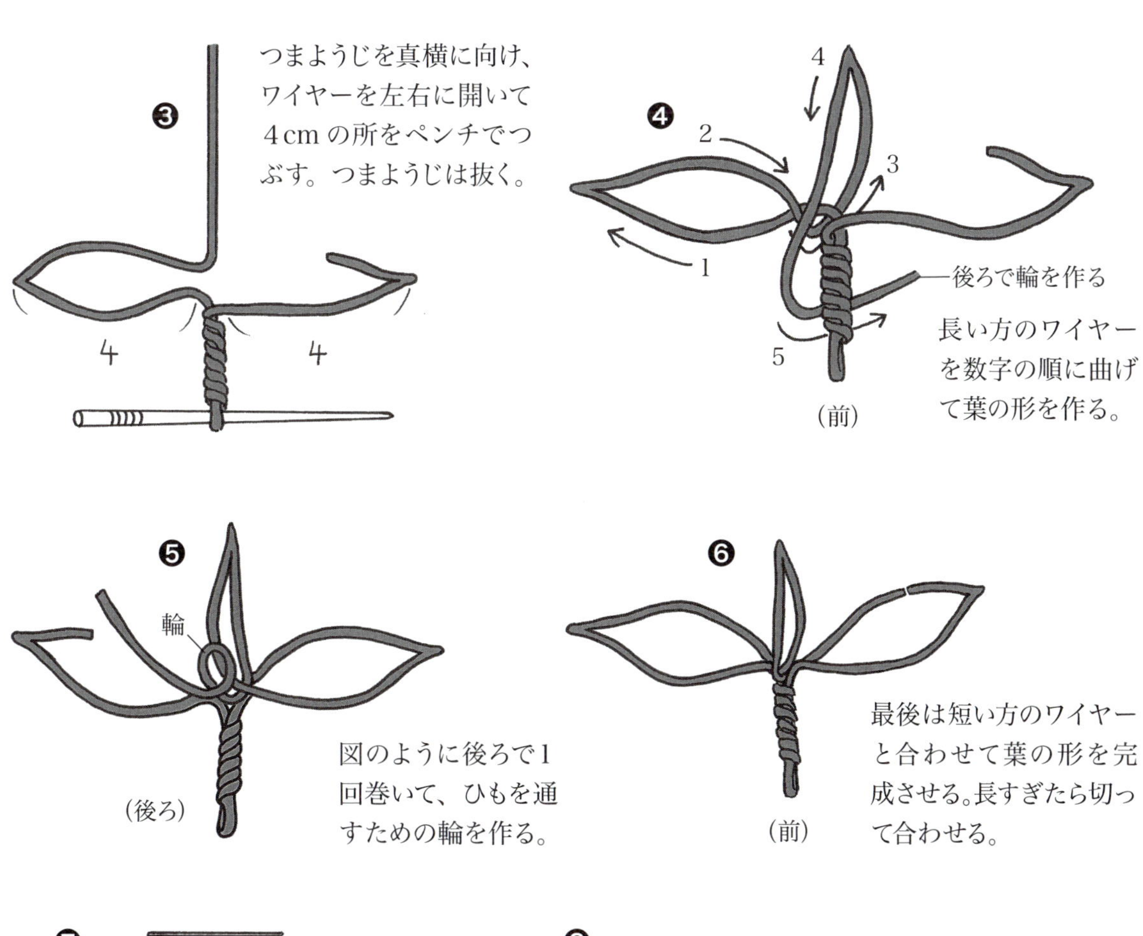

❸ つまようじを真横に向け、ワイヤーを左右に開いて4cmの所をペンチでつぶす。つまようじは抜く。

❹ 長い方のワイヤーを数字の順に曲げて葉の形を作る。

❺ 図のように後ろで1回巻いて、ひもを通すための輪を作る。

❻ 最後は短い方のワイヤーと合わせて葉の形を完成させる。長すぎたら切って合わせる。

❼

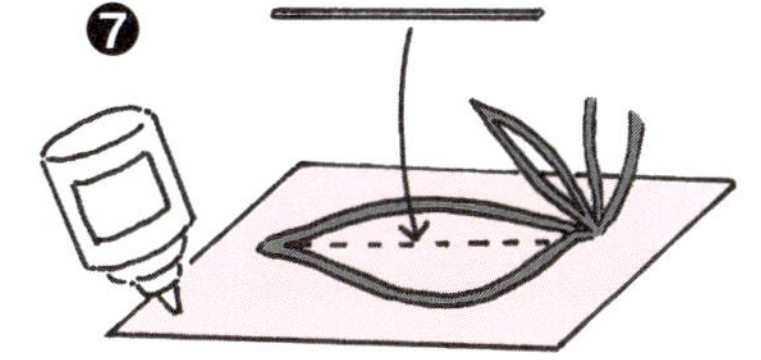

葉よりも大きく切った折り紙を2枚用意し、1枚目の裏に全面ボンドを塗る。ワイヤーを上にのせ、葉の中央に短いワイヤーを置いて葉脈を作る。

❽

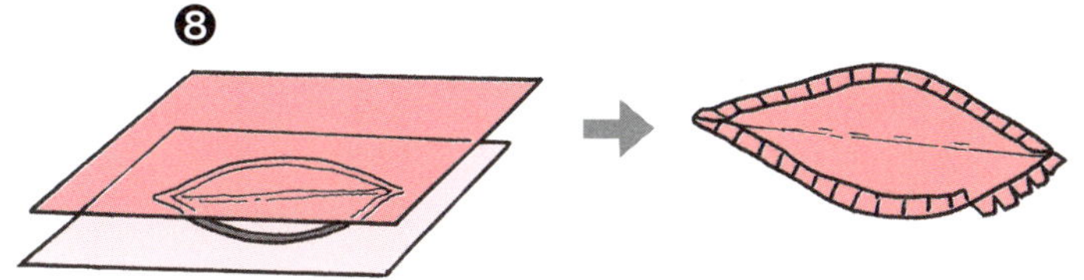

次に2枚目の折り紙を裏側を下にして上からかぶせる。以下、p.50 ❾の1枚葉と同様の作業をしてワイヤーと折り紙をぴったり貼り合わせる。残り2枚の葉も同様の方法で折り紙を貼りつける。

❾

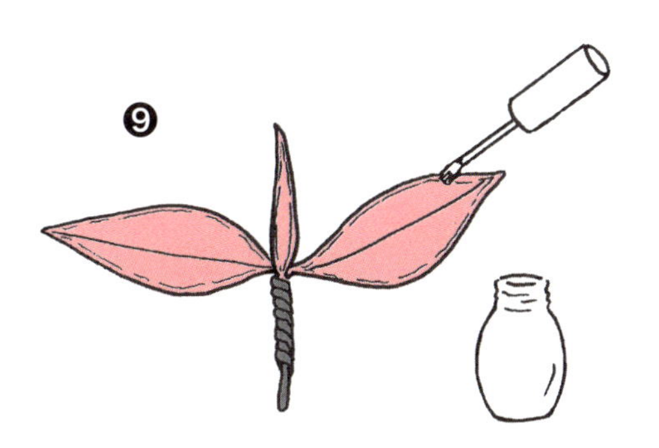

全体に透明マニキュアを塗り、葉の表は縁のワイヤーだけに金のマニキュアを塗る。

❿

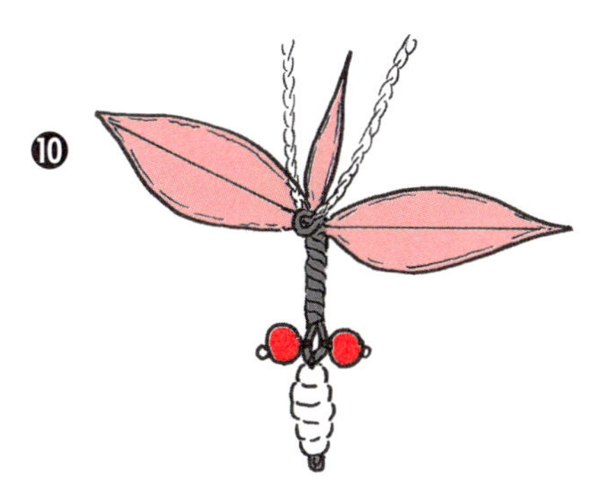

ひもは❺で作った後ろの輪に通して結ぶ。上の部分が重くバランスが悪いので、葉柄の先の輪（❸でつまようじを抜いた後の輪）に重し用のビーズを通す。

吸水の折りたたみ傘ポーチ

6月・雨傘

布袋に入れたペットボトルの中に吸水性のある布を入れ、折りたたみ傘を入れるポーチに。これならぬれた傘もバッグの中にしまえます。

材料
- うすい布
- サテンのリボン（14cm）
- 吸水性のある布
- マスキングテープ（幅1.5cm）
- 糸
- ひも
- ファスナー付ビニール袋（29.5×27cm）
- ペットボトル（500ミリリットル、凹凸のないもの）
- 目打ち

❶

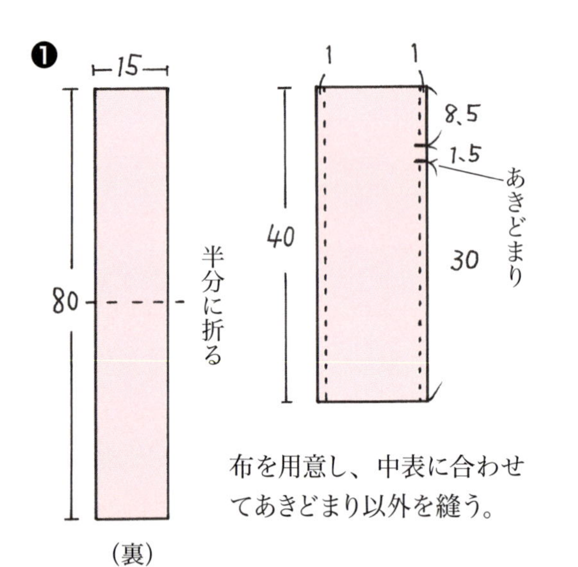

布を用意し、中表に合わせてあきどまり以外を縫う。

❷

ペットボトルの真っすぐな部分を9cm切る。

❸

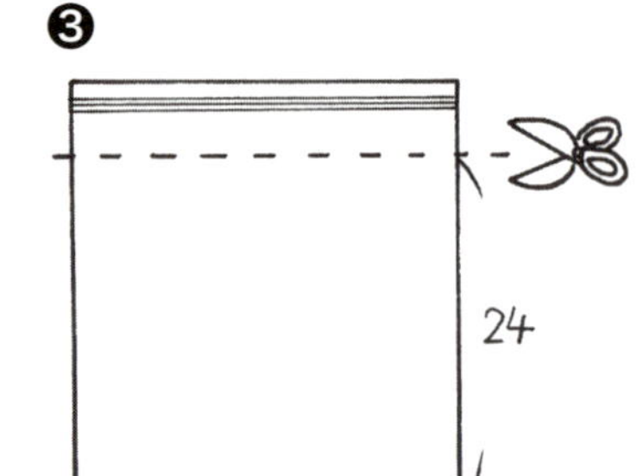

ファスナー付ビニール袋のファスナー部分を切り、縦24cmのビニール袋を作る。

❹

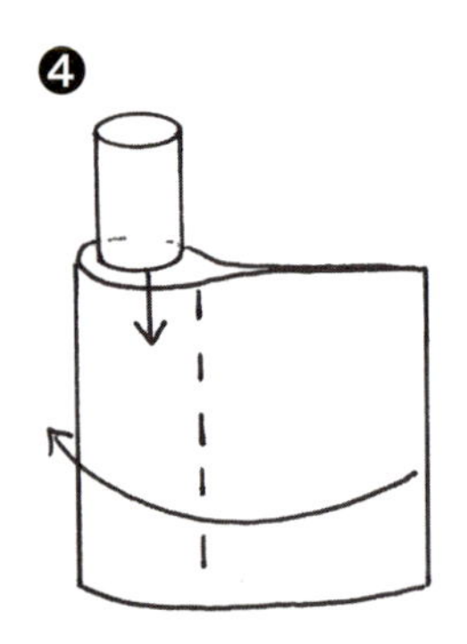

切ったペットボトルをビニール袋に入れ、口部分で合わせてビニールを巻きつけてとめる。

❺

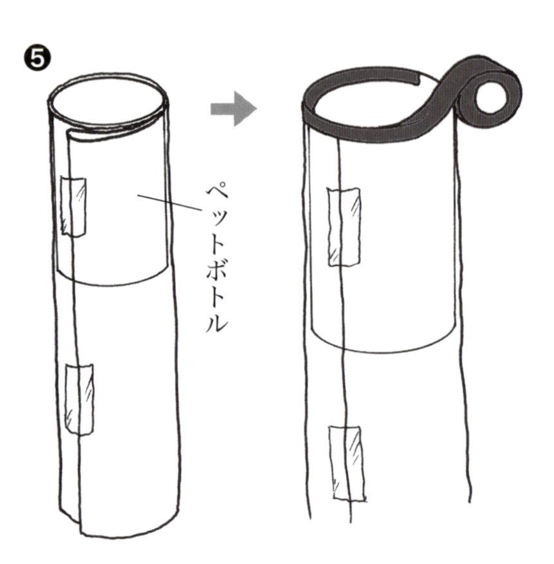

ペットボトルと袋の口部分をマスキングテープでとめる。

❻

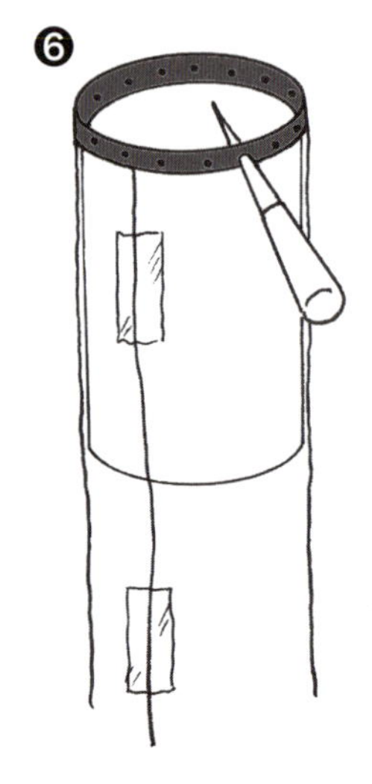

マスキングテープの部分に、目打ちで16カ所穴をあける。

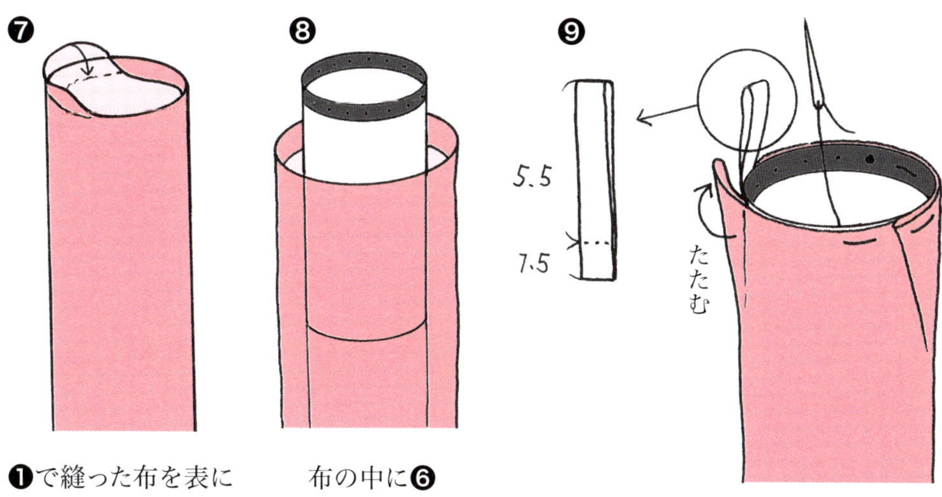

❶で縫った布を表に返して、口を1cmほど内側に折り返す。

布の中に❻を入れる。

すべての口部分を合わせ、布の余分な部分を両脇に集めてペットボトルにそわせる。リボンを半分に折ったものも加えながら、❻であけた穴に糸を通して縫いとめていく。

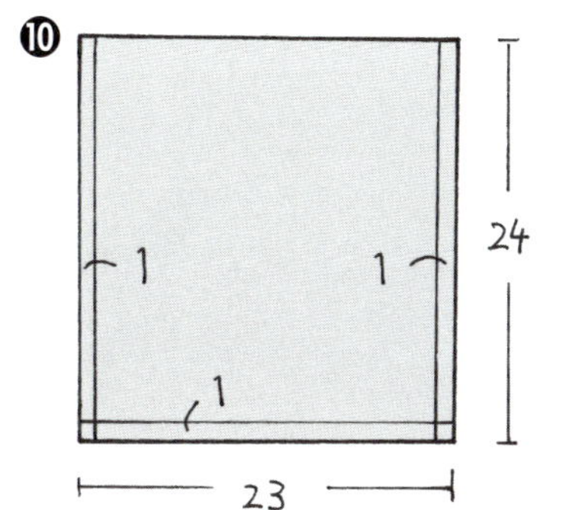

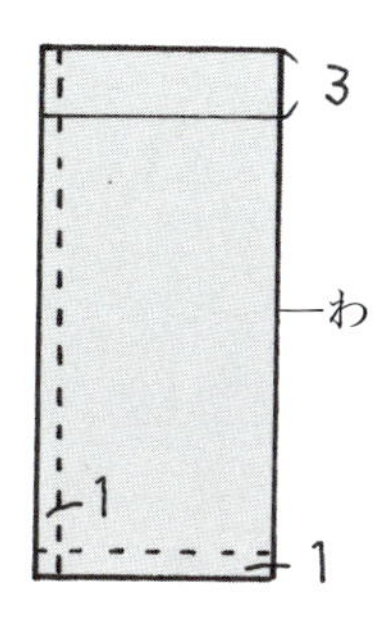

吸水性のある布を用意し、半分に折って脇と底を縫う。

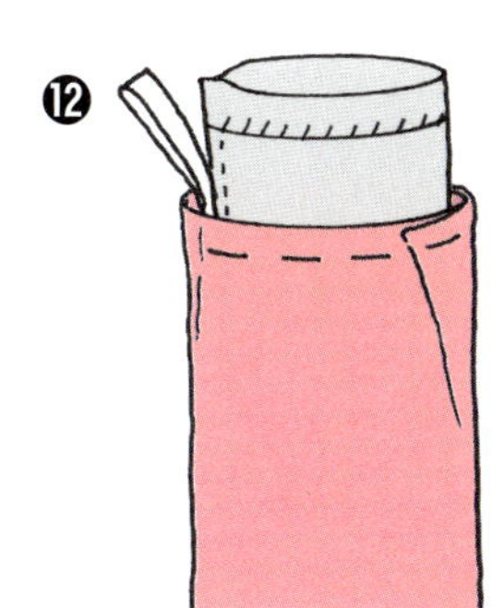

上から3cmを外側に折り返してかがる。

⓫を布袋の中に入れ、口側を合わせて❾と同じ個所で縫いとめる。

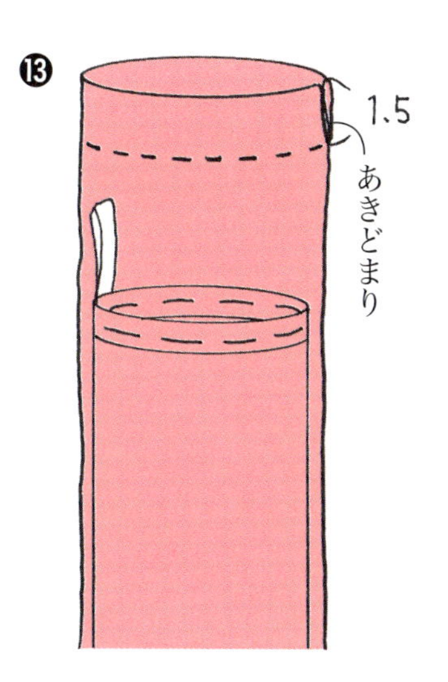

⓬をまとめて布袋の底まで押し込み、上から1.5cmの口の周囲をを縫う。

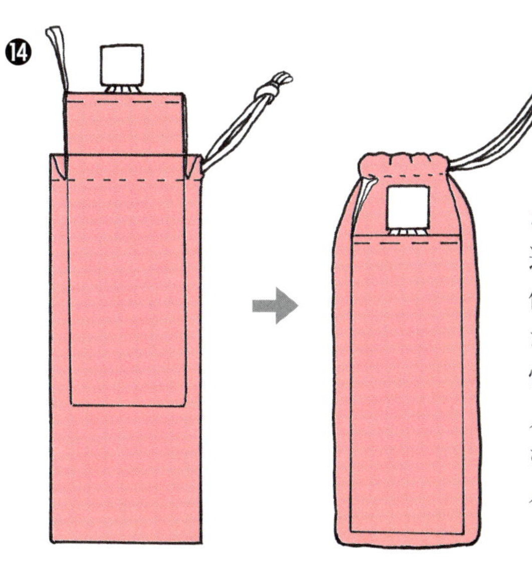

あきどまりからひもを通して完成。
使う時はぬれた折りたたみ傘を中の吸水性布入りビニール袋に入れて底まで落とし込む。ひもをしぼればバッグに入れて持ち歩くことができる。

糸かけコースター

6月・雨傘

放射状にしたワイヤーにひもをぐるぐる巻きつけていけば傘をイメージしたコースターに。ひもの色を変えて色とりどりの傘を作りましょう。

材料

- ワイヤー（2mm）96cm
- ひも
  (色ちがいで2、3種類)
- 厚紙、鉛筆
- 針、糸、ラジオペンチ

❶

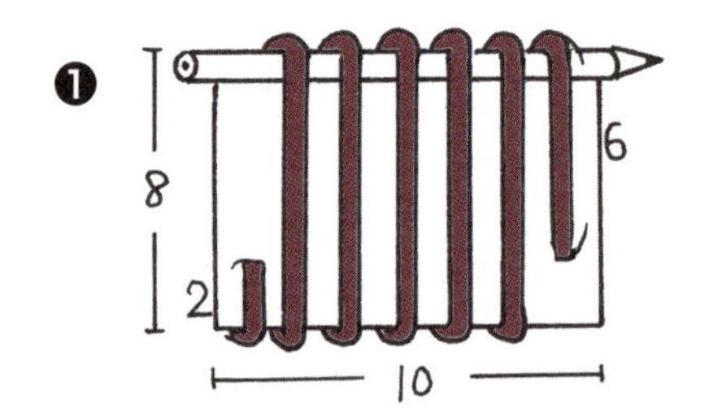

厚紙の上に鉛筆を置き、鉛筆ごとワイヤーを巻いていく。巻き始めは2cm表側に残し、終わりは6cmで切る。

❷

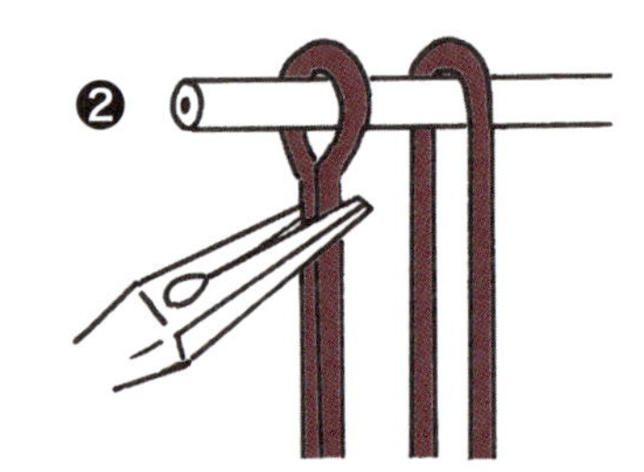

厚紙を抜き、鉛筆の下の部分のワイヤーをラジオペンチでつぶす。

❸

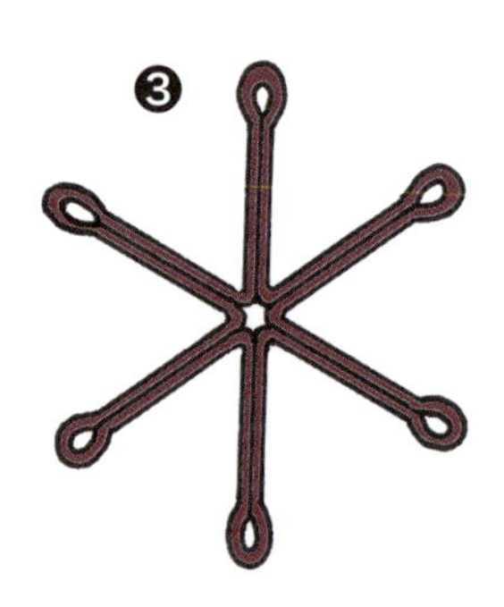

鉛筆を抜き、ワイヤーを広げて図のように六角形の骨組みを作る。

❹（表側）

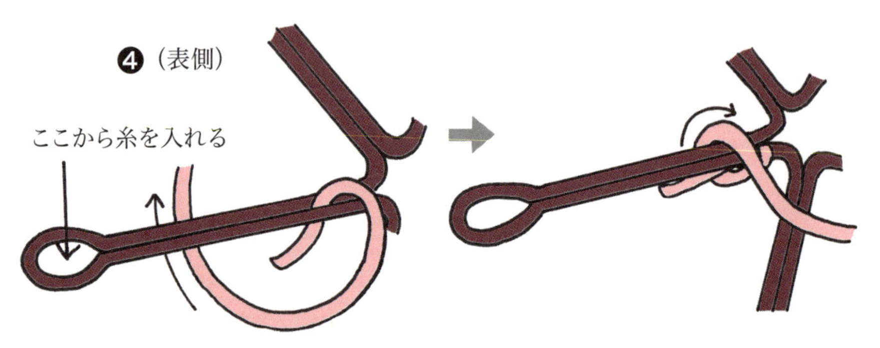

1本目を巻く時は端からひもを通し、2本のワイヤーの間を中心まで移動させる。ひもの端は2cm残し、外側に巻いていく時に一緒に巻き込む。最初はひもを2本のワイヤーの間にはさみ込んでから巻いていく。

❺ ❻（表側）

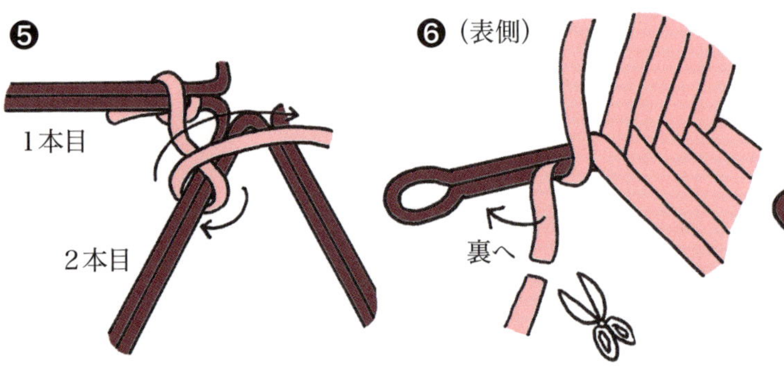

2本目以降は図の作業をくり返す。

途中でひもを変える時はひもの端をワイヤーではさみ込んでから切り、裏へ回す。同じワイヤーに❹の方法で新しいひもを巻いていく。

❼（裏側）

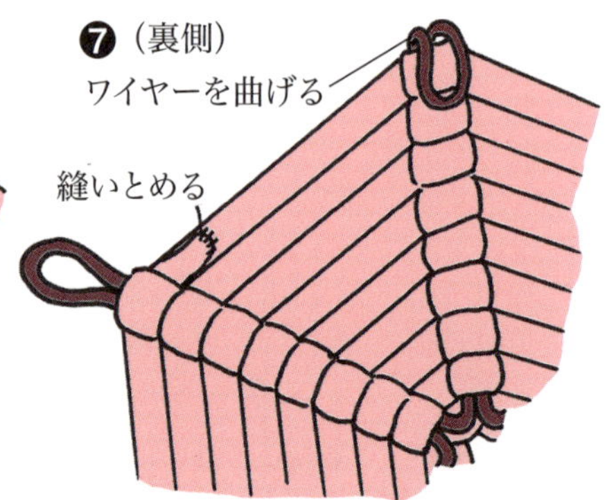

最後まで巻いたら裏のひもに縫いとめる。ワイヤーはひもが抜けないように6本とも先端をペンチで曲げる。

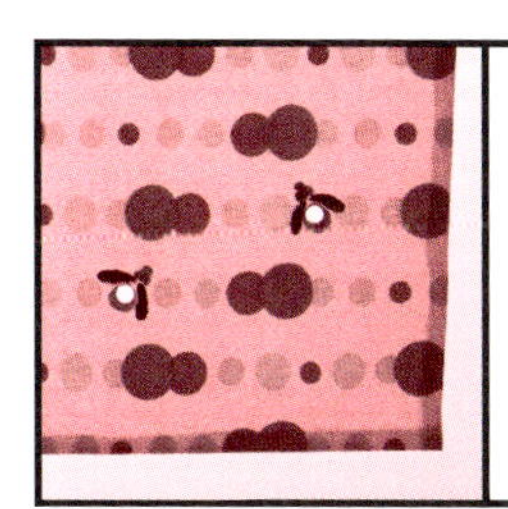

ほたるのカフェカーテン

6月・ほたる

布に穴をあけ布用絵の具で頭と羽を描いて吊るせば、
光が穴から差し込みほたるのよう。

材料

- 布
- 布用絵の具
  （黒、赤、ピンク）
- 布用ボンド、綿棒
- ポンチ
  （8mm 穴あけ用）
- カナヅチ、段ボール

❶（裏）

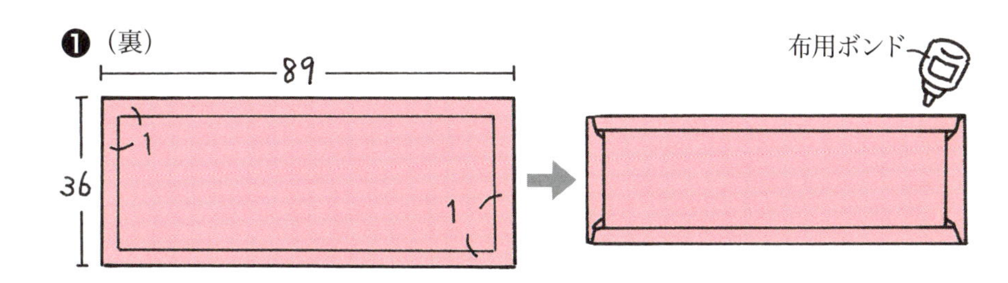

布の四辺を幅1cm で裏側に折り返し、布用ボンドでとめる。

❷（裏）

布の裏からバランスを考えながら5カ所に丸く布用ボンドを塗る。❸であける穴（8mm）より大きく塗る（布の穴の補強になる）。

❸

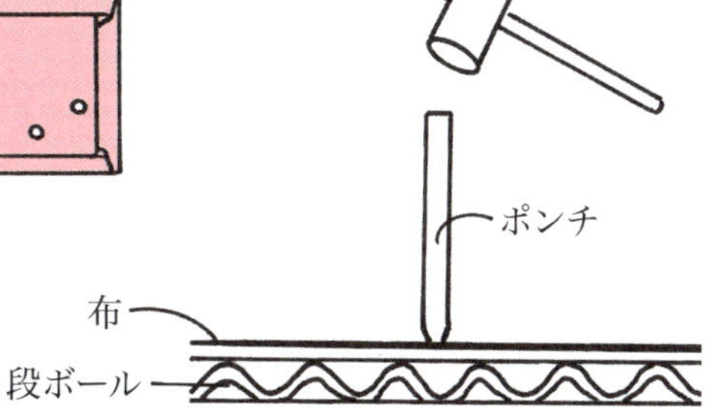

ボンドが乾いたら、布を段ボールの上に置き、ボンドを塗った所にポンチで8mm の穴を抜く。

❹

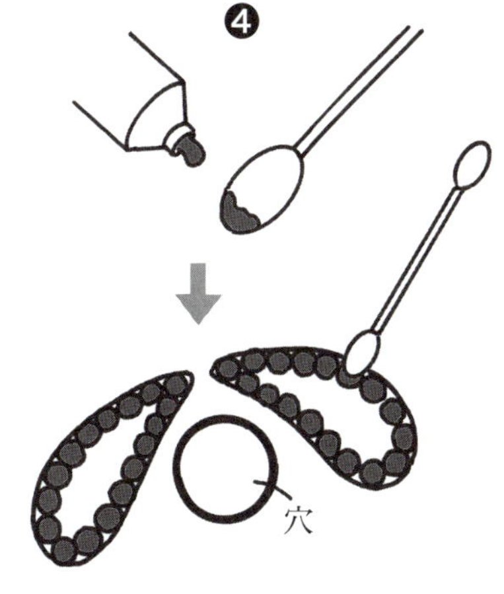

布用絵の具の黒を直接チューブから綿棒の先にとり、スタンプの要領で羽の輪郭をとる。

❺

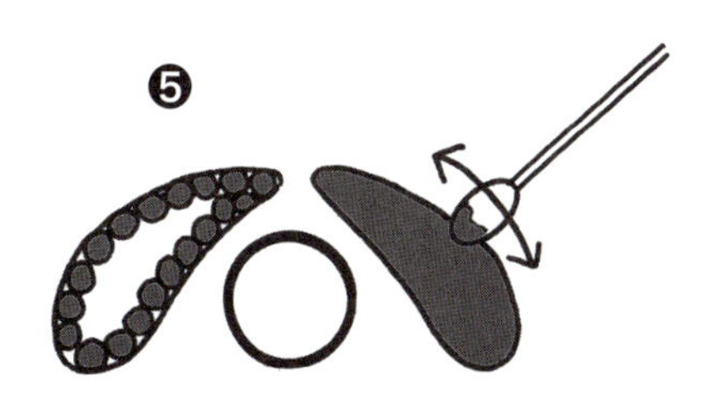

綿棒でこするように全体を塗りつぶす。

❻

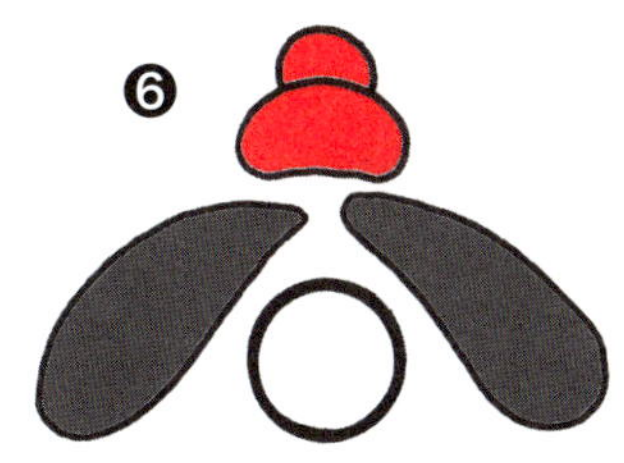

胸と頭も同様の手順で赤く塗る。

❼

穴の下側を図のように縁にそってピンクで丸く塗る。

ほたるのマグネット

6月・ほたる

同じ物をいくつか作り、ひもの部分を棒に通しマグネットで布を挟めばカフェカーテンが吊るせます。メモなどを挟むのに使っても。

材料

- マグネット（直径2cm 600ガウス） 2個
- フェルト（紺、黒）
- ひも（25cm）
- スパンコール（黒5枚、赤3枚）
- クリスタルビーズ、小ビーズ
- 木工用ボンド

フェルト1枚にほたる模様を縫いつける

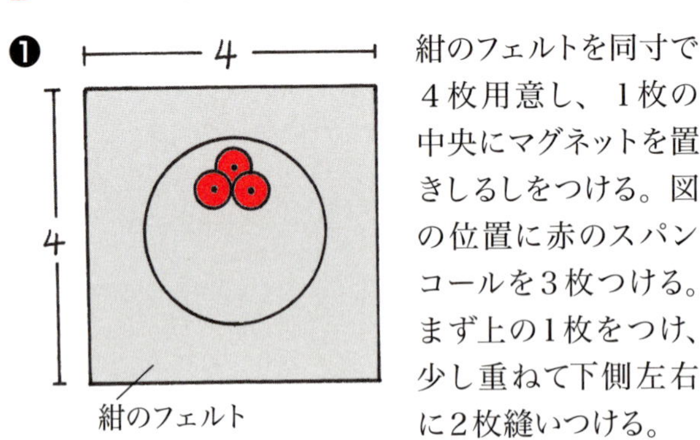

紺のフェルトを同寸で4枚用意し、1枚の中央にマグネットを置きしるしをつける。図の位置に赤のスパンコールを3枚つける。まず上の1枚をつけ、少し重ねて下側左右に2枚縫いつける。

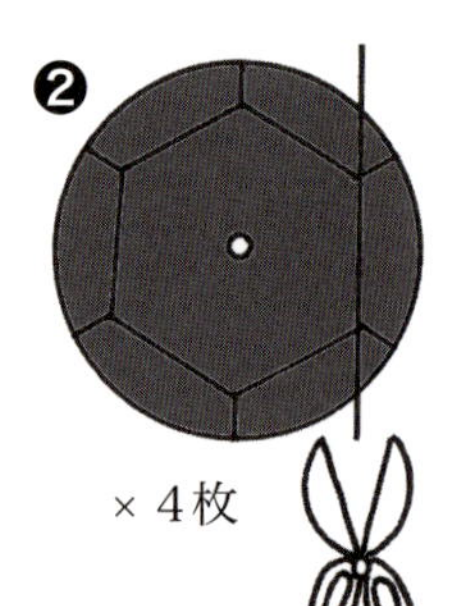

黒のスパンコールの1片を切りとる。4枚とも同様に。

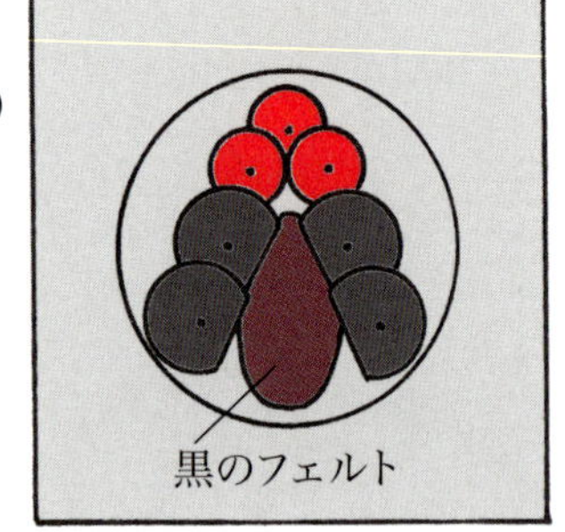

切った面を内側にして、赤のスパンコールの下から少し重ねて4枚縫いつける。ほたるの腹は黒のフェルトを切ってボンドでとめる。ほたる完成。

マグネット2個をひもで結びフェルトで包む

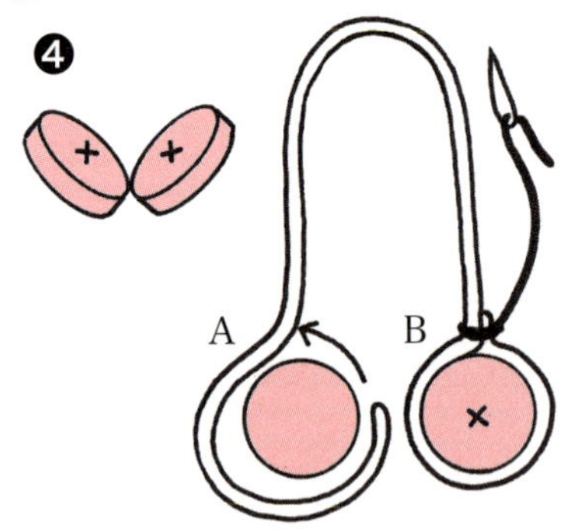

マグネット2個のくっつく面を確認してしるしをつける。マグネットの側面にボンドをつけ、ひもの両端を1周回して縫いとめる。

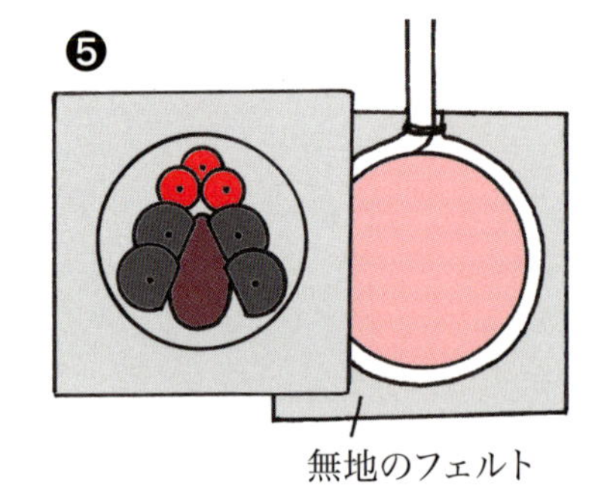

フェルト2枚でひもとマグネットをはさむ。Aは表がほたる模様で片側は無地のフェルト。

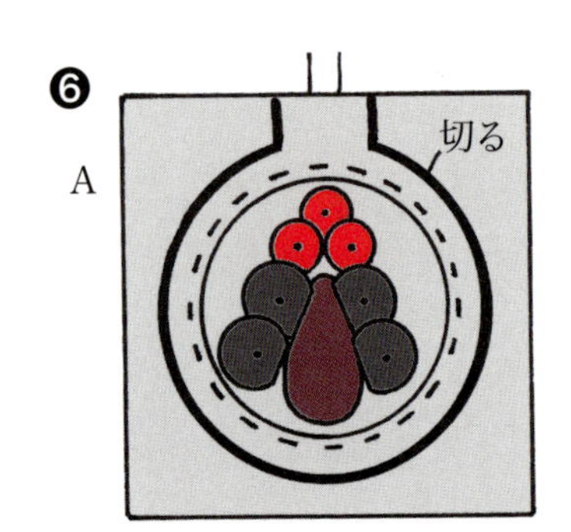

中のマグネットにそってぐし縫いし、縫い目から5mm離してフェルトを切る。

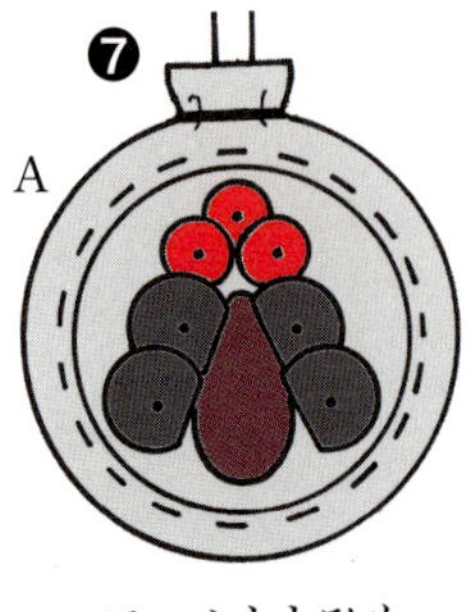

フェルトとひもを縫いとめる。

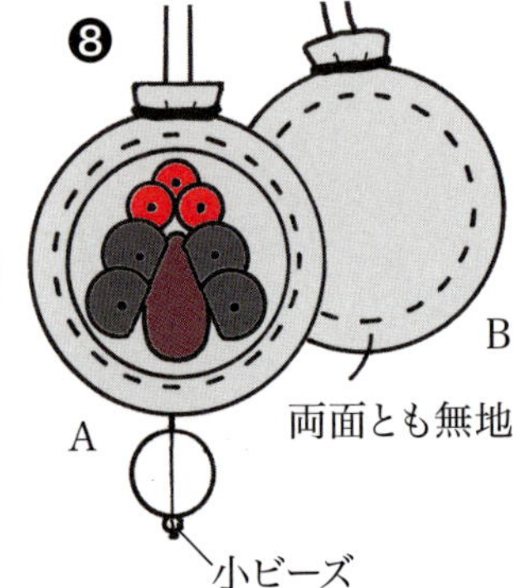

ほたるの下に透明ビーズを縫いとめる。糸どめに小ビーズ使用。Aは表がほたる模様で内側は無地。Bは両面とも無地となる。

第3章

7月
文月

8月
葉月

9月
長月

7月・七夕
笹舟の皿

（作り方65ページ）

7月・七夕

天の川のキャンドル

（作り方66ページ）

砂浜のお香立て

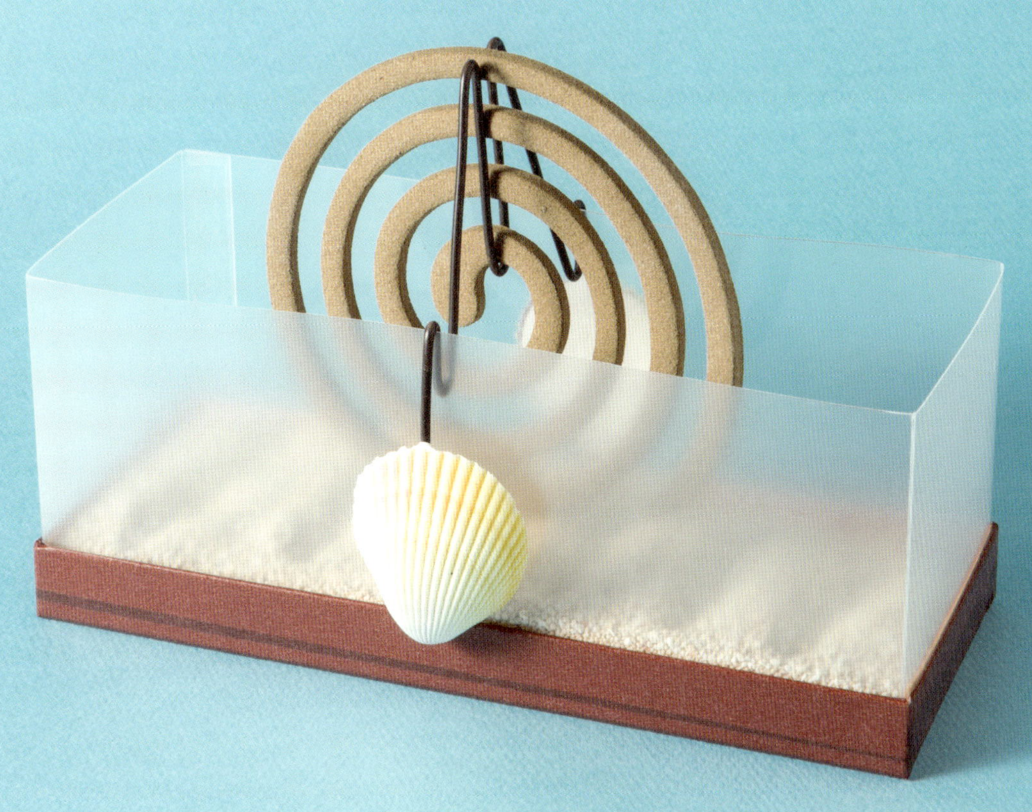

（作り方68ページ）

8月・夏祭り

想い出うちわ

（作り方69ページ）

8月・夏祭り

サマーサポーター

（作り方71ページ）

8月・花火

花火模様の器とキャンディ石けん

(作り方 72 ページ)

8月・花火

ネットステンシルのランチョンマット

(作り方 73 ページ)

9月・中秋の名月

パッキング材で作る月見うさぎ

（作り方75ページ）

9月・中秋の名月

お月様の香り箱

（作り方 77ページ）

9月・実りの秋

ぴったり
ネットストッカー

（作り方79ページ）

笹舟の皿

7月・七夕

コピー用紙の型紙にマスキングテープを貼って作る笹舟形の皿です。
好みのサイズに型紙をコピーして自分だけの笹舟を作ってみてください。

材料

- マスキングテープ
  色柄テープ2種
  （幅3cm）
  養生テープ（白、幅3cm）
- コピー用紙
- セロテープ

❶

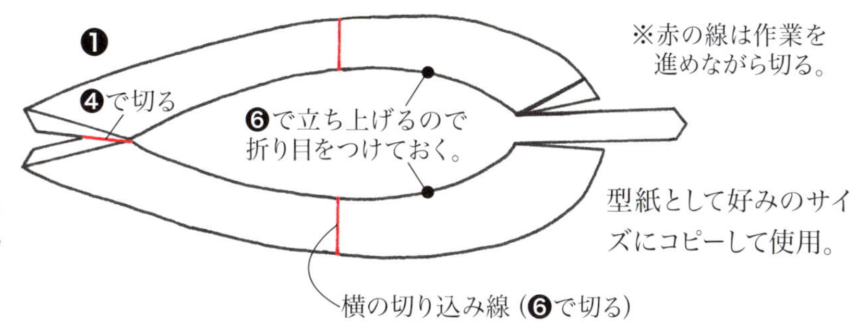

※赤の線は作業を進めながら切る。

型紙として好みのサイズにコピーして使用。

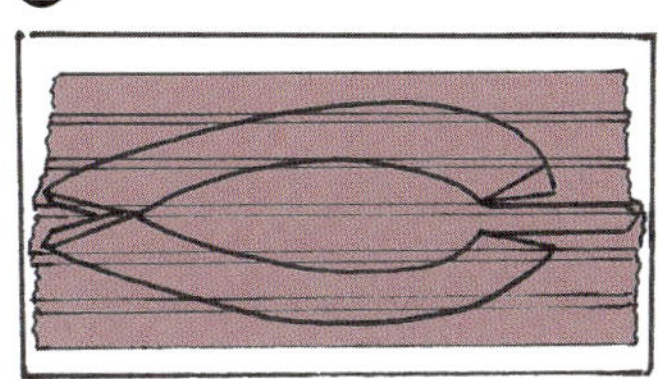

型紙をコピーした紙を裏返して置き、表の型紙の線からはみ出すように色柄テープを少し重ねて貼る。こちらが笹舟の内側となる。

❸

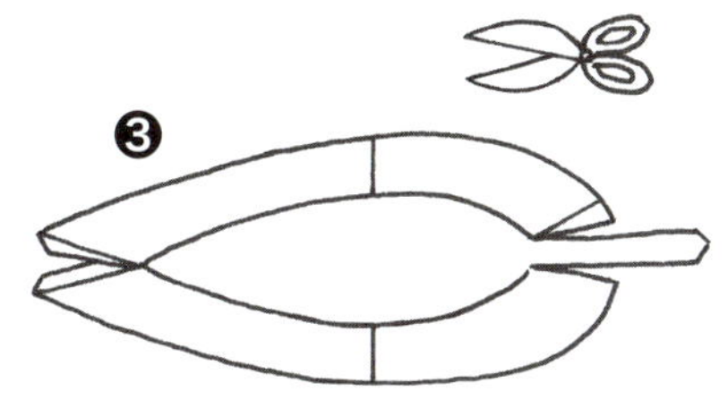

表に返して型紙どおりに切る。

❹

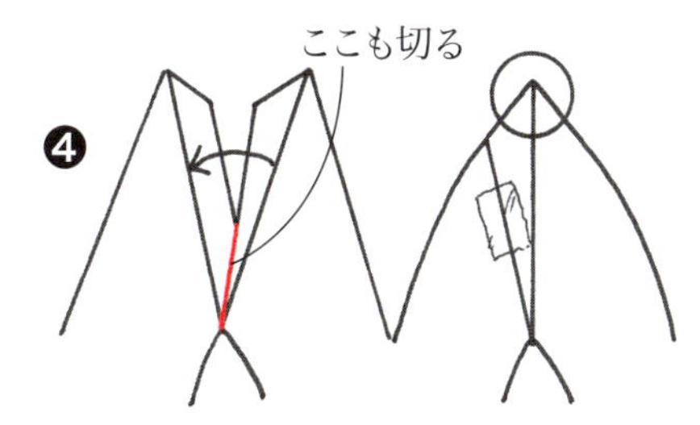

コピー面を上にして、先端を図のように合わせセロテープでとめる。

❺

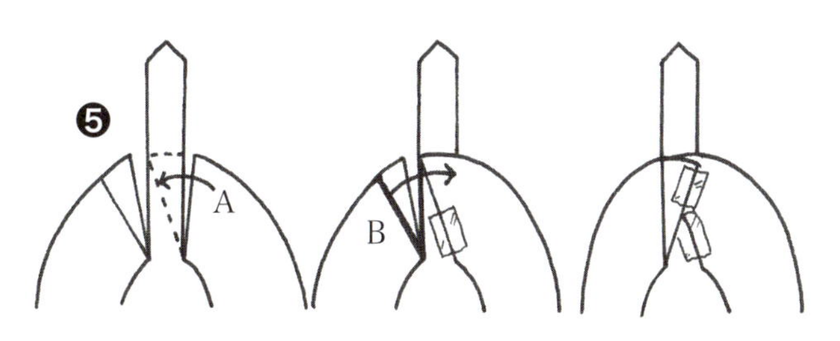

Aを図のように葉柄の部分にセロテープでとめる。次にBを葉柄の線に合わせてテープでとめる。

❻

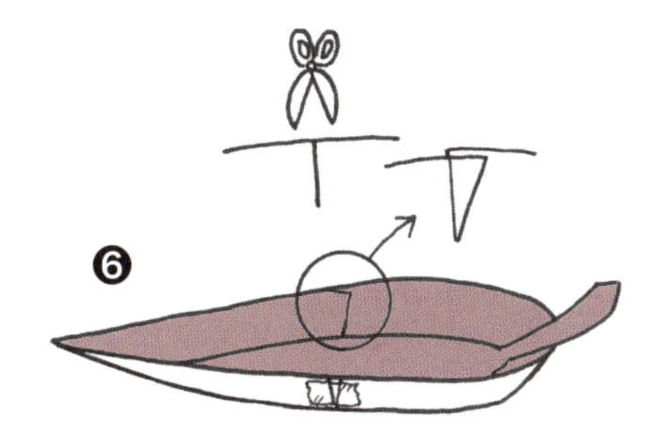

横の切り込み線をはさみで切り、少し重ねてセロテープでとめる。笹舟が立ち上がって底が安定するように注意。

❼

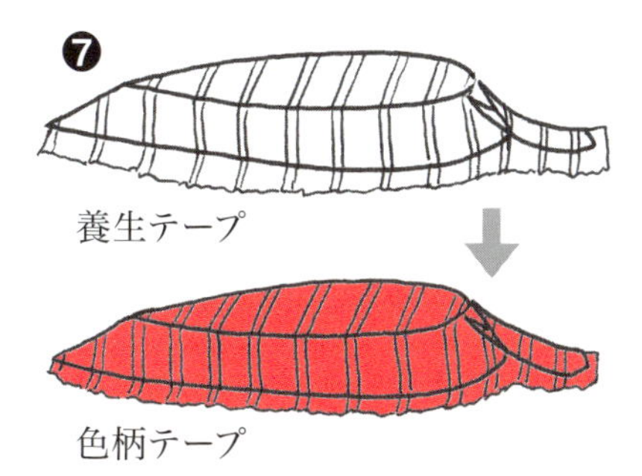

裏返して養生テープを少し重ねて全体に貼り、次に色柄テープを貼る。最後に切りそろえるので、はみ出して貼ってよい。

❽

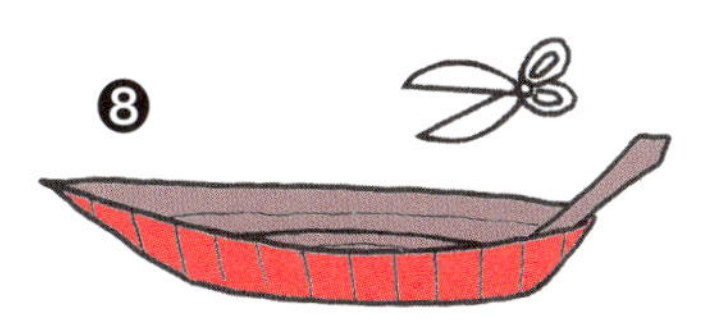

表に返して縁の余分なテープを切りそろえる。

天の川のキャンドル

7月・七夕

耐熱ガラス容器の中心にろうそくを立て、周りにジェルキャンドルを流し込みました。ろうそくは燃え尽きても新しいものと取り替えられます。

材料

- ろうそく　• ジェルキャンドル
- 折り紙　ろうそく用（緑）、短冊用（好みの色）
- アルミホイル、ビニール製のクリアケース
- マニキュア（銀）
- 短冊用のひも　• スパンコール（ハートの赤、青）
- 耐熱ガラス容器　• ボンド、セロテープ
- ホットプレート　• ステンレス製計量カップ

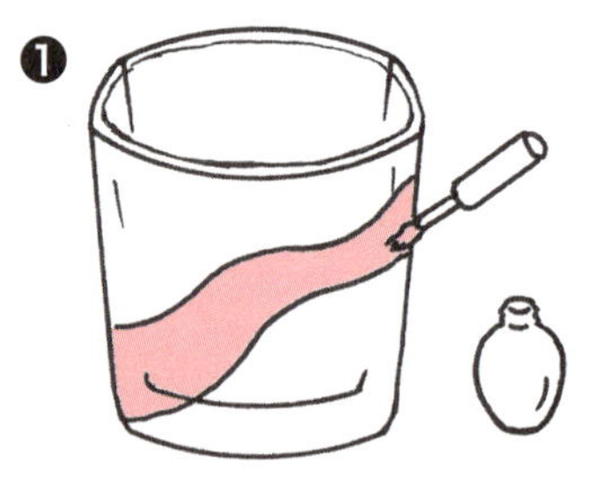

❶ 器の外側に、銀色のマニキュアで天の川を描き、しばらく乾かす。

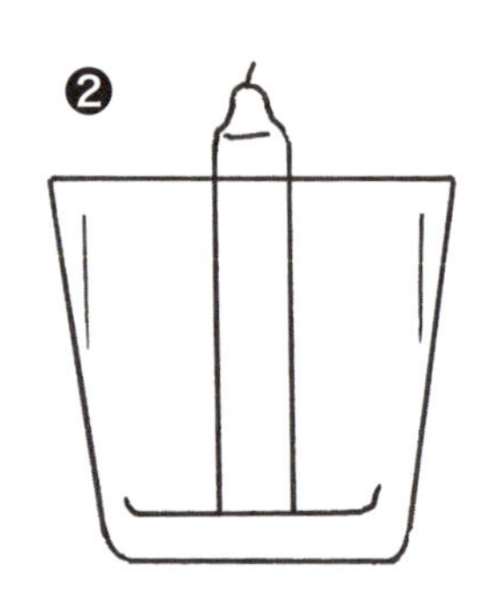

❷ ろうそくの先が器から少し出るように、底を切ってろうそくの長さを調節する。

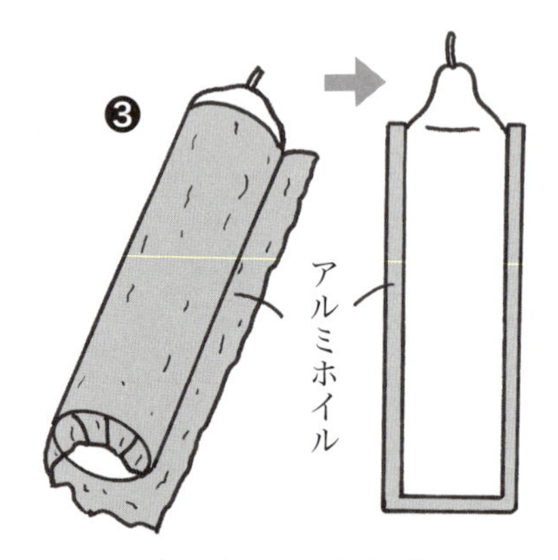

❸ ろうそくにアルミホイルを巻き、底をつぶしてカップ状にする。

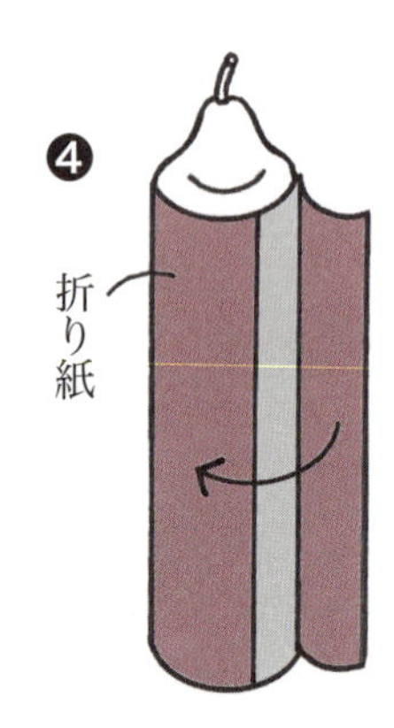

❹ アルミホイルの上から、ろうそくの長さに合わせて切った折り紙を1周巻き、セロテープでとめる。

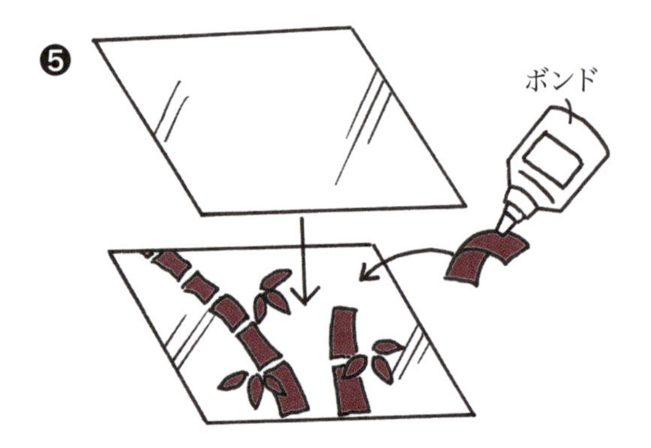

❺ ろうそくに1周巻ける長さにビニール製のクリアケースを2枚に切り離す。1枚には竹の形に切った折り紙をボンドで貼りつける。その上にもう1枚のビニールを重ねる。

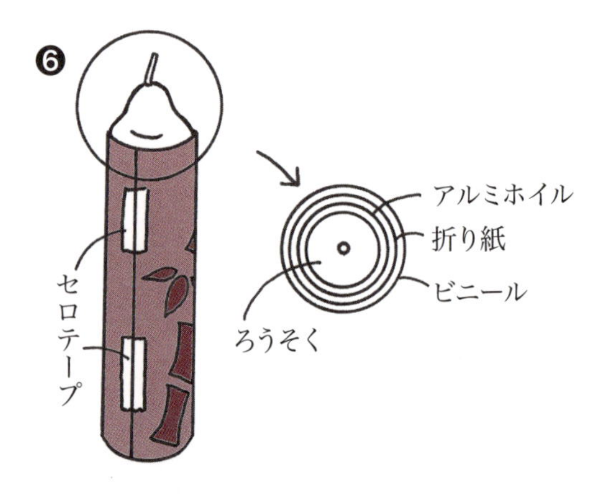

❻ ビニールをろうそくに巻きつけ、セロテープでとめる。

❼

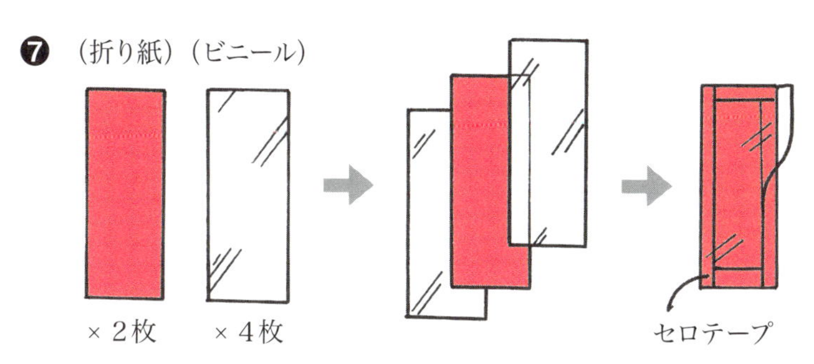

折り紙で小さな短冊を２枚作り、表裏をビニールではさんで縁をセロテープでとめる。

❽

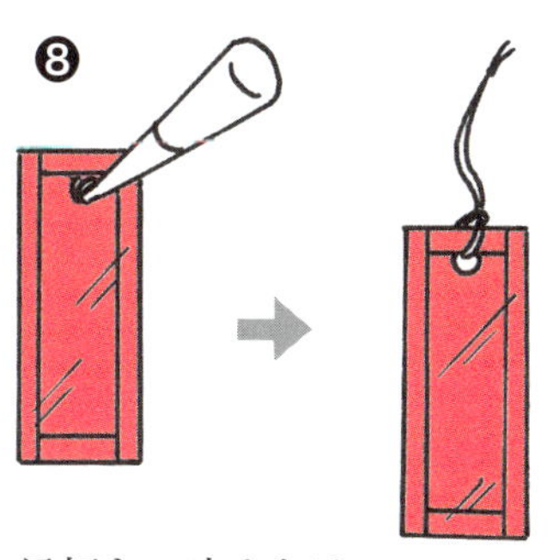

目打ちで穴をあけ、ひもを通す。

❾

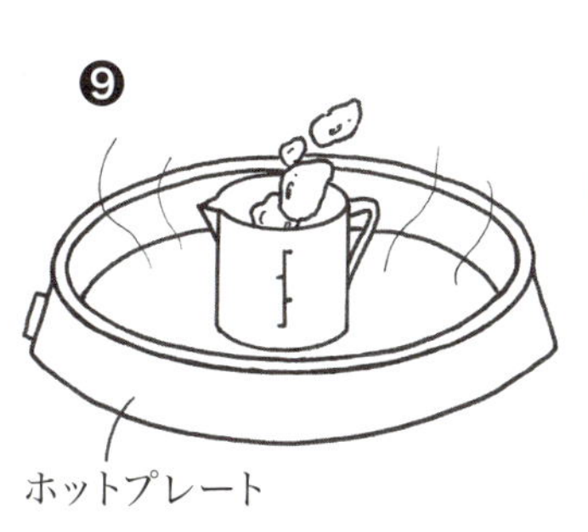

ジェルキャンドル（以下、ジェル）を説明書に従って溶かす。本書ではホットプレートを使用。

❿

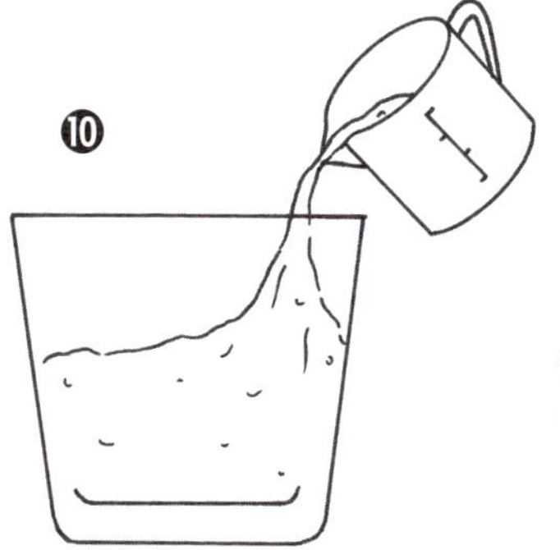

器にジェルを流し込む。仕上がりより少な目に入れる。

ジェルキャンドルを透明に仕上げたい時は、溶かす際にかき混ぜないようにする。

⓫

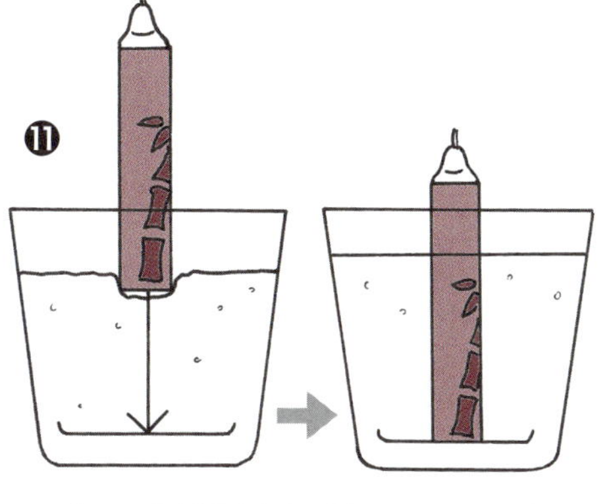

ジェルを流し込んだら、すぐにろうそくを器の底まで押し込む。ジェルの量が足りなければ追加し、器の８分目ぐらいまでジェルを入れる。

⓬

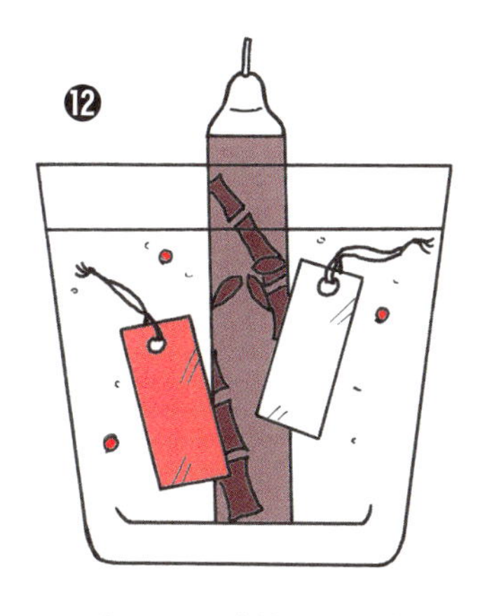

天の川の反対側には短冊２枚を入れ、好みでビーズも加える。

⓭

器に天の川を描いた側には、天の川をはさんで両脇に見えるようにハート形（赤と青）のスパンコールを入れる。

再度楽しむときは…

ろうそくの明かりを楽しんだ後は、中央のアルミホイルの筒の中からろうそくの残りをピンセットでとり除き、新しいろうそくを入れて再度使うことができる。

注意!! 本書ではジェルキャンドルを溶かす際、火気を避けてホットプレートを使いますが、作業中は火傷に気をつけ、終わるまで側を離れないようにしてください。また、ろうそくを灯している間も消えるまで側を離れないでください。

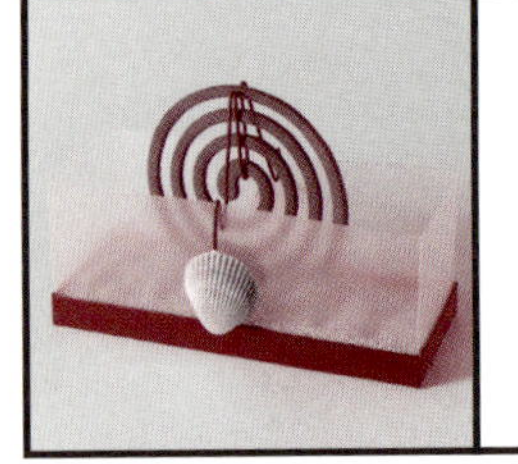

砂浜のお香立て

砂浜に残った砂紋のように筋を描けば、その上に置いた線香はきれいに燃えつきます。次に使う前には灰を砂に混ぜ込みます。

材料

- 空き箱
- ワイヤー（2mm）40cm
- 貝がら
- 紙粘土
- 砂
- 蚊取線香
- 木工用ボンド、ラジオペンチ

箱のふたに貝がらを飾る

❶

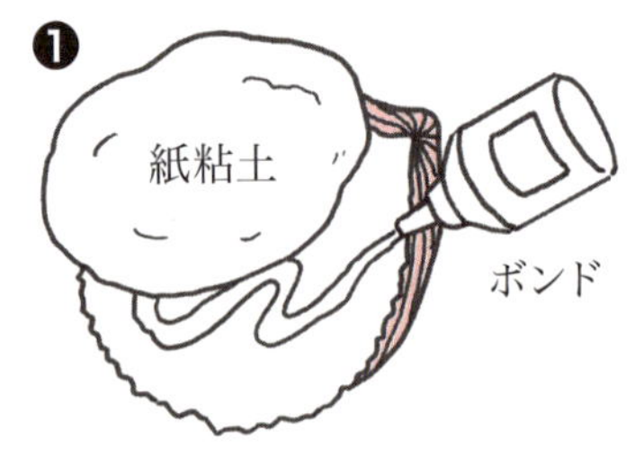

貝がらにボンドをつけて紙粘土を押し込む。

❷

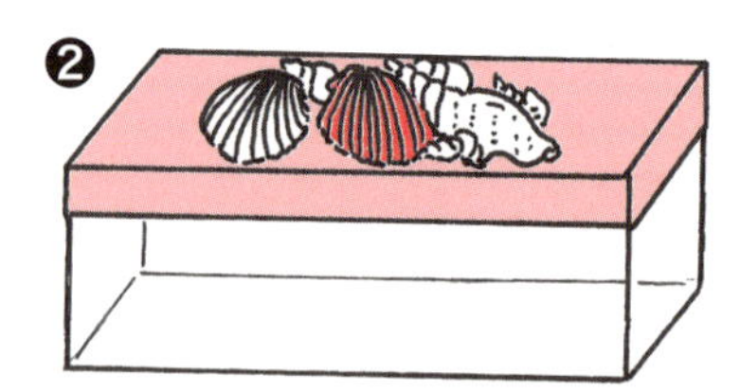

紙粘土が乾いたらボンドをつけて、ふたの上面に貝をバランスよく貼る。

蚊取線香をセットするワイヤーを作る

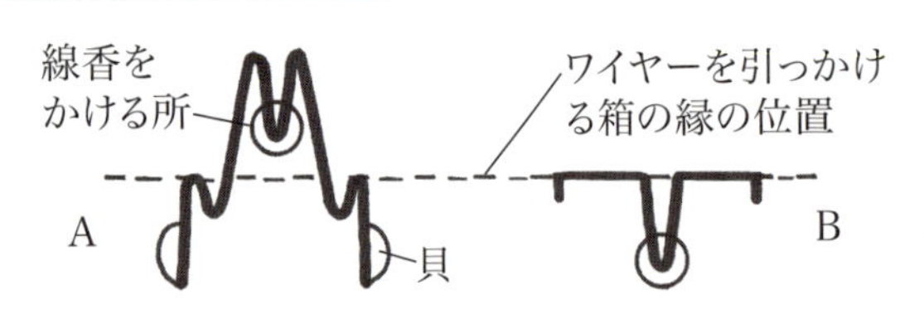

線香を下げる位置は箱の深さによって変わる。Aは箱が線香の半径より浅い場合で、深い場合はBのような簡単な形となる。本作品は浅いのでAを使う。

❸

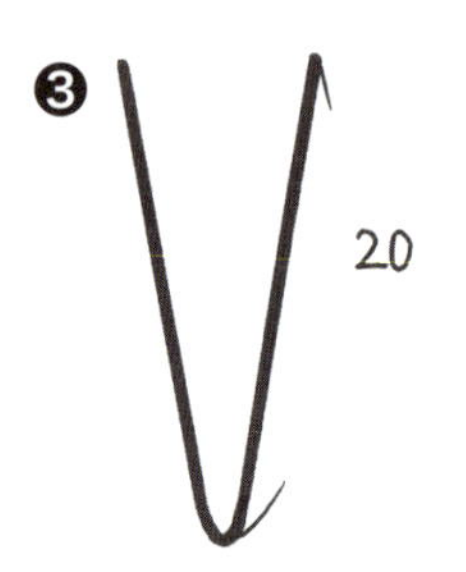

40cmのワイヤーをラジオペンチで半分に曲げる。

❹

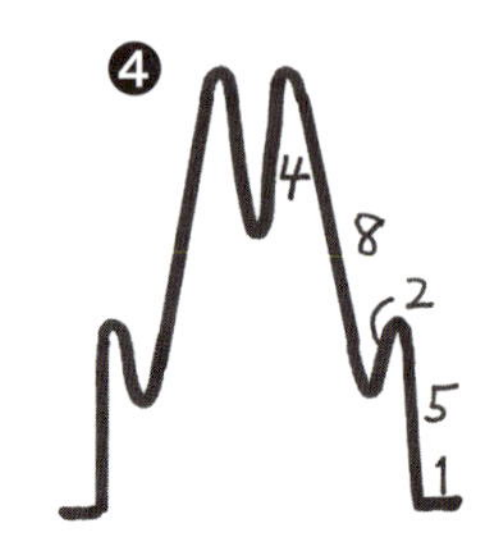

次に図のようなサイズに、左右対称に曲げる。

❺

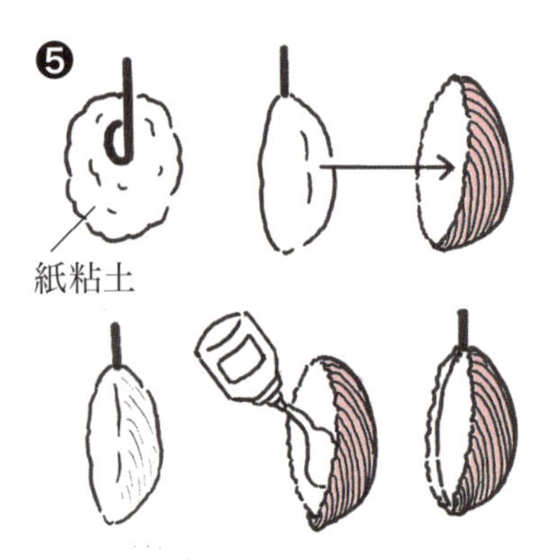

両端の1cmのワイヤーに重しの貝がらをつける。ワイヤーの両端を丸めて紙粘土をつけ、一度貝に埋め込んで形を作る。貝からはずし貝にボンドをつけてあらためて埋め込む。

❻

箱に砂を入れ、ワイヤーに線香を回しながら入れてから箱にセットする。

❼

棒状の線香を砂の上に直に置いて焚く場合は、わりばしなどで砂に波紋や線紋を描いて置くときれいに燃える。

注意!! 線香を焚いている時は、線香が箱に触れないよう注意し、消えるまで箱のそばを離れないようにしましょう。

想い出うちわ

8月・夏祭り

夏前にお気に入りのうちわを仕立て、徐々に中身を入れ替えます。
暑さが去った後には、ひと夏のアルバムうちわが完成しています。

材料

- うちわの骨
- ビニール製のクリアケース（B4）
- ビーズ、スパンコール
- 折り紙（白、赤、黒、水色）
- クリップ　5個
- マスキングテープ（幅 1.5cm）
- 写真、思い出の品
- ししゅう糸（6本どり黄）
- 木工用ボンド、ストロー、ペン（青）

❶

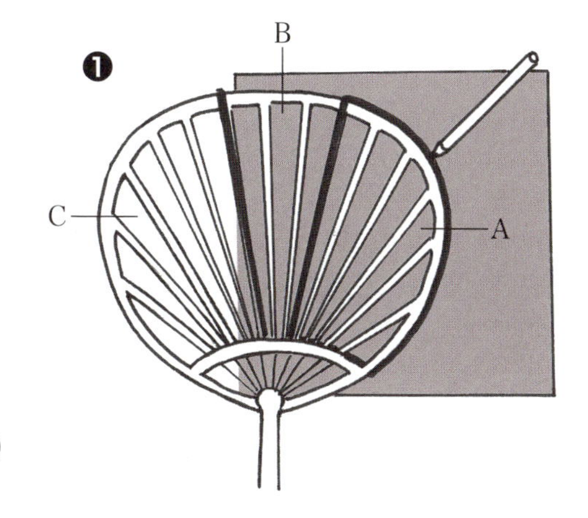

うちわの骨をA、B、Cに3分割する。水色の折り紙をAの下に置きしるしをつけて切る。

❷ ❸

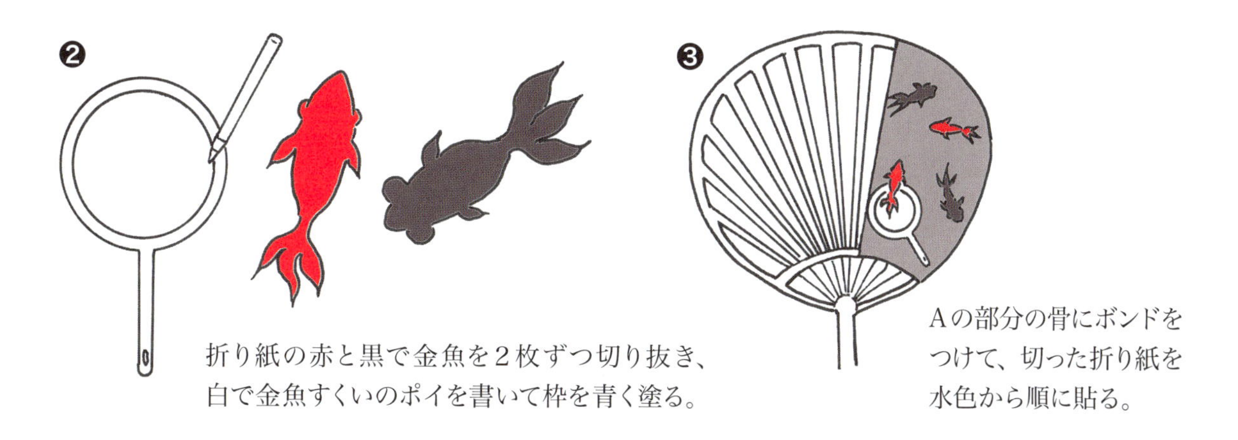

折り紙の赤と黒で金魚を2枚ずつ切り抜き、白で金魚すくいのポイを書いて枠を青く塗る。

Aの部分の骨にボンドをつけて、切った折り紙を水色から順に貼る。

❹

ビニール製のクリアケース

クリアケースのファスナーの部分を切りとり、切りとった2枚のビニールの間にうちわの骨をはさんで少し大きめにしるしをつける。右側の★の部分は❶のBに合わせて切りとる。切る際はどちらも2枚のビニールがずれないように注意。

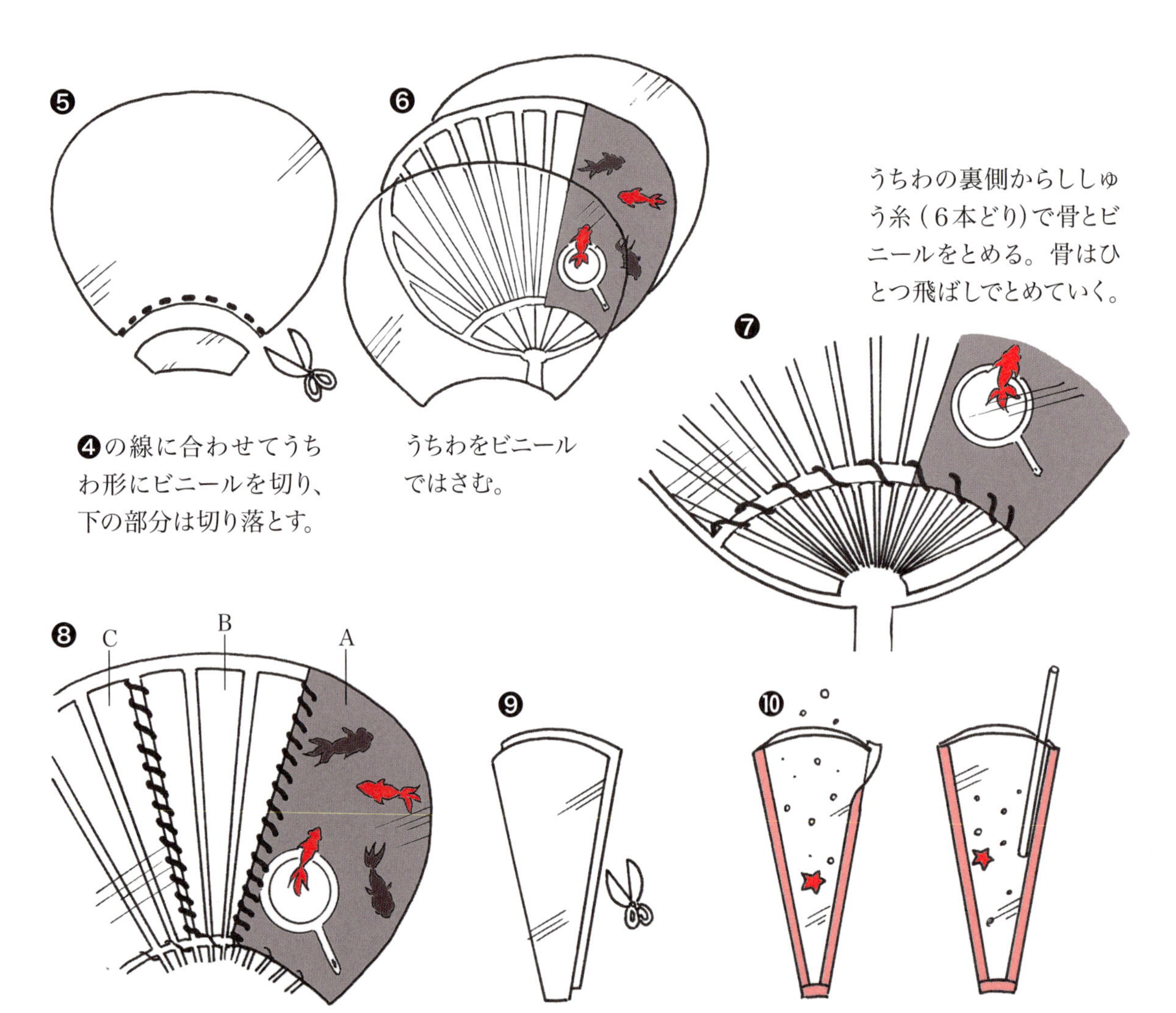

❺ ❹の線に合わせてうちわ形にビニールを切り、下の部分は切り落とす。

❻ うちわをビニールではさむ。

❼ うちわの裏側からししゅう糸（6本どり）で骨とビニールをとめる。骨はひとつ飛ばしでとめていく。

❽ 真ん中のBの両脇をかがる。右側（A）は折り紙も一緒にかがり、何もない左側（C）は骨だけビニールとかがる。

❾ ❹で切りとったビニール2枚（★）が❽のBの部分に入るか確認し、大きければ少し切る。

❿ マスキングテープで両脇と底を貼り、袋状にする。口はあけておく。ビーズ、スパンコールなどを入れ、中でビーズなどが動くようにストローで少し空気を入れてからマスキングテープで口を閉じる。

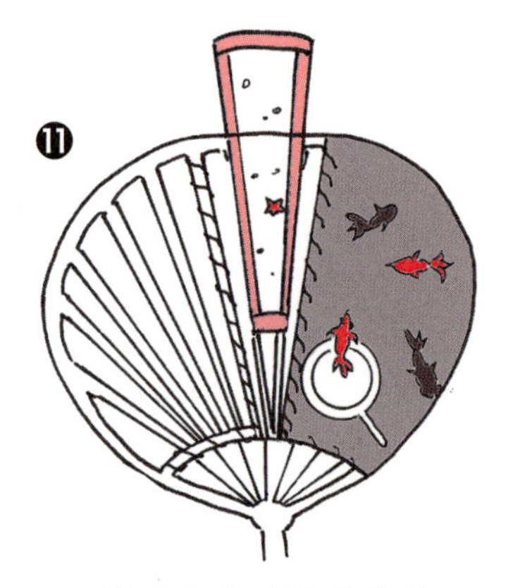

Bのスペースに入れる。

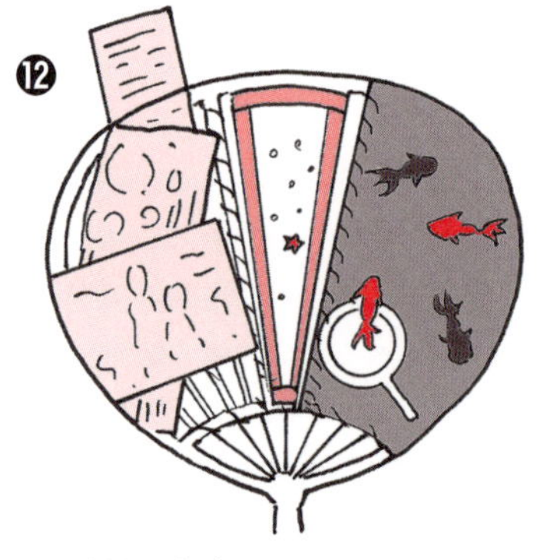

左側（C）のスペースには、思い出の写真などを合うサイズに切って入れる。

まわりの余分なビニールを切りそろえ、好みのクリップで5カ所ほどとめる。

サマーサポーター

8月・夏祭り

帯あげの柔らかな生地で作った夏用のサポーターです。
クーラーのきいた部屋などで、患部は冷やさず見た目は涼しげに。

材料

- 帯あげ
- サテンのリボン
- ゴム（手首の長さ）
- 木工用ボンド、ゴム通し、糸

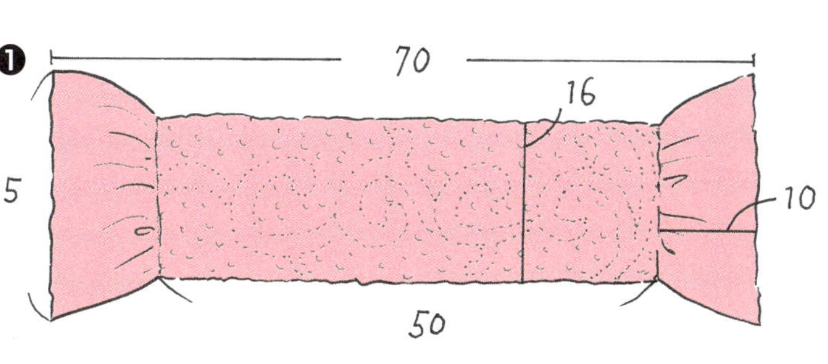

❶ 帯あげを両端に飾りがついて図のサイズに近くなるように、切って用意する。

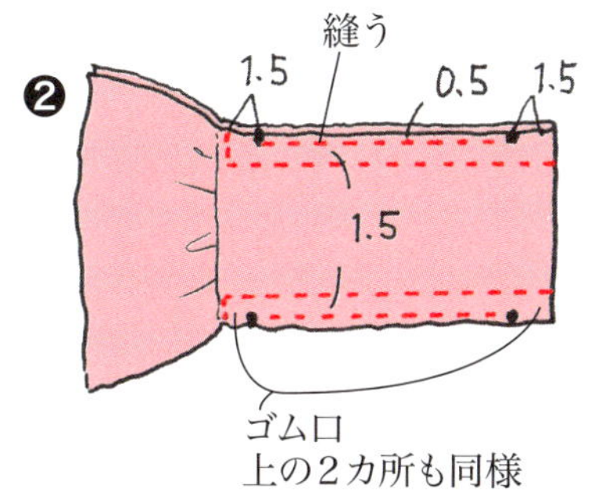

❷ 半分に折り、ゴム口4カ所を除いて図のように縫う。

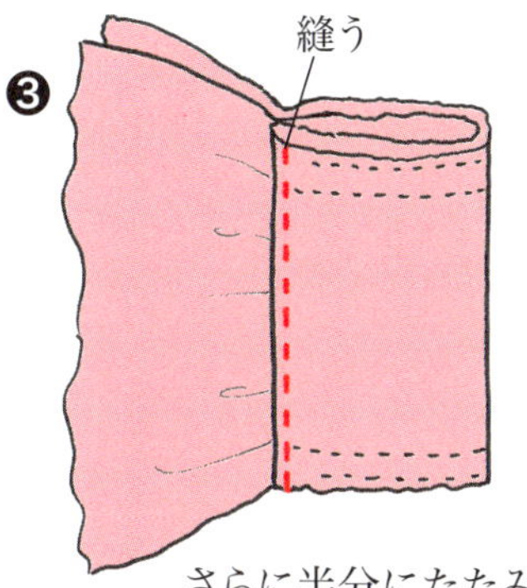

❸ さらに半分にたたみ、図の部分を縫う。

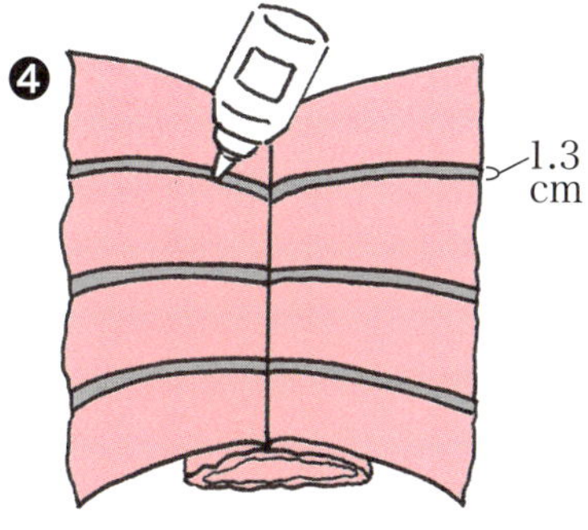

❹ ひらひらの飾り部分を左右に開き、4等分して左右合わせて6カ所に1.3cm幅でボンドを塗る。

❺ ボンドを塗った部分に6mm幅のサテンのリボンを1mmの間隔をあけて2本貼る。6カ所とも同様に。

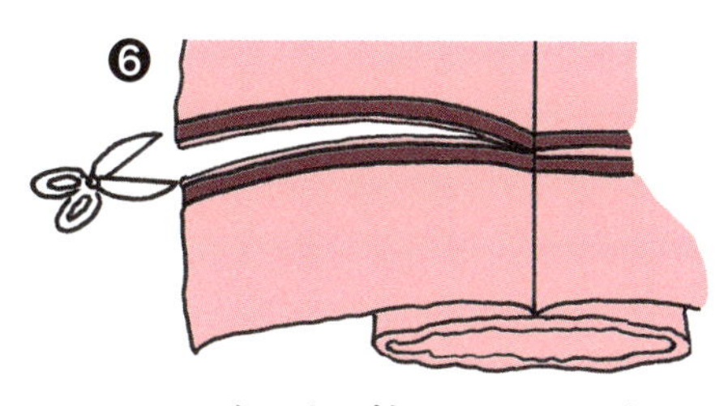

❻ ボンドが乾いたら、2本のリボンの間のすき間を切る。

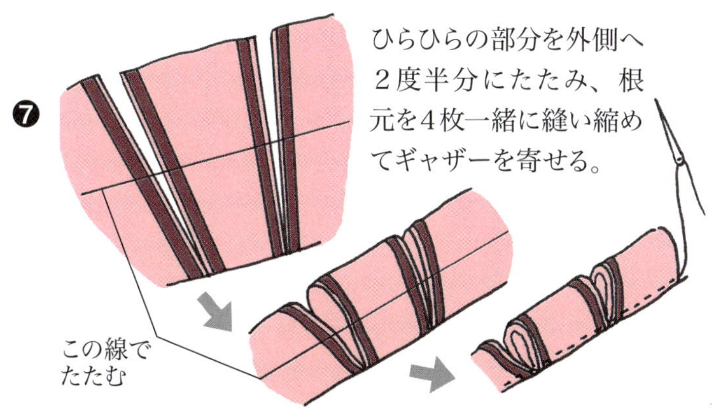

❼ ひらひらの部分を外側へ2度半分にたたみ、根元を4枚一緒に縫い縮めてギャザーを寄せる。

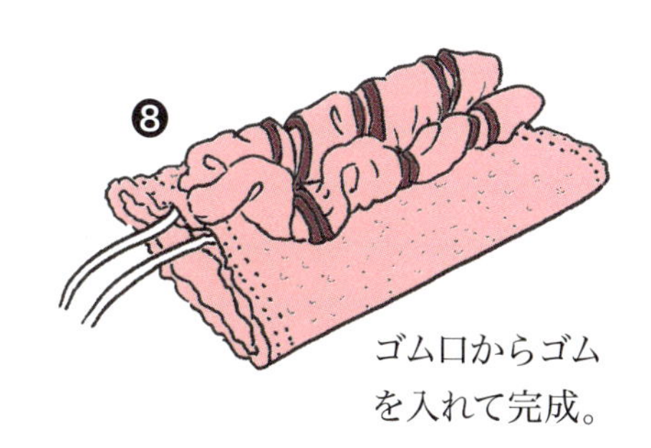

❽ ゴム口からゴムを入れて完成。

花火模様の器とキャンディ石けん

8月・花火

フレーク状の石けんに色と香りをつけキャンディのようにかわいく包装しました。1粒が小さいので数日で使いきり飽きずに楽しめます。

材料

- フレーク状の石けん 40g
- アロマオイル（ミント、レモン、バラ）2、3滴
- 食用色素（赤、緑、黄）と専用スプーン
- 空きびん
- マニキュア
- セロファン
- ボウル、ビニール袋

キャンディ石けんを作る

❶

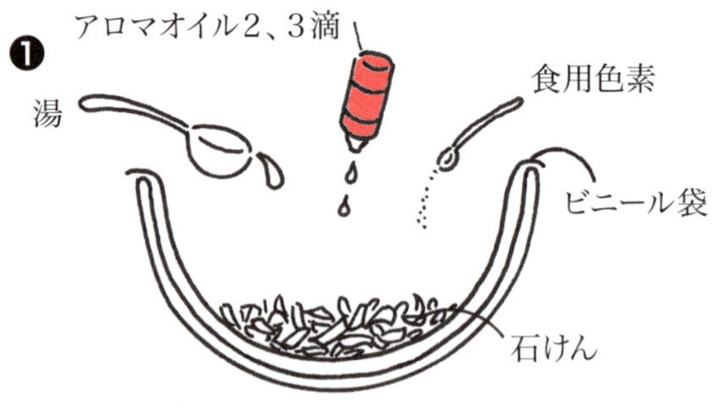

ボウルにビニール袋を敷き、フレーク状の石けん40g、食用色素を専用スプーン2分の1杯、アロマオイル2、3滴、湯小さじ1杯を入れる。色素が赤ならアロマオイルはバラなど、オイルは色に合わせて選ぶ。

❷

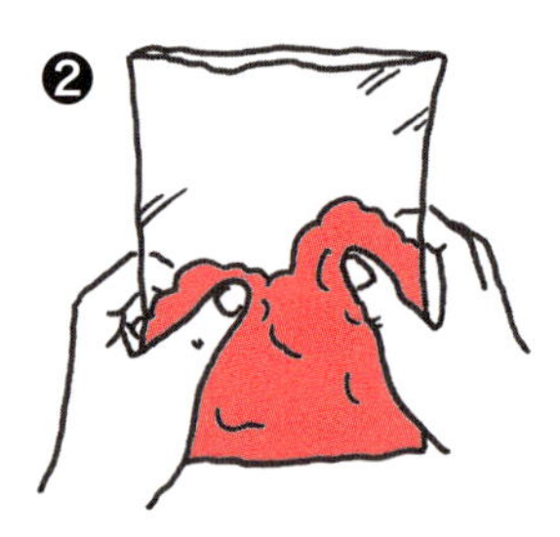

袋の中でよくもんで、色を均等に混ぜる。固い時は少し湯を足す。

❸

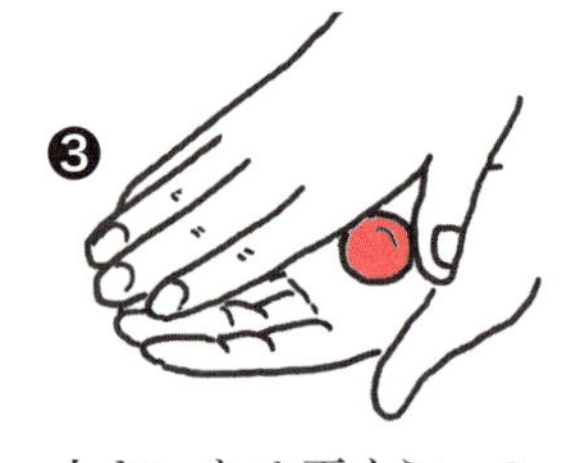

大きいあめ玉くらいの大きさに手で丸める。中の空気を抜くように力を入れて丸める。

❹

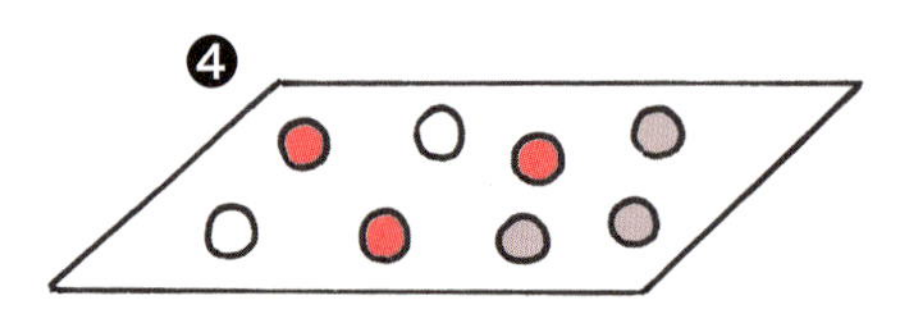

紙の上で乾かす。

❺

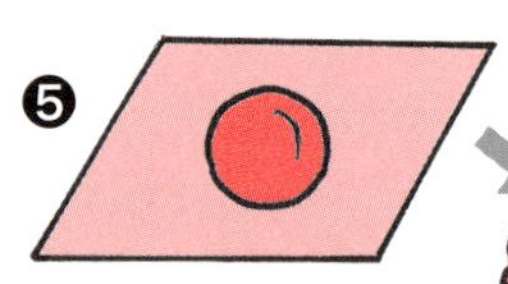

石けんの色に合わせたセロファンで包む。

びんに花火模様を描く

❻

ジャムなどの空きびんにマニキュアで花火模様を描く。

下絵を使って描く

びんの内側から下絵を描いた紙を貼ってそれを目安に描いてもよい。p.74の花火の型紙参照。

❼

マニキュアが乾いたら石けんを入れる。

注意!! びんにあめと間違えて食べないように注意書きなどを貼っておきましょう。

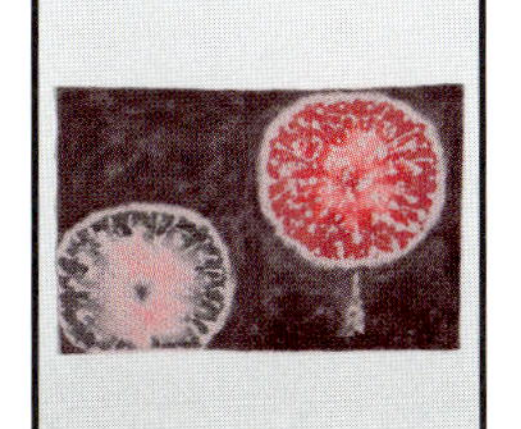

ネットステンシルのランチョンマット

8月・花火

破れた網戸を捨てる前にボンドを塗って染め型作り。塗った絵の具が布に染みていきグラデーションが楽しい花火模様のランチョンマットです。

材料

- 布（無地）
- 網戸用の網（30×25cm）
- 布用絵の具（赤、黄、緑、青）と専用の筆
- 布用ボンド
- ガムテープ、油性ペン
- ティッシュペーパー、新聞紙、トイレットペーパー

❶

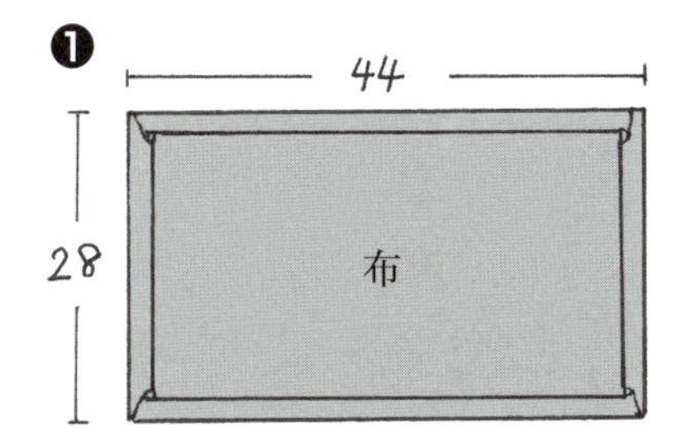

布を用意し、縁を裏側に1cm折って布用ボンドで貼り、28×44cmの形にする。

❷

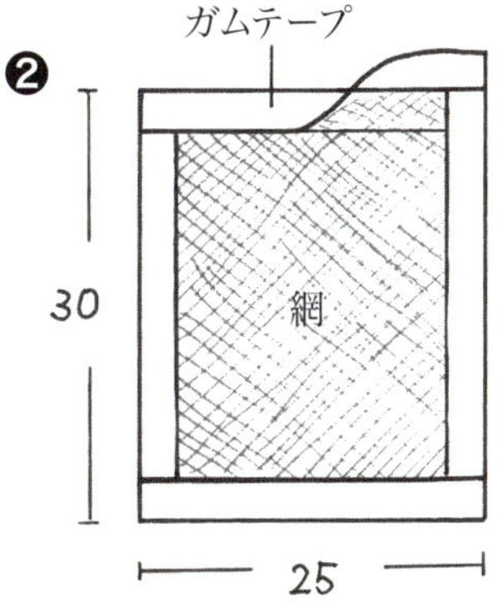

網戸用の網を花火の型紙（次頁）をコピーしたものより大きく切り、縁をガムテープでとめる。

❸

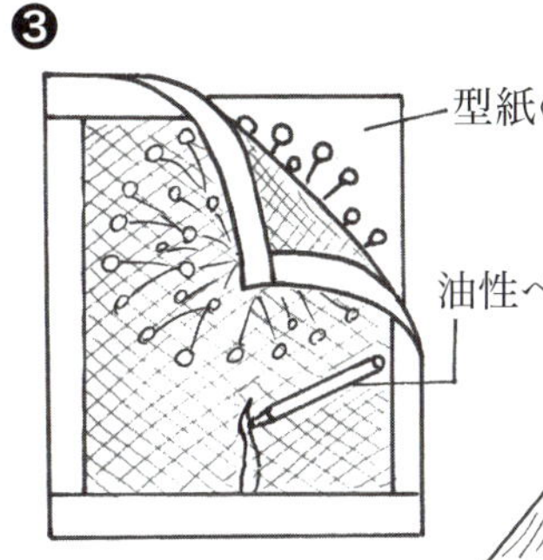

型紙のコピーの上に網をのせ、油性ペンで絵柄を写し取る。

❹

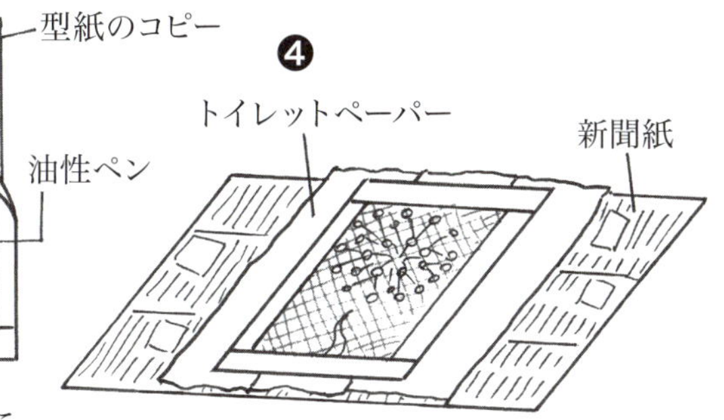

新聞紙の上にトイレットペーパーを敷き、その上に網をのせる。

❺

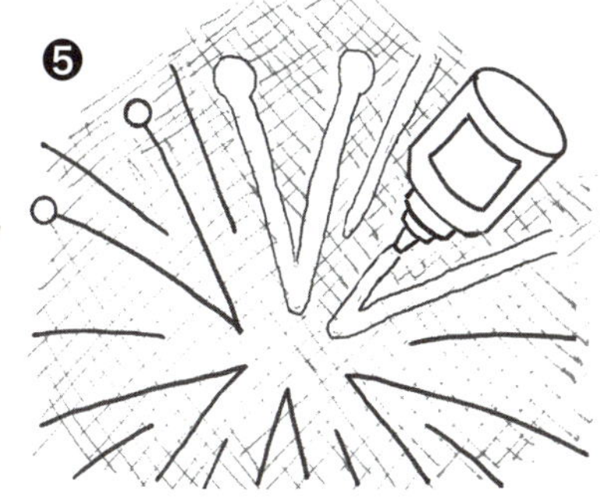

網の上から絵柄の上を布用ボンドでなぞる。

❻

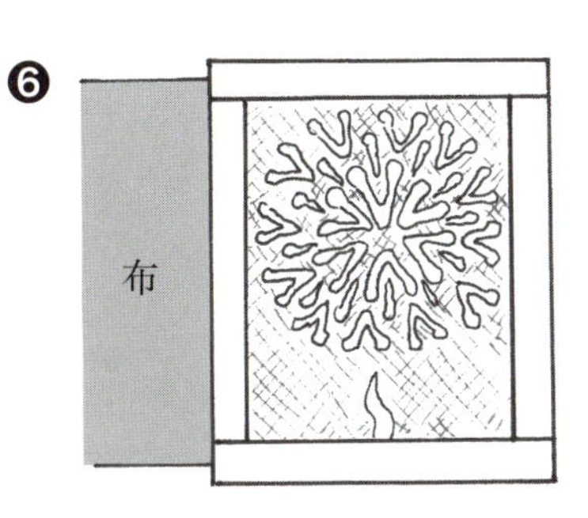

ボンドが乾いてから、布に模様を入れたい部分に絵柄を写した網をのせ、網が浮かないように手でおさえながら、布用絵の具で色付けしていく。

❼

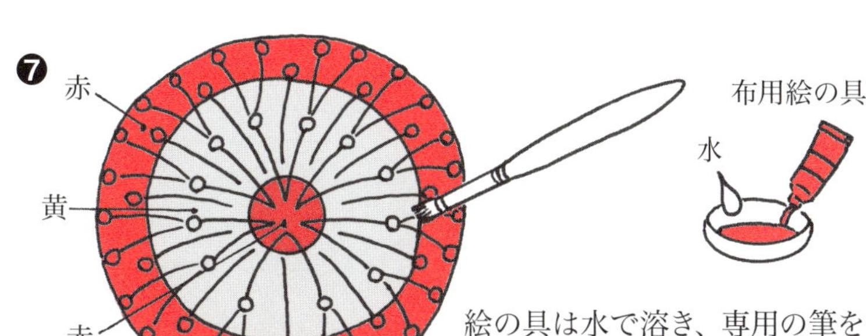

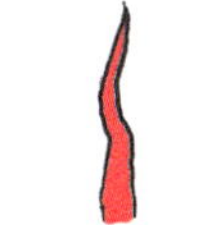

絵の具は水で溶き、専用の筆を使って網の上からポンポンおさえるように色をのせていく。写真右側の絵柄は、黄（中間）、外側の赤、中心の赤の順に色をのせ、色の境目のにじみ効果も利用。

❽

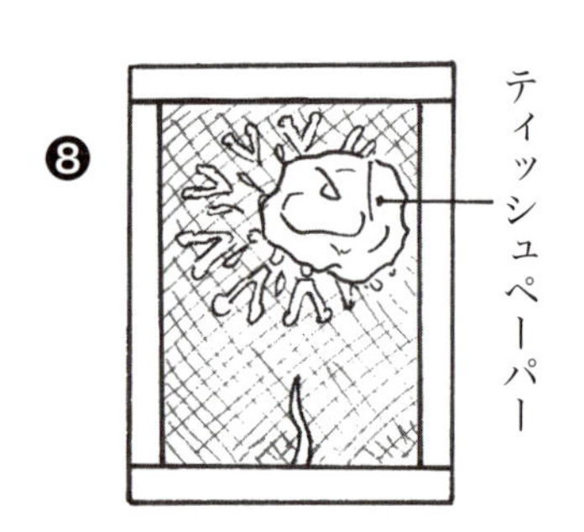

塗る色を変える時は筆をよく洗う。網は絵の具をティッシュペーパーなどでおさえて拭きとる。網を強くこするとボンドがとれるのでこすらないこと。

❾

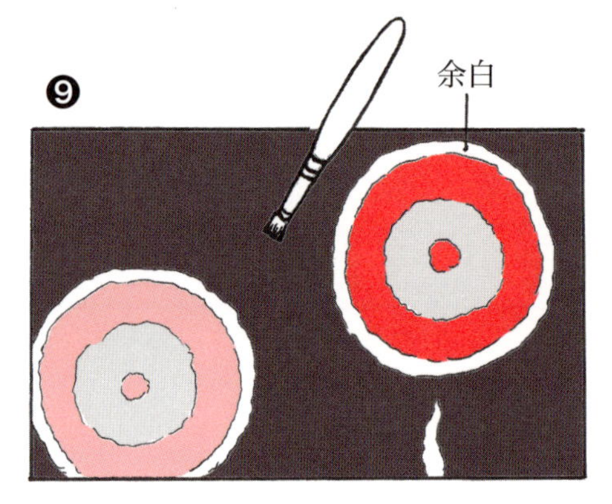

絵柄部分が乾いたら、周りの夜空を網なしで筆だけでポンポンおさえながら外側から青の絵の具をのせていく。花火のまわりは少し余白を残す。

✿ 花火の絵の型紙 ✿

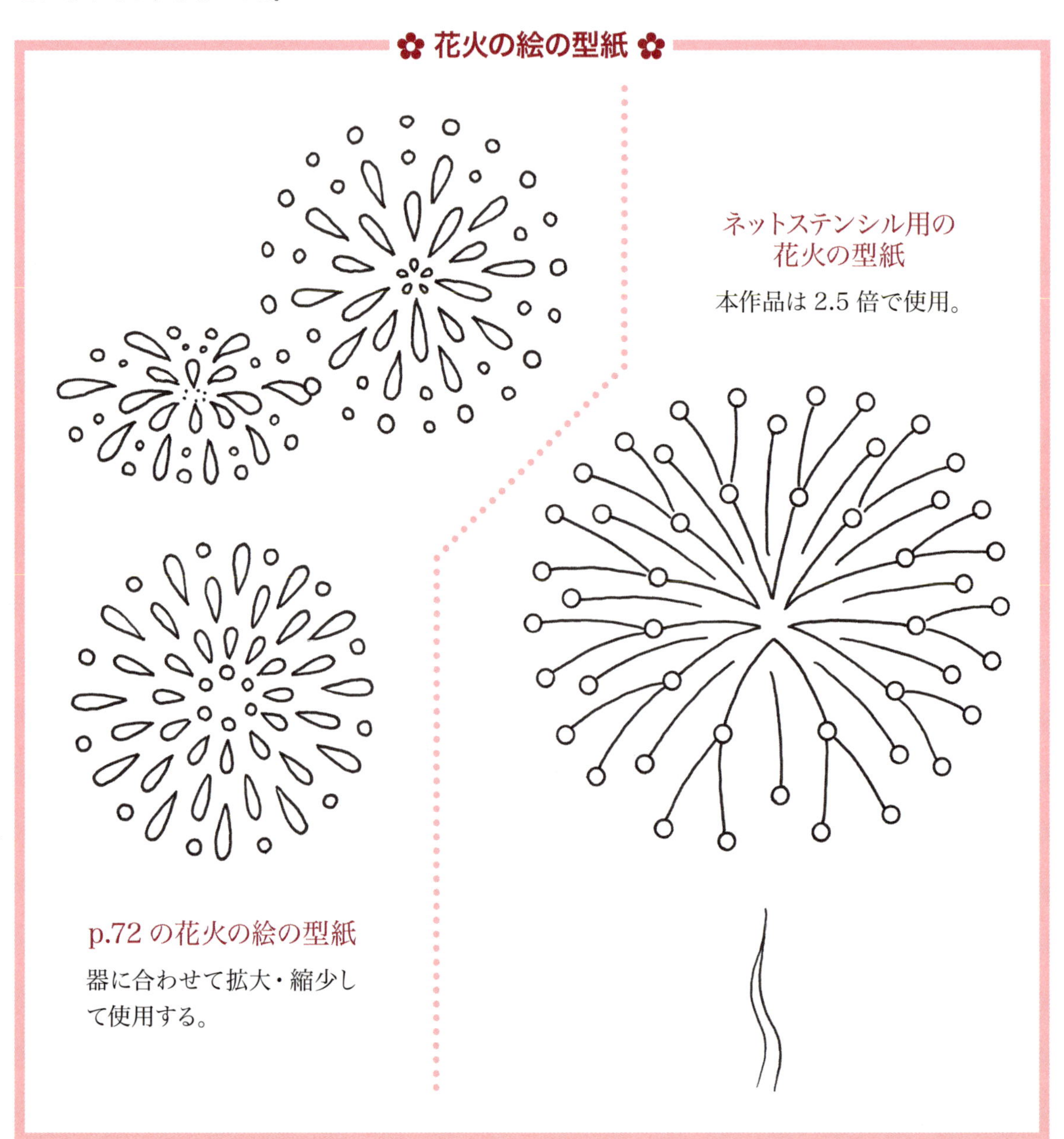

ネットステンシル用の花火の型紙

本作品は 2.5 倍で使用。

p.72 の花火の絵の型紙

器に合わせて拡大・縮少して使用する。

パッキング材で作る月見うさぎ

9月・中秋の名月

まゆ形でふわふわのパッキング材から、かわいいうさぎができました。
ススキ代わりのエノコロ草を抱えて立ったり座ったりの姿も愛らしい。

制作／つくりんぼ・狛谷孝子

材料

- パッキング材　• 綿棒
- 黒、赤の油性ペン（細）
- エノコロ草（穂のある造花などでも）
- い草（ぎんなん串や竹串で代用可）
- 糸　• 細針金（#28）
- 色画用紙　• 目打ち
- 木工用ボンド

立ちうさぎ

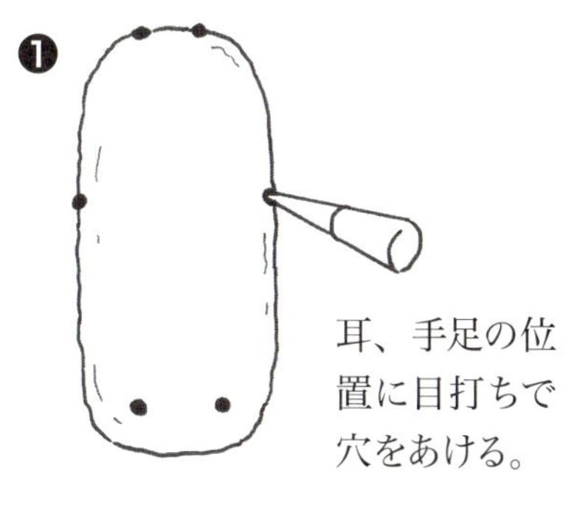

❶ 耳、手足の位置に目打ちで穴をあける。

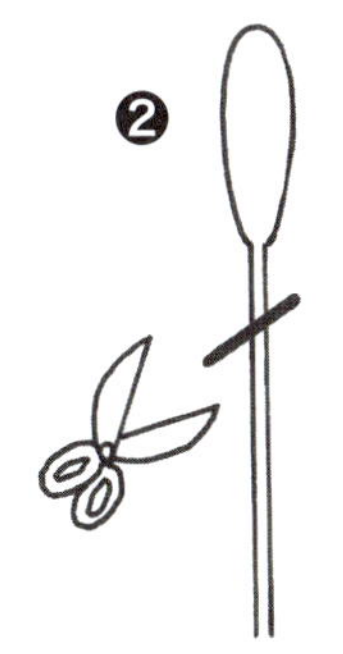

❷ 綿棒の軸をはさみで斜めに切る。これを6本用意する。

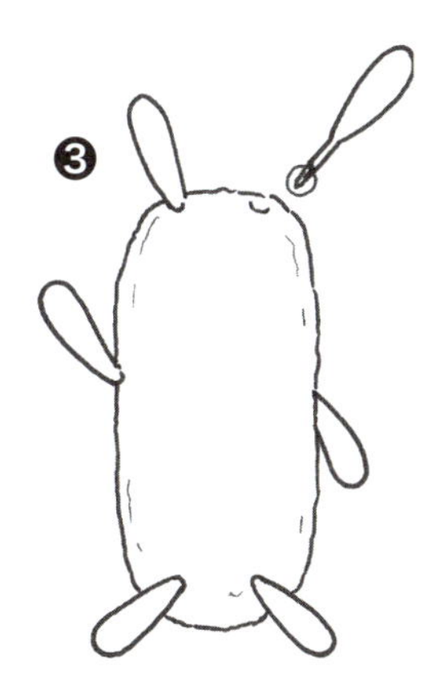

❸ 綿棒の軸の先にボンドをつけ、回しながら本体にさし込む。

❹ 細い油性ペン（黒、赤）で顔、手足を描く。

❺ 本体にボンドをつけて、エノコロ草を貼る。

座りうさぎ

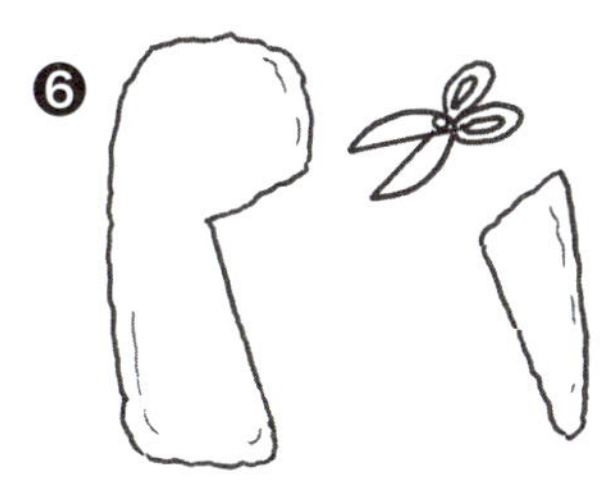

真横から見た図

❻ 丸い俵に座らせても安定しているようにパッキング材を斜めのラインで切りとる。切りとったパーツは小さく切って足先やしっぽにする。

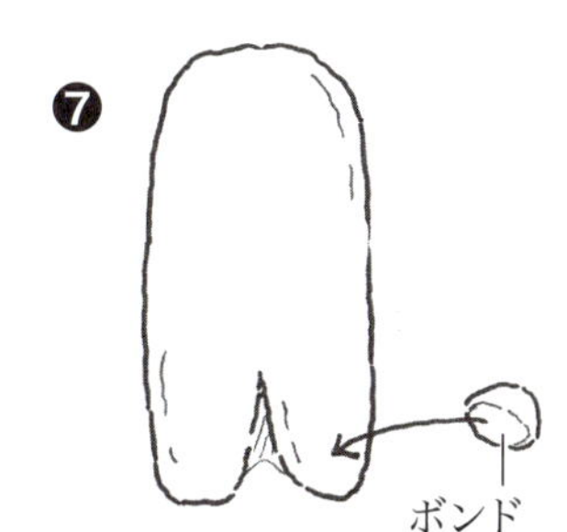

❼ 下側をV字に切りとる。❻で切りとったパーツを小さく切ってボンドで貼り、足を作る。

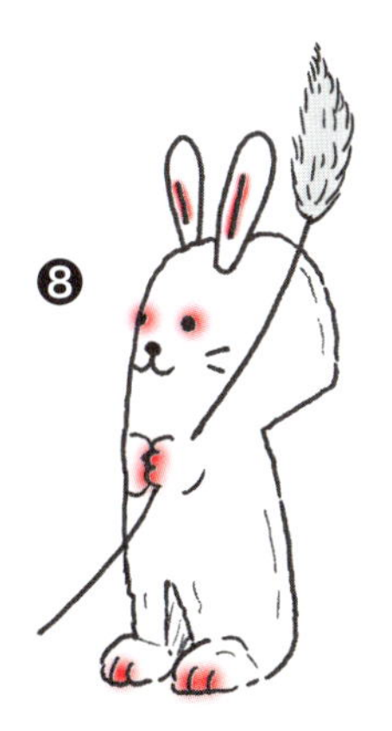

❽ ❹のように耳の位置に綿棒をさし込み、顔・足などを描く。ここでは手は綿棒を使わずペンで描く。

後ろ向きのうさぎ

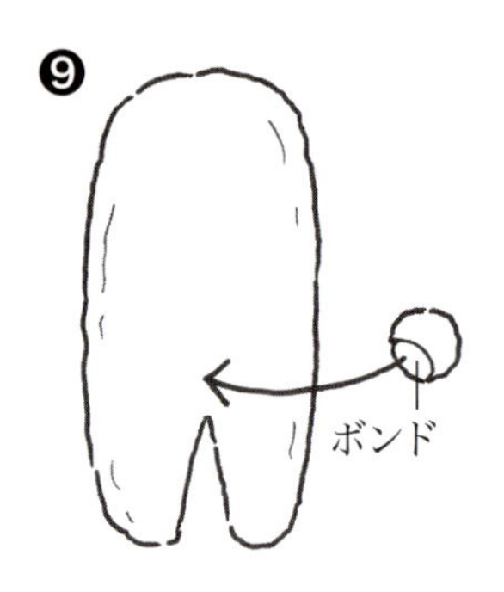

❻と同様に切りとり、下側3分の1に切り込みを入れて足を作る。切り込みの上にしっぽを貼りつけおしりを作る。

"座りうさぎ"❽では、顔は切りとっていない側に描いたが、"後ろ向き"なので図のように切りとった側の上部が顔になる。

俵を作る

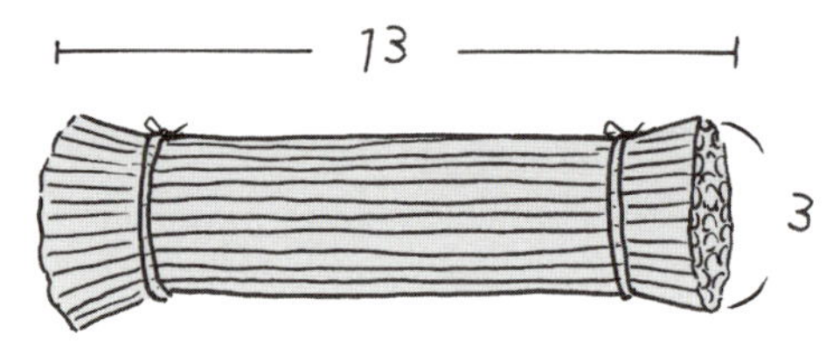

い草を13cmに切って直径3cmの束にする。両端は糸でしばっておく。い草の代わりに、ぎんなん串や竹串などを使ってもよい。

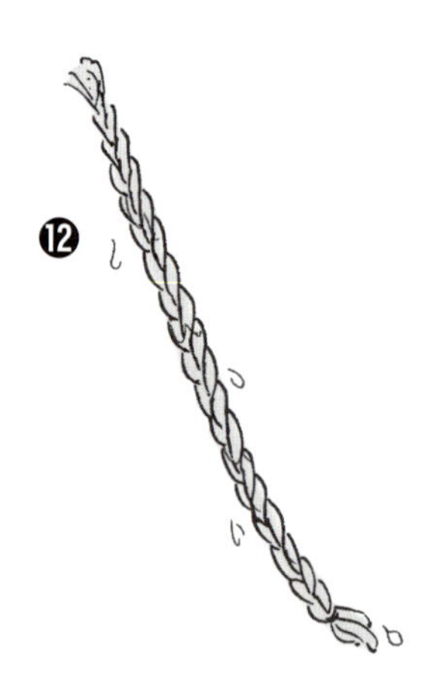

い草はぬらしてから三ツ編みにして25cmのひもを作る。い草の代わりに麻ひもなどでもよい。

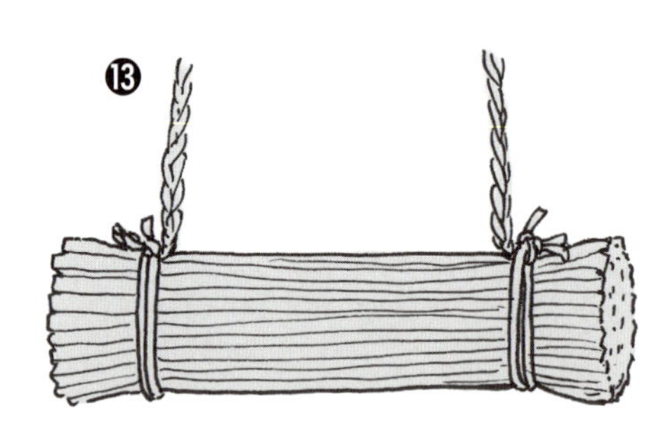

⓫で束ねた俵の糸の上をい草で2重に巻き、⓬のい草のひもも一緒にはさんで結ぶ。

月を作る

黄色の画用紙を丸く切って2枚用意し、紙にボンドをつけ細いワイヤーをはさんでとめる。

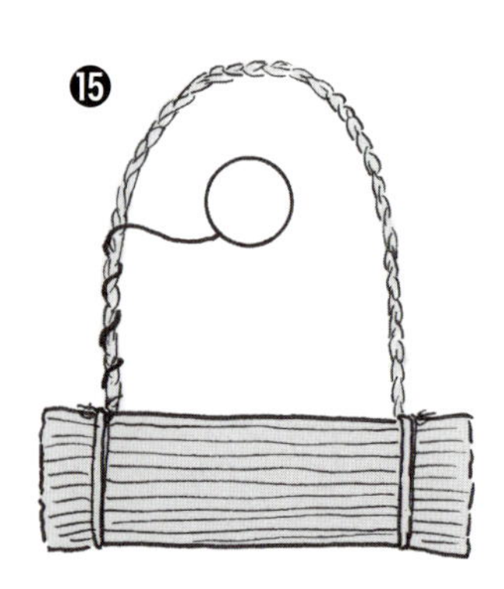

い草のひもにワイヤーをからませ、月を中央に出す。

座りうさぎと後ろ向きのうさぎたちの切りとった部分にボンドをつけて俵にとめる。

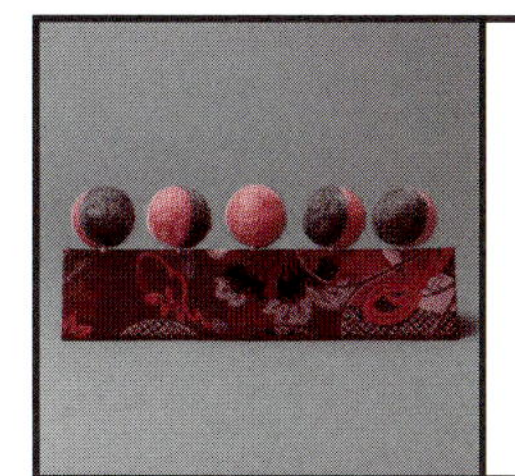

お月様の香り箱

9月・中秋の名月

牛乳パックで箱を作り、綿を入れてお好きな香りを。外側には羊毛フェルトで作った月を並べ、お家の中で名月をお楽しみください。

材料
- 牛乳パック1枚
- 布
- ラミネート加工した布
- ビーズ
- 好みの香りのアロマオイル
- ししゅう糸
- 綿
- 羊毛フェルト用の羊毛（黄、紺）、ニードル
- つまようじ
- 目打ち、木工用ボンド

土台の箱を作る

❶ 牛乳パックを開き、左図のように半分に切った後、切り抜いて右図の形にする。図の線部分をしっかり折っておく。

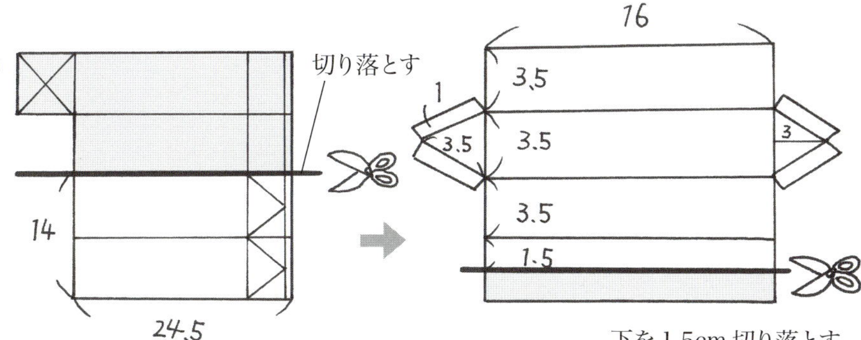

下を1.5cm切り落とす

❷ 牛乳パックの内側の面を上にして、裏返した布の上に置き、のりしろ（1cm）をとって布を切る。

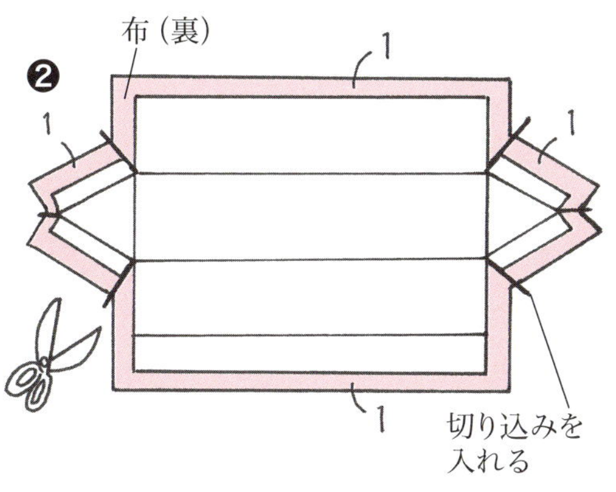

❸

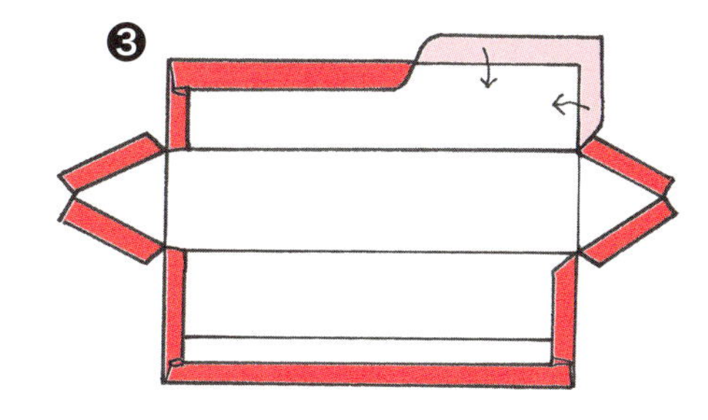

布の裏全体にボンドをつけて、のりしろを牛乳パックに折り込む。

❹

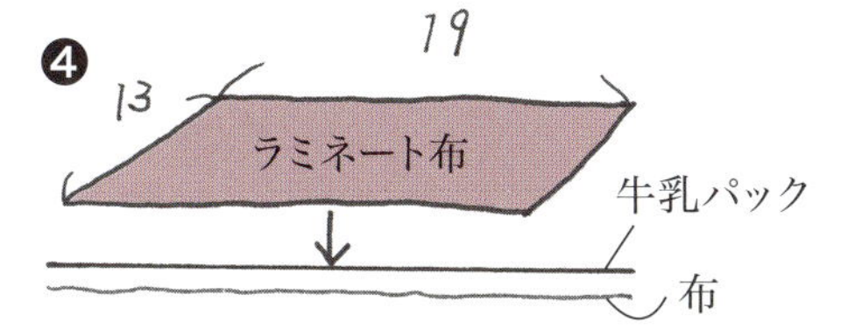

牛乳パック面にボンドをつけてラミネート加工した布を貼りつけ、❸の形に合わせてラミネート布を切っておく。

❺

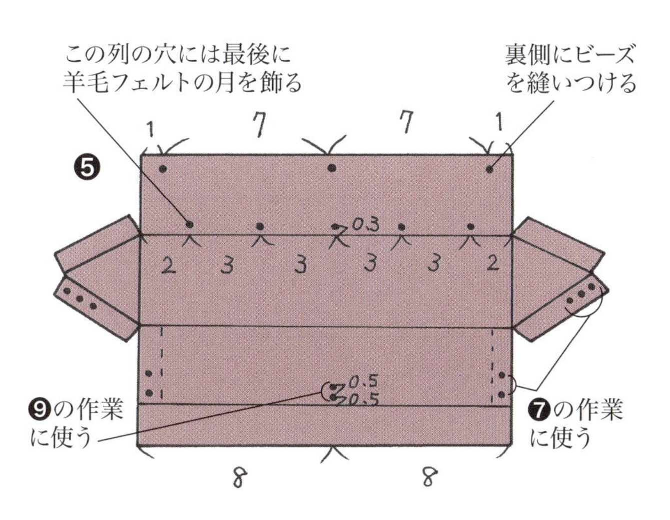

ボンドが乾いたら、ラミネート布面を上に向けて置き、図の黒丸の位置に目打ちで穴をあける。一番上の穴（3カ所）には、裏の布側にビーズを縫いつける。

箱を組み立てる

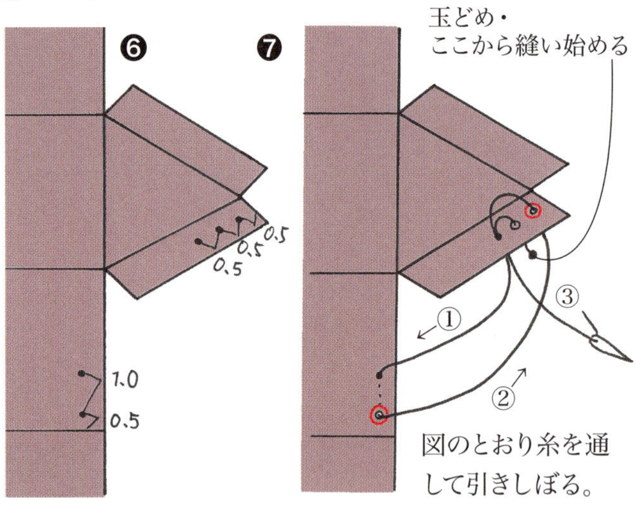

図のとおり糸を通して引きしぼる。

箱の両端の三角形を立ち上げて、三角柱の形の箱にする。❺であけた穴を使って、❼❽で糸を通して立ち上げていく。

❽ (底)

図のように箱の外側で結んだあと、三角形の下のすき間から糸を内側に引き入れて、内側から糸を切る。反対側の端も同様にとめる。

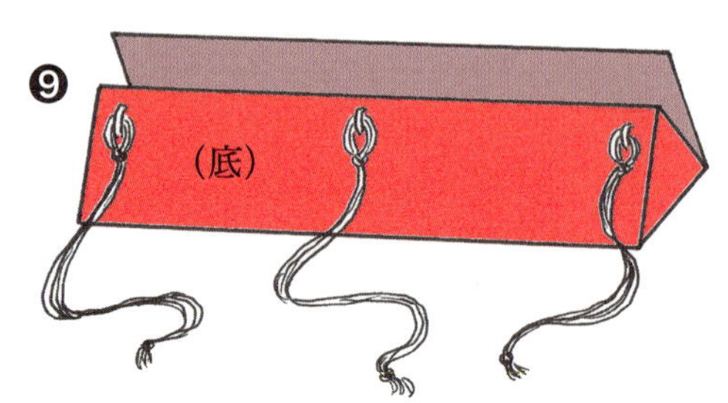

3本どりのししゅう糸を、左右は❼の作業で出ている糸に通す。真ん中は❺であけた穴に糸を通し、ししゅう糸を結びつける。ししゅう糸は結んで6本にし、端を結ぶ。

箱に香りを つけ、月を飾る

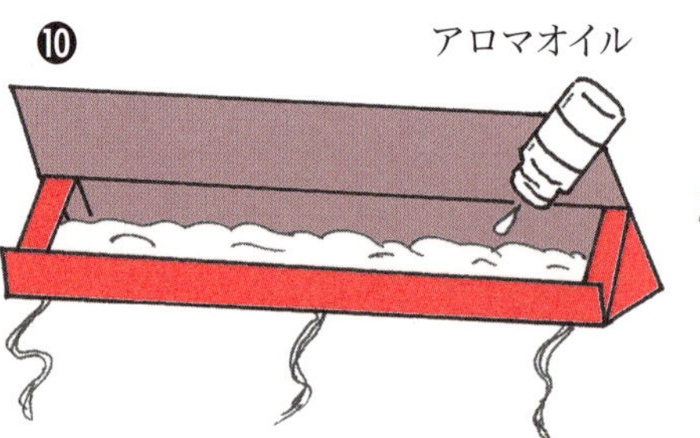

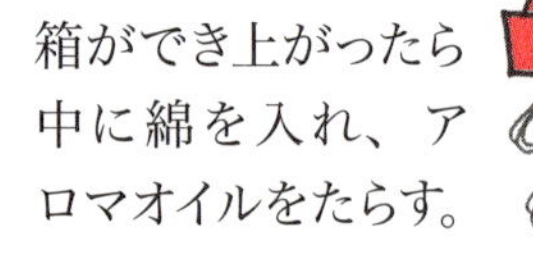

箱ができ上がったら中に綿を入れ、アロマオイルをたらす。

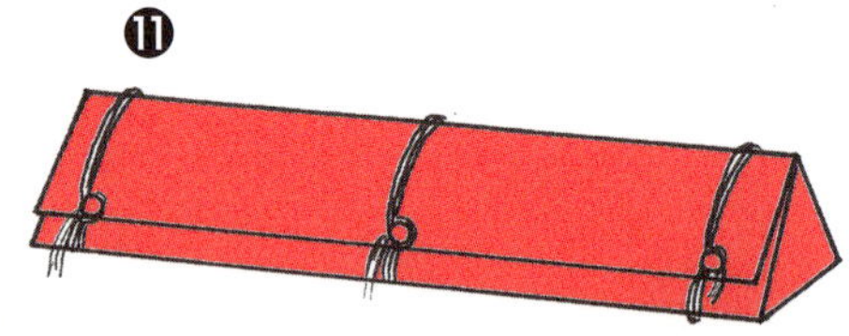

❾でつけたししゅう糸で箱を巻き、❺でつけたビーズに巻きつけてとめる。

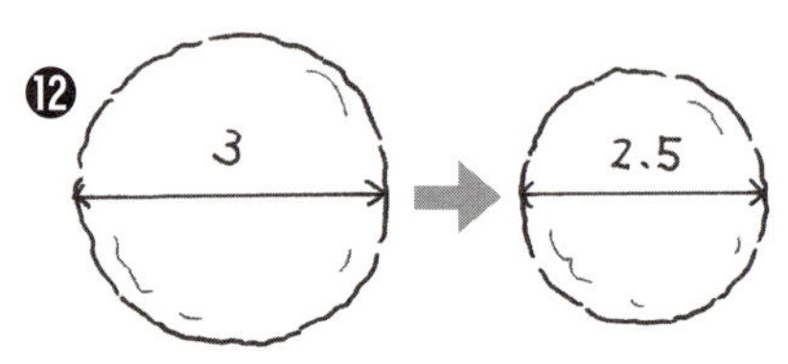

羊毛フェルトの黄色を硬めに巻き込みながら3cmほどの球にし、ニードルで突いて2.5cmの球を作る。

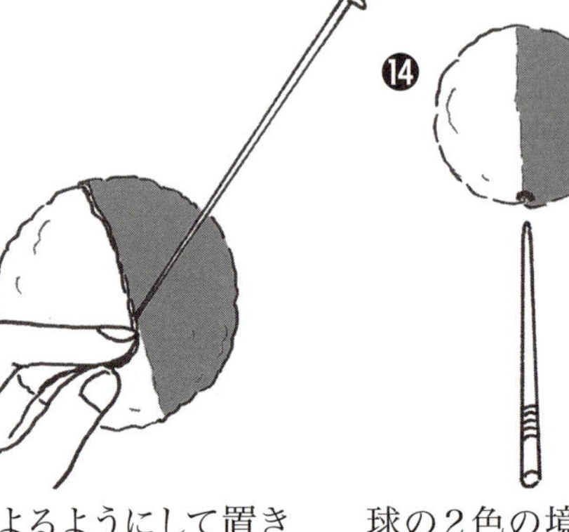

黄色の球に紺色をうすく半分だけ巻く。
色の境目は、紺色を細くとり指でよるようにして置きながらニードルで突いていくとはっきりする。これを5個作って月にする。

球の2色の境目に目打ちで穴をあけ、つまようじを刺す。

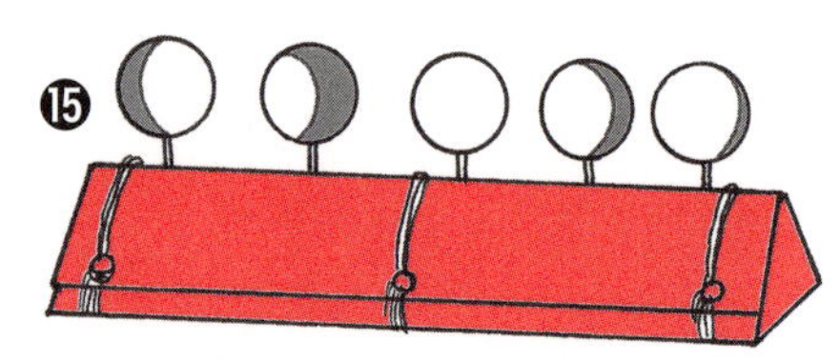

月を❺であけた穴に飾る。月は好きな方向に回して楽しむ。

羊毛フェルトの作り方についてはp.100を参照。

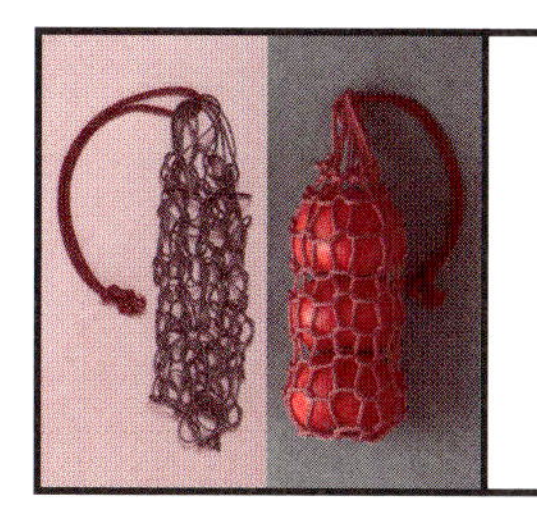

ぴったりネットストッカー

9月・実りの秋

リリアン編みと少し違う編み方ですが、要領が分かれば簡単です。
編むひもはすべりの良いものを選ぶと絡みがなく扱いやすいでしょう。

材料

- つるつるした素材の すべりの良いひも、糸
- 口ひも 60cm
- 1.5 リットルのペットボトル、新聞紙、ガムテープ

❶

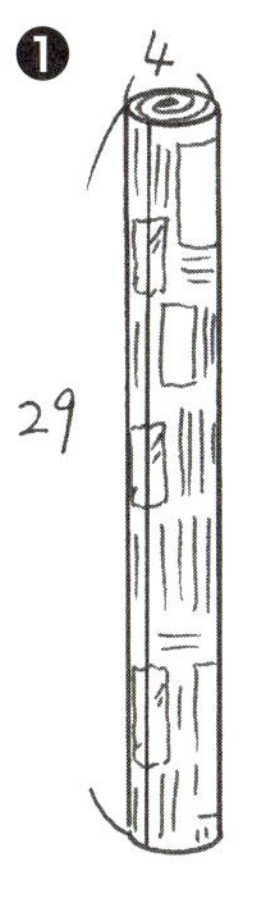

新聞紙数枚を直径4cmになるまでぐるぐる巻いてガムテープでとめたものを7本作る。

❷

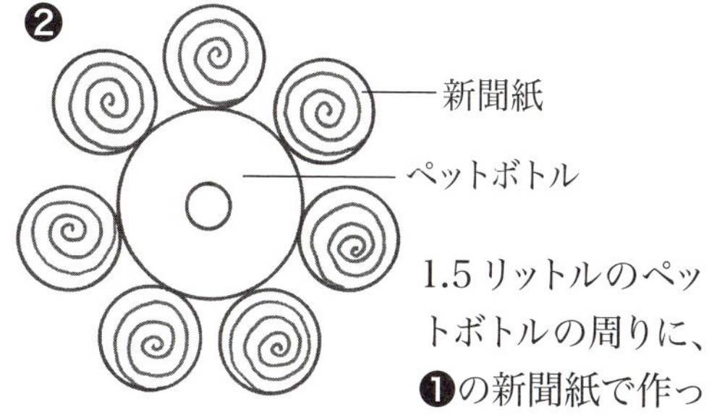

1.5 リットルのペットボトルの周りに、❶の新聞紙で作った筒7本を等間隔でしっかり貼りつける（ガムテープ使用）。筒がペットボトルのキャップから5cm ほど上に出るようにする。

❸

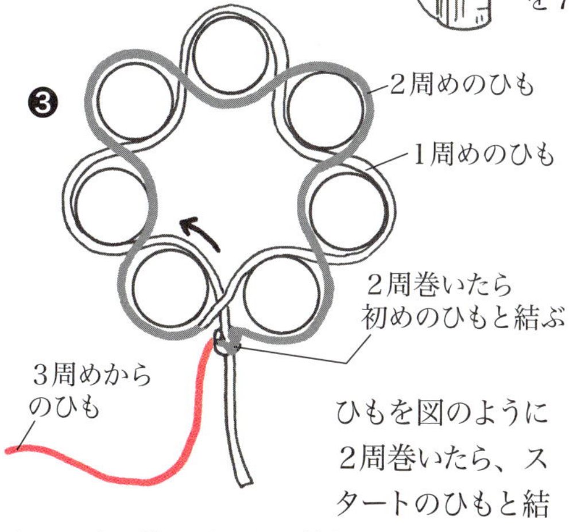

ひもを図のように2周巻いたら、スタートのひもと結んでおく。結んだひもは外側に垂らしておく。

❹

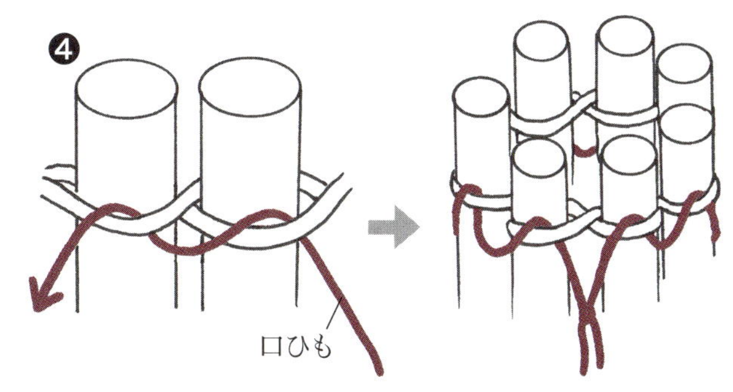

3周めにかかる前に1周めと2周めのひもに口ひも(60cm)を通しておく。図のように、口ひもは外側のひもすべてに下から上に向けて通し、1周したらスタート地点で結んでおく。

リリアン編みとのちがい

1. リリアン編みでは編むための棒の外側に糸を置いて、下の糸を引っぱり上げて棒の内側に引っかけて編んでいく。編んだものは筒の内側に伸びていく。この編み方はその逆になる。糸は棒の内側に置き、内側にある下の糸を引っぱり上げて棒の外側に引っかけて編んでいく。そのため編み進むと糸は棒の上部にたまっていく。
2. 本書のリリアン編みでは1周めを巻いたら糸を結んでから2周めを巻くが、ここでは2周巻いてから結ぶ。
3. リリアン編みは編み終えた時、形が固定しているが、この編み方では、最後の糸を引きしぼって棒からはずし、反対側の口ひももしぼった状態でも、形はネット状で安定していない。そのため糸を引っぱりながらさまざまな形にでき、また中に小物を入れると小物の形にそって形状が変わり、使い方次第でいろいろ楽しむことができる（p.97、98 のリリアン編みも参照）。

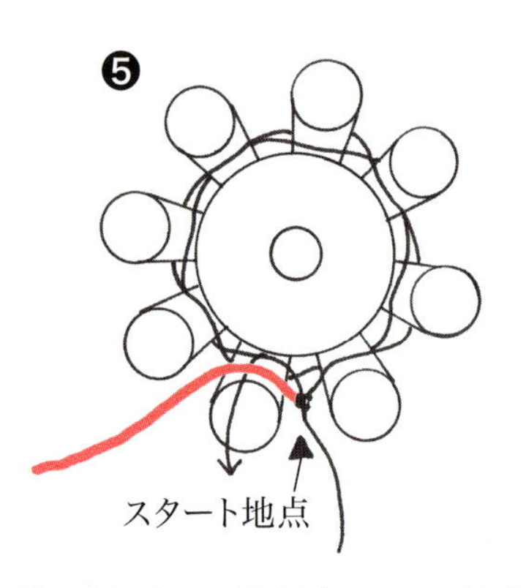

❸の結び目の位置(スタート地点)から3周めのひもを巻いていく。3周めからはひもを筒の内側に置き、ひもがはずれないように下にあるひもを引っぱり上げて筒の外側にかける。

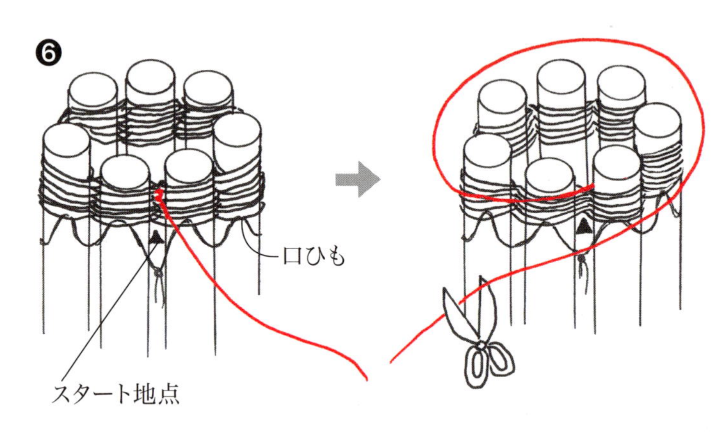

編み進むにつれ、編んだひもは筒の上部に積み重なっていく。10段編んだら残っているひもをスタート地点から1周回して、少し余裕をもって切る。

編み終わり

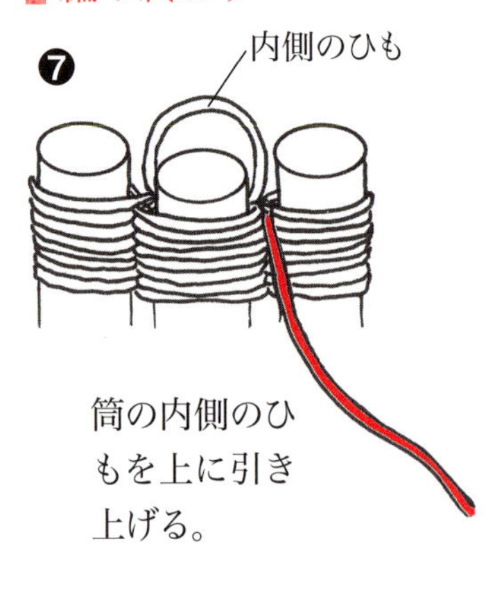

筒の内側のひもを上に引き上げる。

❽

図のように、❻で切ったひもを通したら、ひもを筒からはずす。残りも同様にひもを通してからはずしていく。

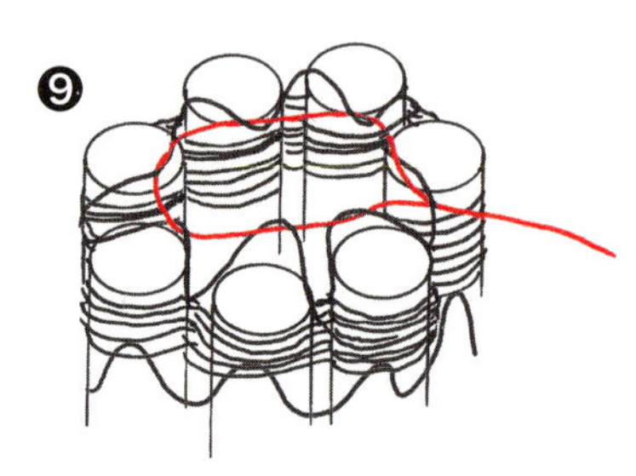

上1段にひもを通して筒からはずし終わったら、ひもを引きしぼる。

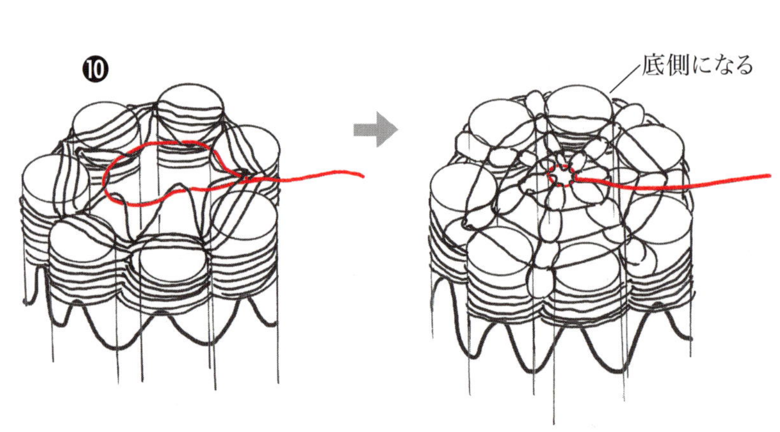

ひもを引きしぼりながら、上から4段分を筒からはずし、ひもの中心の直径が1cmになるまでひもを引きしぼる。最後に抜けないように周りのひもにからめて結ぶ。

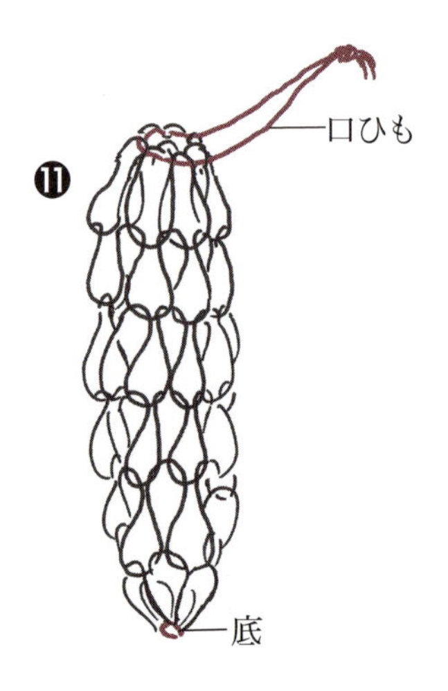

残りの段のひももすべてはずし、口ひもを引いて形を整えネット状にする。

第4章

10月 神無月　11月 霜月　12月 師走

10月・紅葉

ネット刺繍のコースター

（作り方89ページ）

10月・紅葉

ストール留め付きブローチ

ストール留め

（作り方 91 ページ）

写真を楽しむ フォトリース

（作り方93ページ）

11月・ペットたちに感謝する日

写真プリントから作る　ペットのレリーフ

（作り方 94 ページ）

11月・ペットたちに感謝する日

写真も入る
ブックカバー

（作り方 95 ページ）

11月・木枯らし1号

ワイヤーで作る　みの虫の花入れ

（作り方96ページ）

11月・木枯らし1号

リリアン編みの
ウインターサポーター

(作り方97ページ)

12月・初雪

動物の
カイロカバー

(作り方99ページ)

羊毛フェルトで作る　玄関飾り

（作り方 100 ページ）

ケーキキャンドル

（作り方 103 ページ）

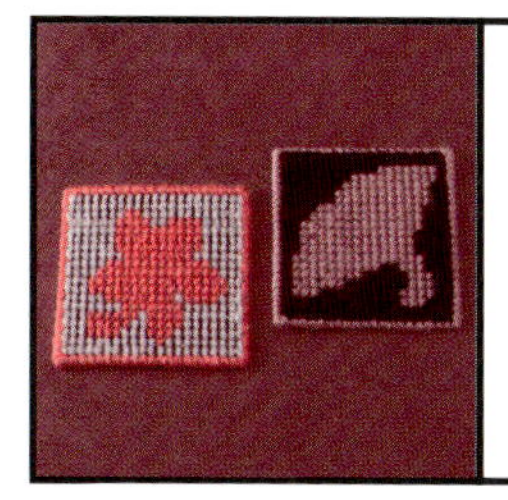

ネット刺繍のコースター

10月・紅葉

鉢底ネットに模様を写し取り、ネットのマス目をまたぐように毛糸をかけていきます。編み図を参考にチャレンジしてみてください。

イチョウのネット刺繍コースター

材料

- 鉢底ネット
- 毛糸
  山吹色（模様部分2m、縁1.6m）
  黒（2.7m）
- カラーペン（不透明、好みの色）
- 毛糸のとじ針

〈周りの黒から編む〉

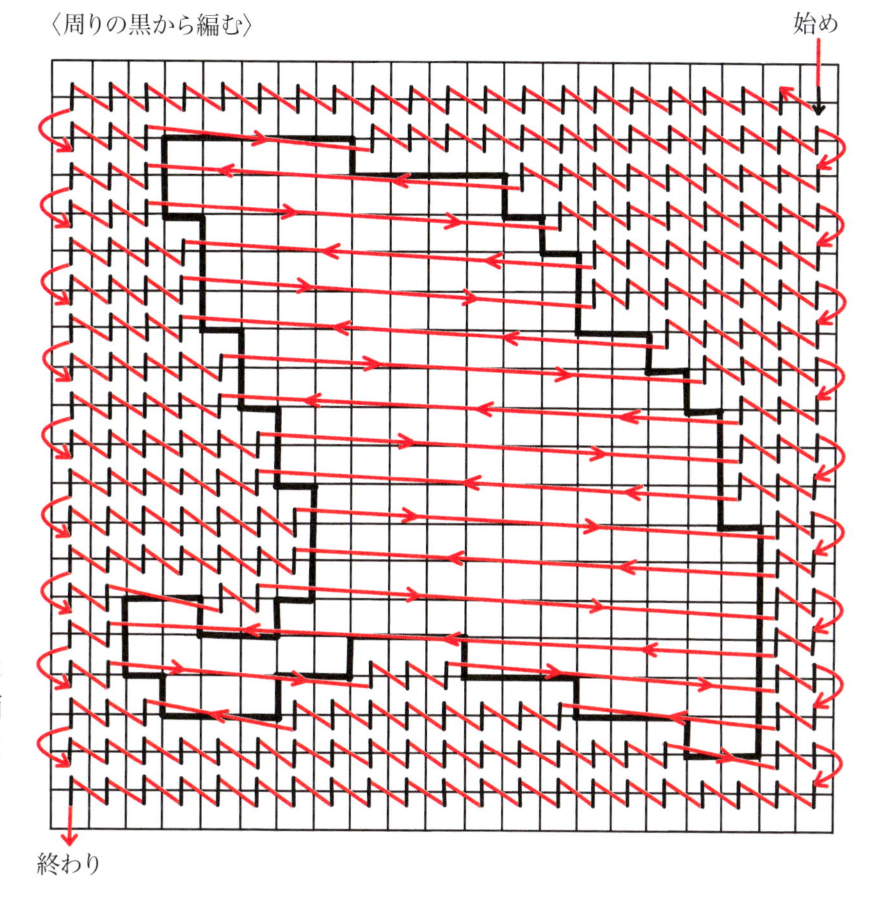

図の中の黒い線は鉢底ネットの表面を通り、赤い線はネットの裏を通る。

❶

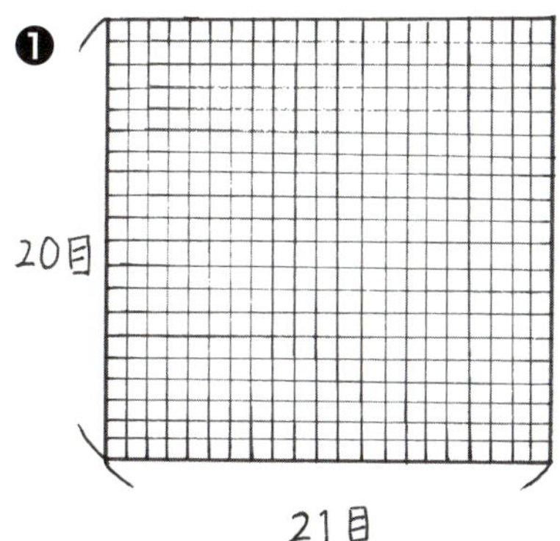

鉢底ネット2枚を図のように切る。1枚でもできるが、2枚合わせた方がそりにくくなり、強度も増す。

❷

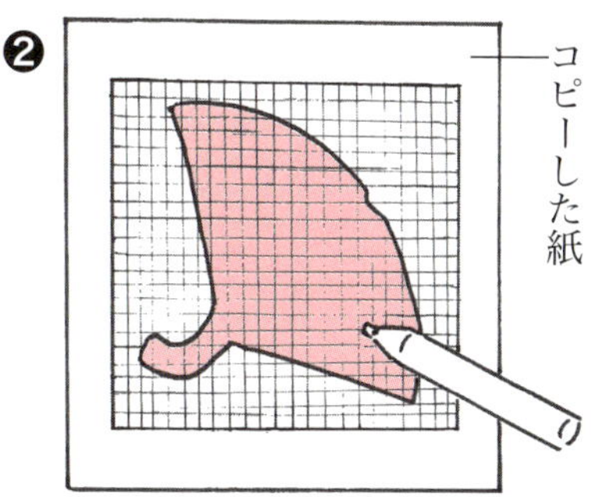

作りたい絵をネットの大きさにコピーする。コピーした紙の上にネットを1枚置き、好みの色のカラーペン（不透明）で絵をネットに写しとる。中は塗りつぶす。

❸

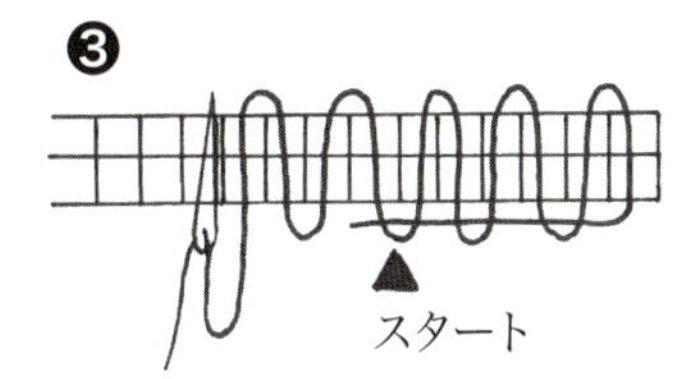

まず周りの黒から編む。毛糸のとじ針を使い、図のようにネット2枚を重ねて編んでいく。はじめにネットの裏側に毛糸を渡し、表→裏→表→裏と順に編んでいく。編み始めの毛糸は図のように裏側で編み込んでおく。

〈中の模様を編む〉

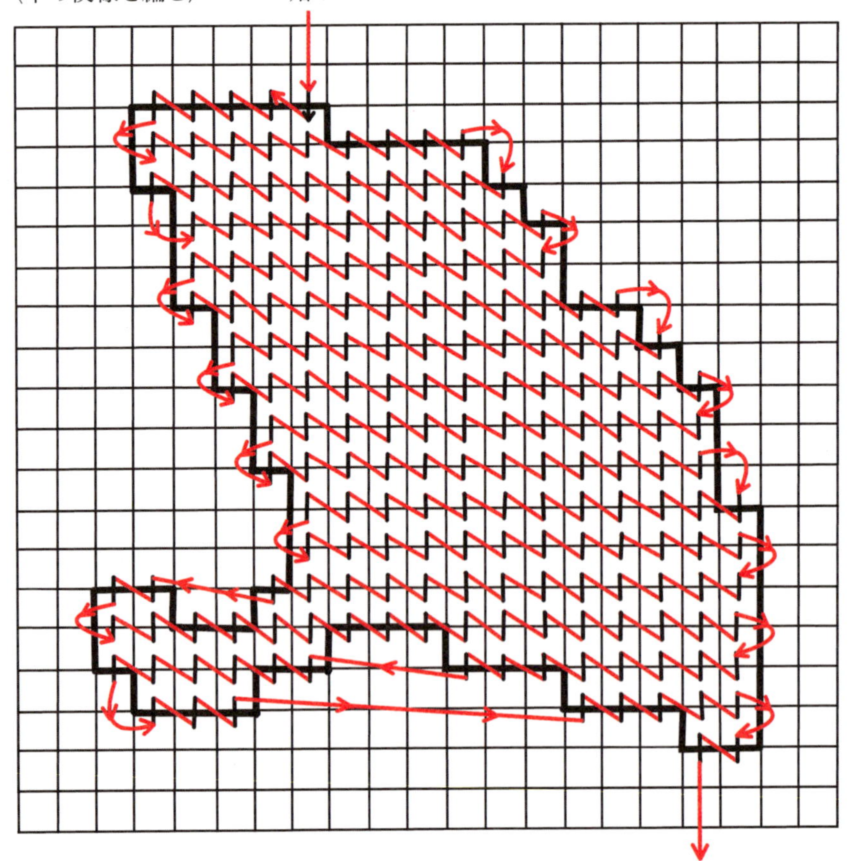

ネットの模様部分を塗るのも模様のひとつ

❷で模様部分のネットを塗りつぶしたが、完成時には塗った色が編んだ毛糸の間から見えてそれも模様のひとつとなる。輪郭だけを描いて中を塗りつぶさない場合は、毛糸の間からネットの色（黒）が少し見える。

❹

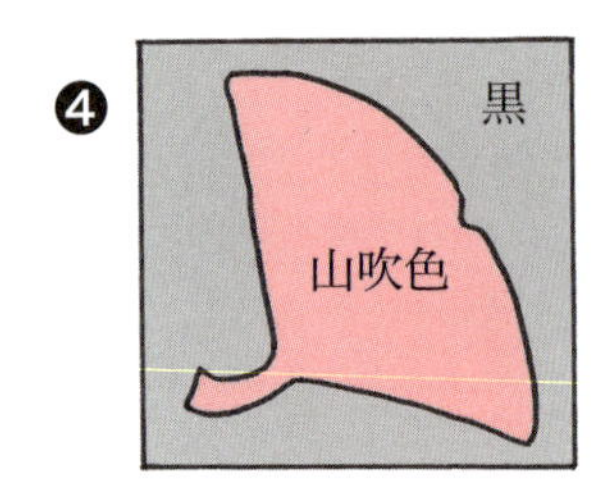

図のパターンどおりに編み、この形になる。

❺

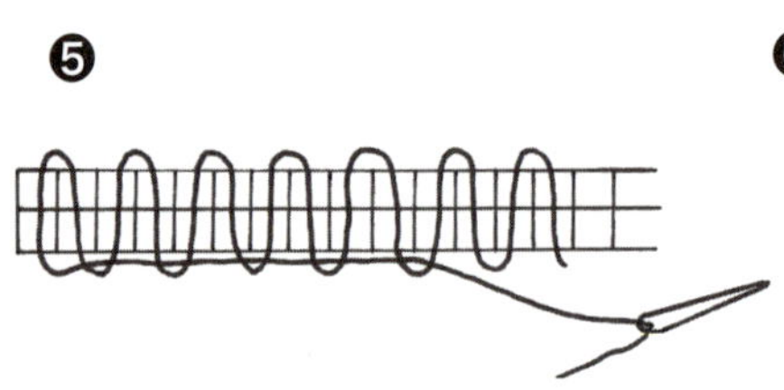

編み終わりは毛糸を裏側にまわして毛糸の間を通してとめる。

❻

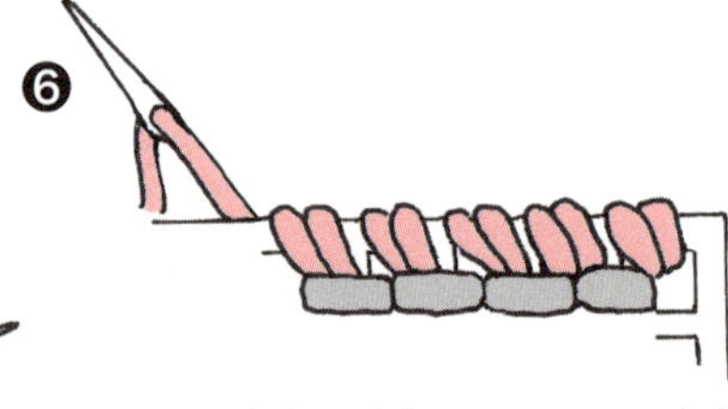

縁を山吹色で編む。1目に2回毛糸を通して編んでいく。編み始めと終わりは❸❺と同じ。

カエデのネット刺繍コースター

材料

- 鉢底ネット
- 毛糸
  オレンジ（模様部分2m、縁1.6m）、白（2.7m）
- カラーペン（不透明、好みの色）
- 毛糸のとじ針

カエデの編み方も作業手順はイチョウと同様、周りの白から編み、次にオレンジで中の模様を編む。最後に縁をオレンジで編む。図のカエデのパターンを使ってイチョウを参考に編んでみてください。

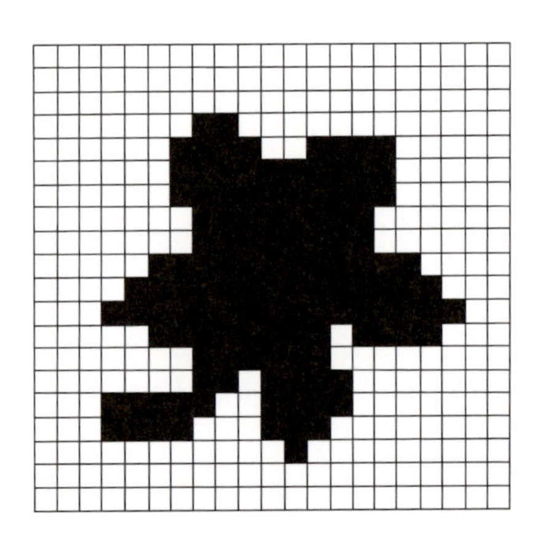

ストール留め付きブローチ

10月・紅葉

お気に入りのスカーフやストールを留める時、ピンで穴をあけたくないという方はマグネットではさむだけのストール留めはいかがですか。

材料

- 紙粘土
- 折り紙（柄つき）
- マグネット（直径2cm、600ガウス） 2個
- 留め具（ピン）2.5cm
- ひも 30cm
- ちりめん布、糸
- 木工用ボンド、粘土ニス

ブローチを作る

❶

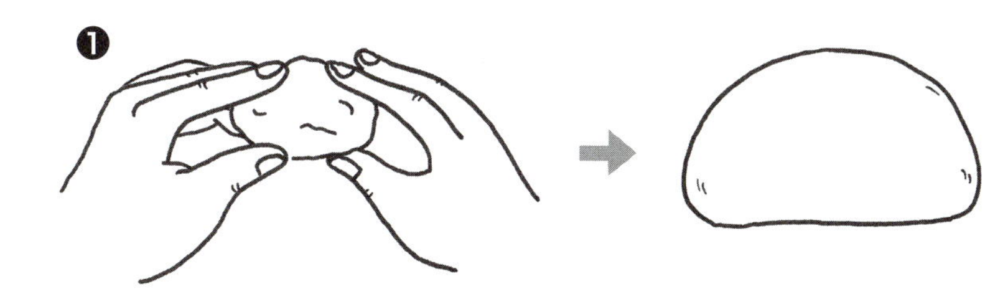

紙粘土で形を作る。上面は水をつけてなめらかにする。
下側（底）は後で留め具をつけるので平らに。
ブローチの形は四角やドーム型など好みの形に。

❷

折り紙の好みの絵柄部分を、紙粘土より大きく、丸く切る。

❸

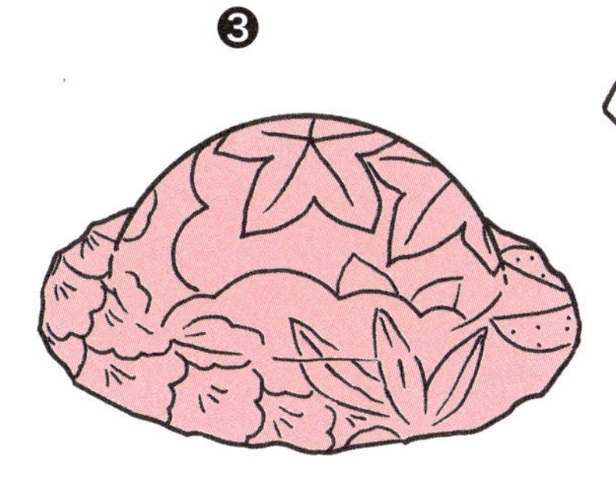

切った折り紙を紙粘土にかぶせてサイズを確認してみる。

❹

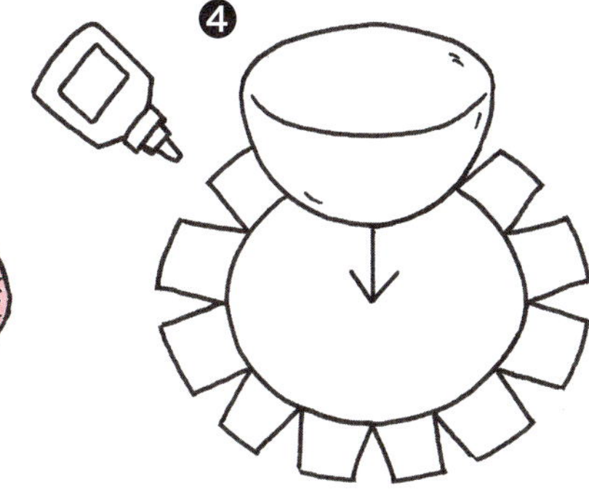

折り紙を裏返し、周りにV字の切り込みを入れる。折り紙にボンドを塗り、紙粘土をのせる。

❺

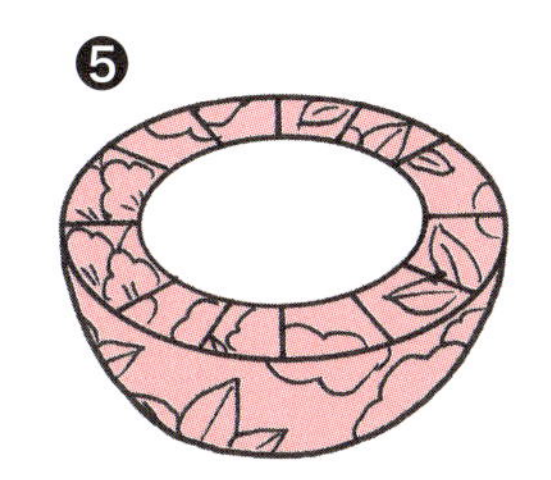

しわを寄せないようにていねいに包んで貼る。

❻

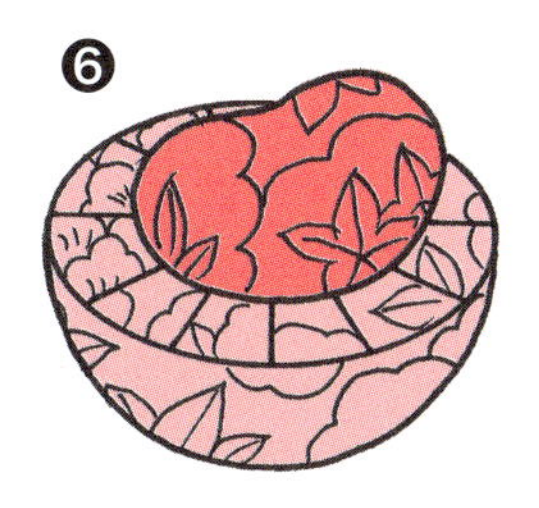

底のすき間にボンドを塗り、丸く切った折り紙を中央に貼って乾かす。

❼

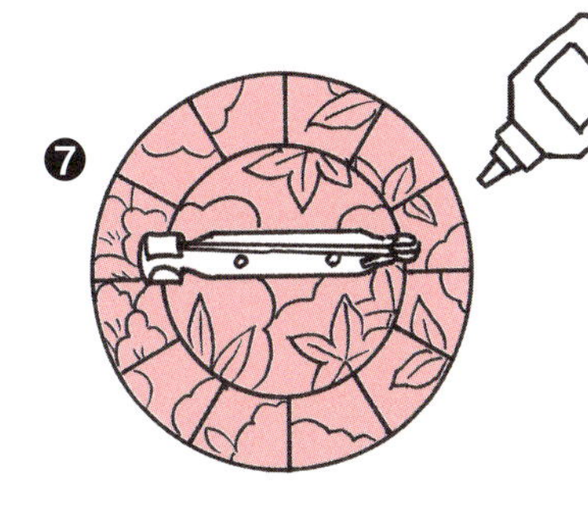

ボンドで留め具のピンを貼り付ける。

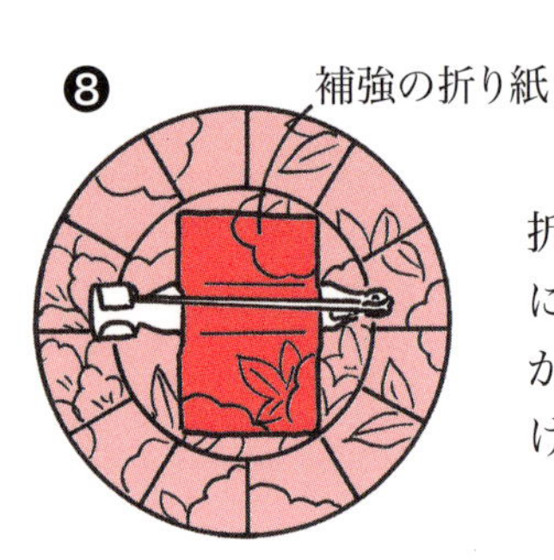

折り紙を留め具の幅に切り、留め具の上からボンドで貼りつけて補強する。

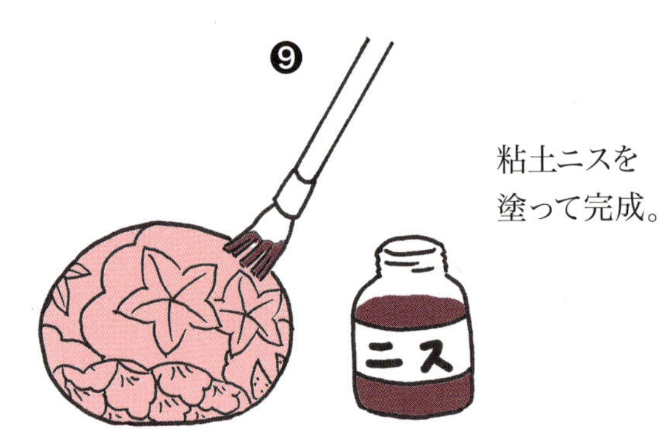

粘土ニスを塗って完成。

ストール留めを作る

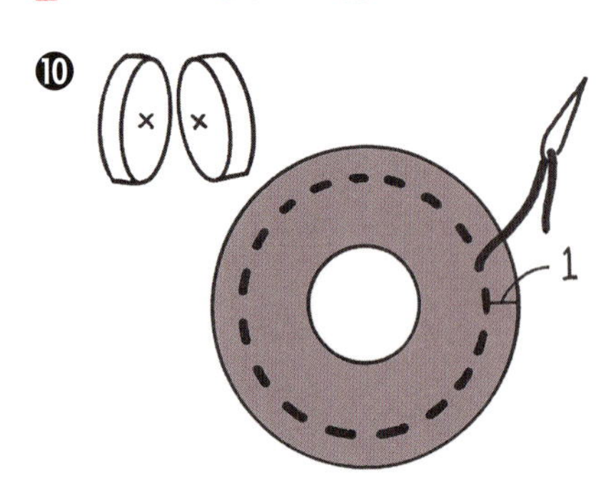

マグネットを2つ合わせ、くっつく側にしるしをつける。丸く切ったちりめんをぐし縫いし、マグネットのしるしのある方を下にして中央に置く。

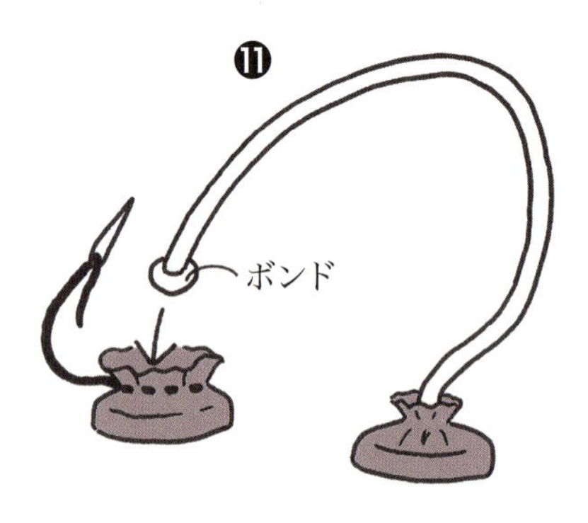

ひもの先にボンドをつけ、❿と一緒に縫い縮める。

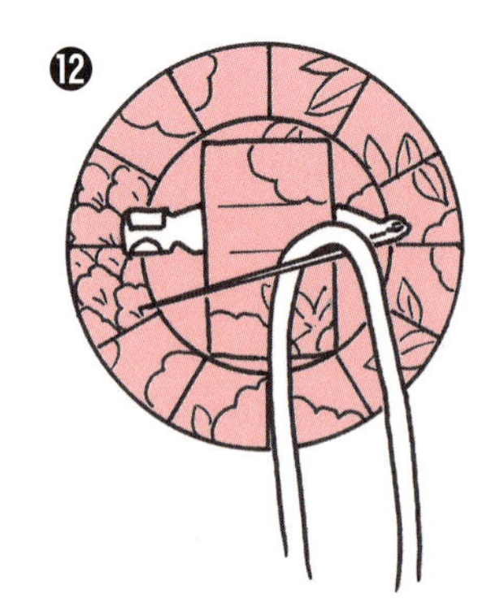

使う時はブローチの留め具にひもを通す。

✿ ストール留めの使い方 ✿

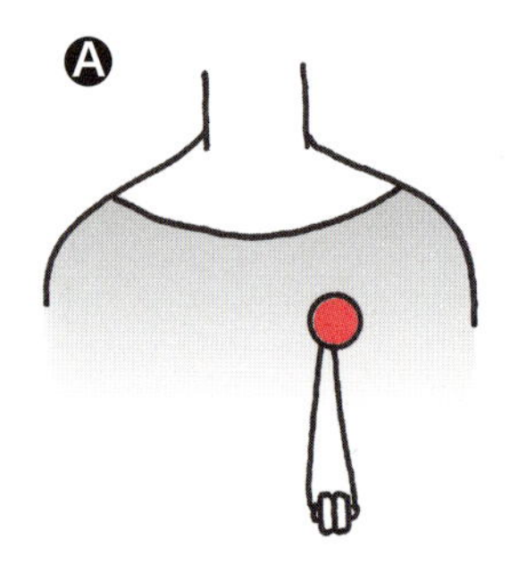

まず服にストール留めを通したブローチをとめる。

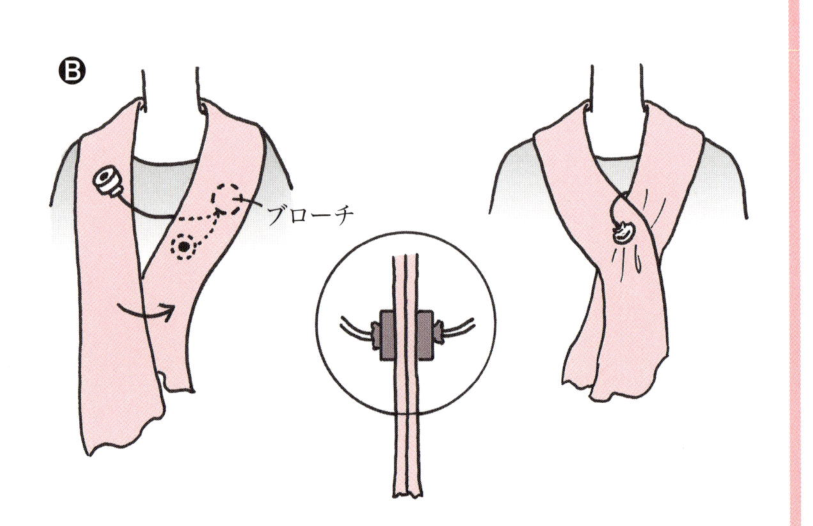

ストールをかけてから、ストール留めの片方を外に出し、両端のマグネットで内と外からストールをはさむようにしてとめる。

写真を楽しむフォトリース

10月・孫の日

ワイヤーを巻いて形を作りウッドビーズを通したフォトリース。
写真立てならぬ写真吊りができました。

材料　• ワイヤー（2mm）210cm　• ウッドビーズ

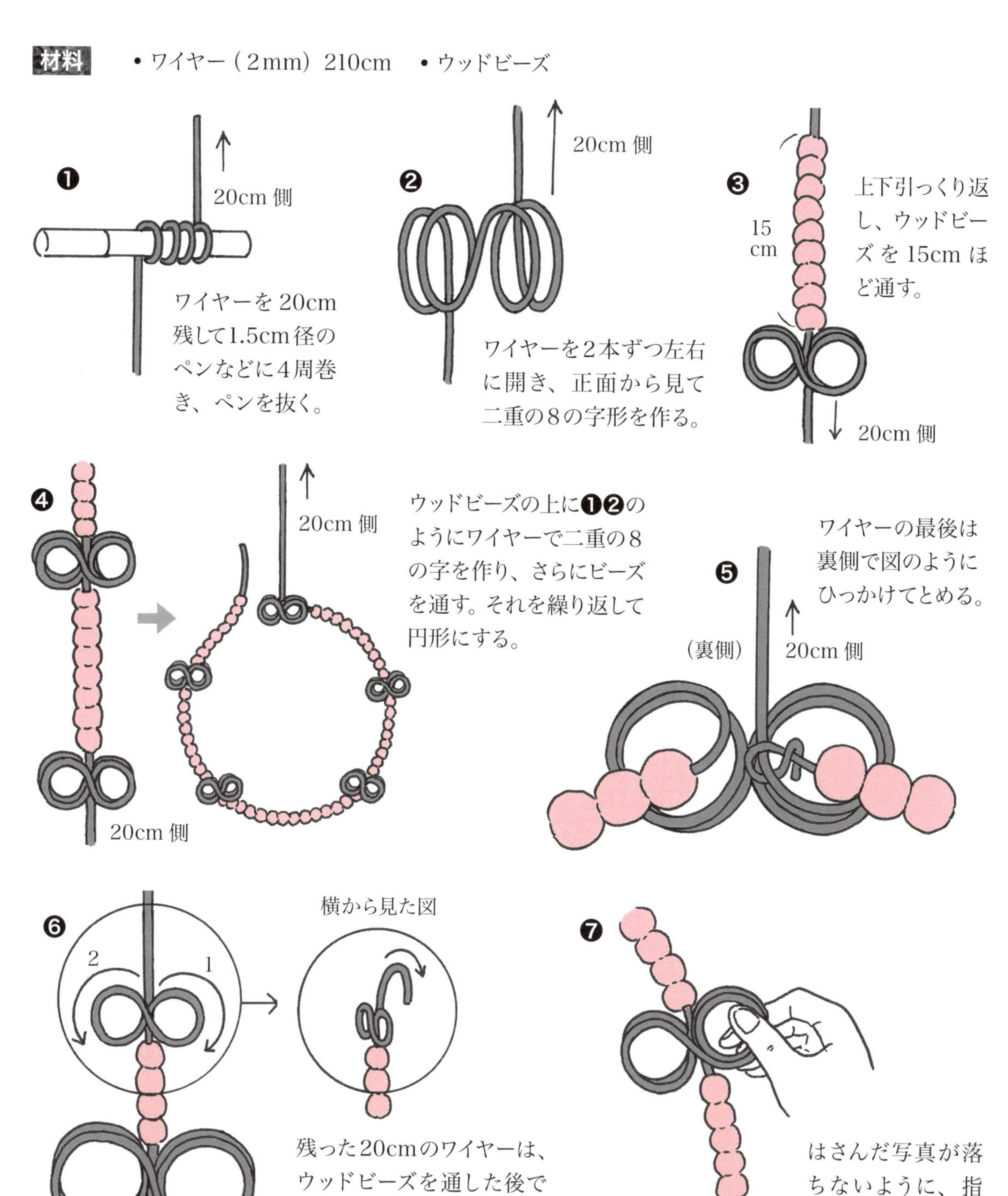

❶ ワイヤーを20cm残して1.5cm径のペンなどに4周巻き、ペンを抜く。

❷ ワイヤーを2本ずつ左右に開き、正面から見て二重の8の字形を作る。

❸ 上下引っくり返し、ウッドビーズを15cmほど通す。

❹ ウッドビーズの上に❶❷のようにワイヤーで二重の8の字を作り、さらにビーズを通す。それを繰り返して円形にする。

❺ ワイヤーの最後は裏側で図のようにひっかけてとめる。

❻ 残った20cmのワイヤーは、ウッドビーズを通した後で一重の小さな8の字を作り、先端を曲げる。

❼ はさんだ写真が落ちないように、指でおさえてワイヤーのすき間をつぶす。

写真プリントから作るペットのレリーフ

11月・ペットたちに感謝する日

お気に入りのペットの写真をりんごのモールドに被せて貼ったら、立体的なペットのレリーフになりました。

制作／つくりんぼ・芾谷孝子

材料

- ペットのカラープリント写真
- 貼り込むベース：
  りんごのモールド、紙製小どんぶりなど、少し盛り上がった皿状のものなら何でも。
- 段ボール　• 色紙
- 木工用ボンド
- 麻ひも 20cm

❶

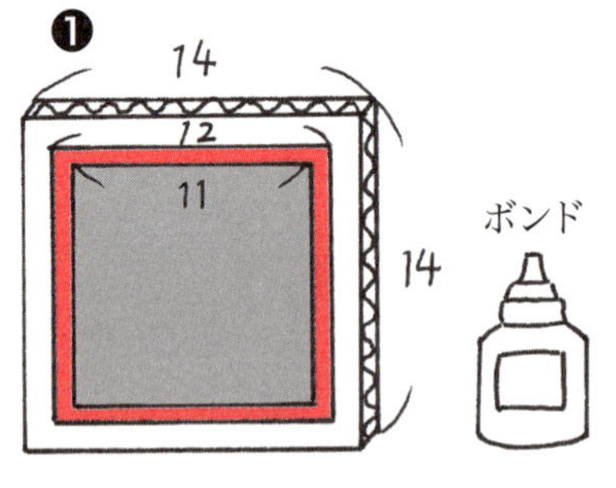

薄めの段ボールを用意し、好みの色紙を台紙の中央にボンドで貼る。

❷

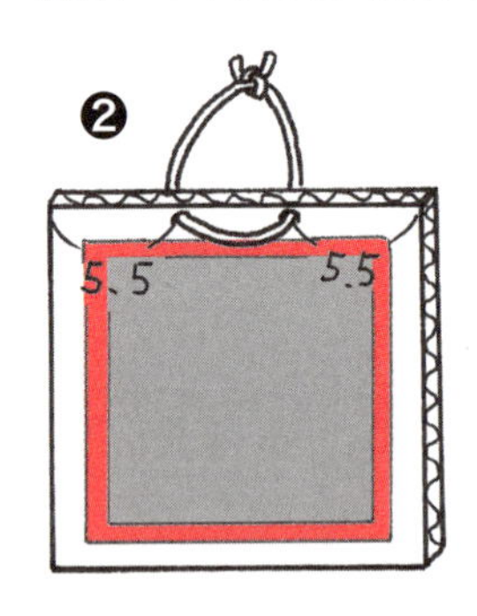

段ボールに目打ちで穴をあけ、麻ひもを通し後ろで結ぶ。

❸

写真をプリントし、耳の先端部分を除いて顔の周りにのりしろを残して切りとる。

❹

のりしろに切り込みを入れる。耳のつけ根、口元、丸みのきつい所などは、顔部分にも大きく切り込みを入れる。

❺

貼り込みベースを顔の大きさに合わせてカットする。ベースのカーブがきつい場合は、ベースにも切り込みを入れて調整する。ベースの上部分はある程度平らな方が貼り込みやすい。

❻

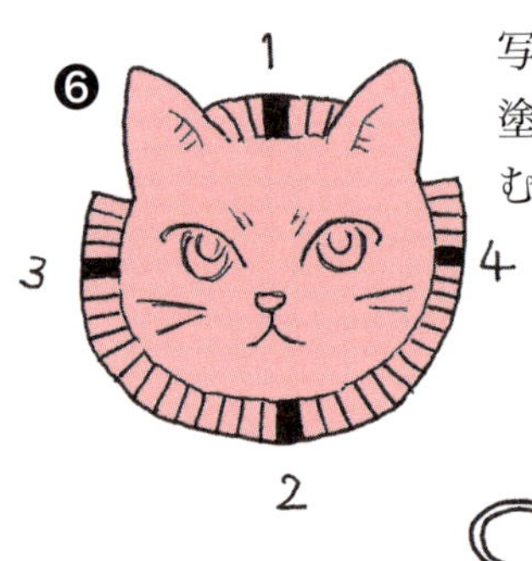

写真の裏側にボンドを塗る。顔の中央部分は残してまわりに塗り、耳には塗らない。のりしろをベースの裏側に折り込みながら貼っていく。貼り込む手順は❻のとおり。貼りながら必要な個所には切り込みを入れていく。

❼ ボンド

写真を貼り終わったら、ベースの縁にボンドをつけて台紙に貼る。軽いので、数カ所が台紙についていればあとは浮いていてもはずれない。

❽ 空き　空き

耳は起こしておき、あごも浮かせておく。

写真も入るブックカバー

11月・ペットたちに感謝する日

フェルトで作るブックカバーは肉球形の窓から写真が見えます。
フェルトは大きなサイズのものを使用しています。

材料

- フェルト
  本体用（大判で好きな柄つき）
  肉球用（ピンク）
- ビニール製のクリアケース
- ししゅう糸
- 木工用ボンド

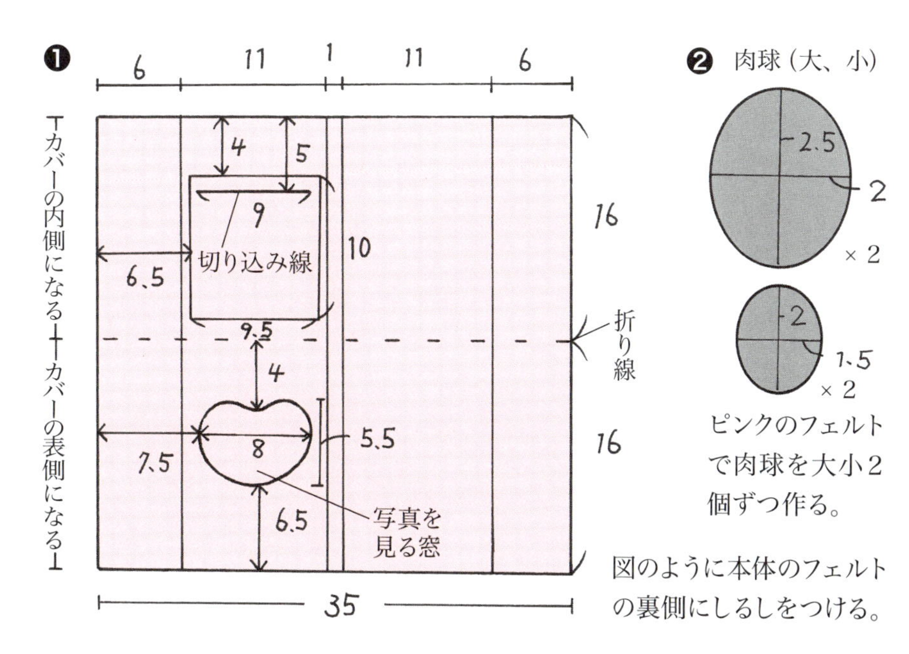

ピンクのフェルトで肉球を大小2個ずつ作る。

図のように本体のフェルトの裏側にしるしをつける。

❸

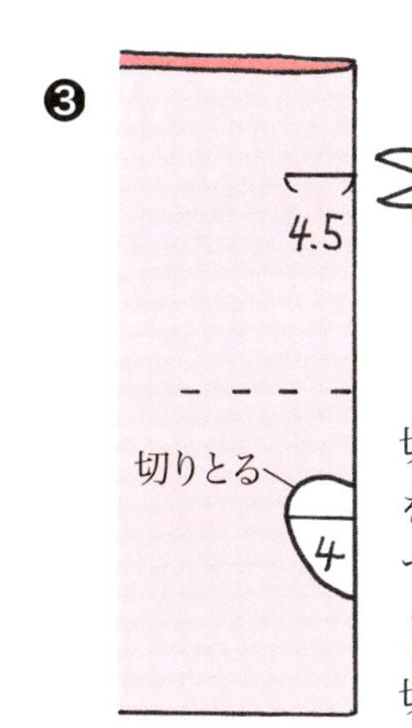

切り込み部分を半分に折って切り、ハート形の部分は切りとる。

❹

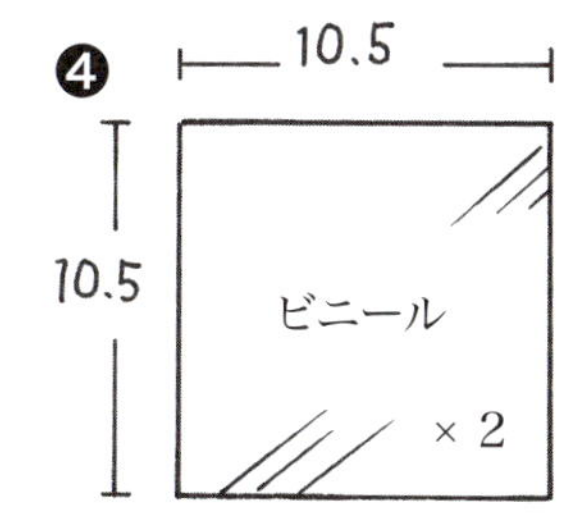

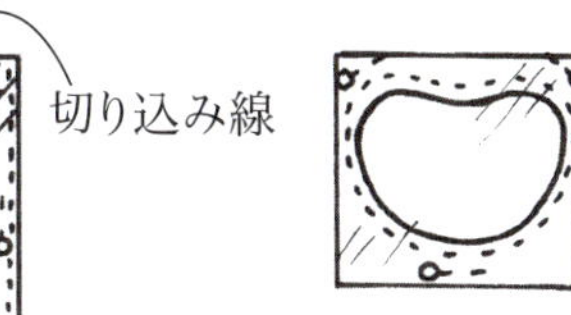

ビニール製のクリアケースからビニールを図のサイズに2枚切りとり、❸で切った部分にフェルトの裏からまち針で固定し、周りをししゅう糸（2本どり）で縫う。

完成後、写真は内側にある切り込み線から入れて、表側にあるハート形の窓から見る。

❺

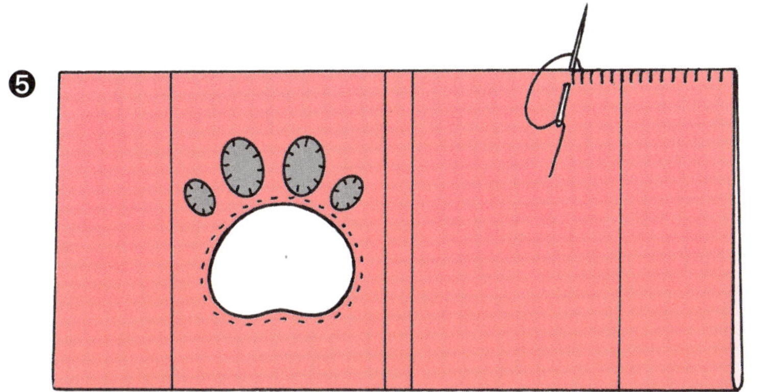

本体のフェルトを表にし、肉球のピンクのフェルトをボンドで仮どめしてからししゅう糸（2本どり）で周りをかがる。
❶の折り線で2つ折りし、両端を残し上部だけをブランケットステッチ（p.46 参照）でかがる。

ワイヤーで作る みの虫の花入れ

試験管に布をぐるぐる巻きつけたら今度はワイヤーをぐるぐる。
最後に布を抜き取れば、みの虫のような形の花入れに。

材料

- ワイヤー（2mm）
  しっかりした硬さのあるもの2m
- 包帯または幅のある布
- 試験管
- 吊るすためのひも

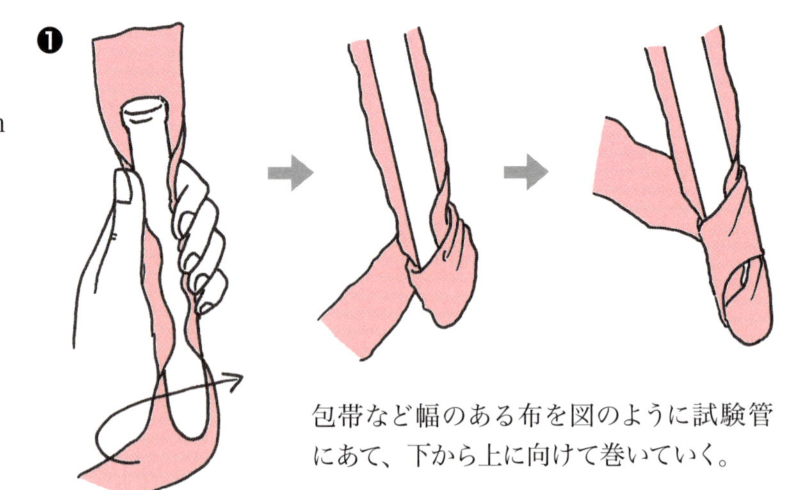

包帯など幅のある布を図のように試験管にあて、下から上に向けて巻いていく。

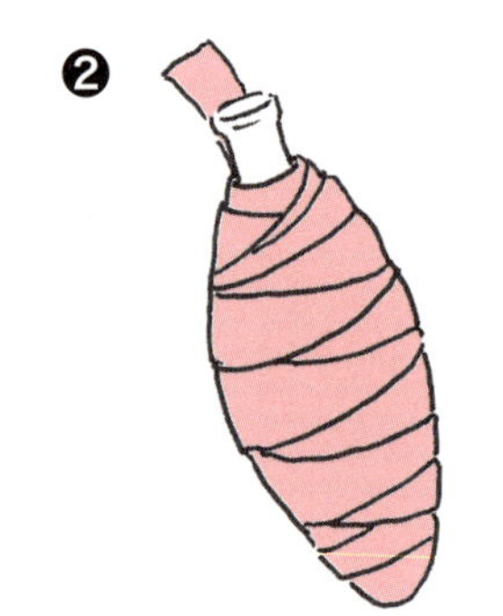

みの虫の形になるように巻きつける。途中足りなくなったら結んで巻き続ける。

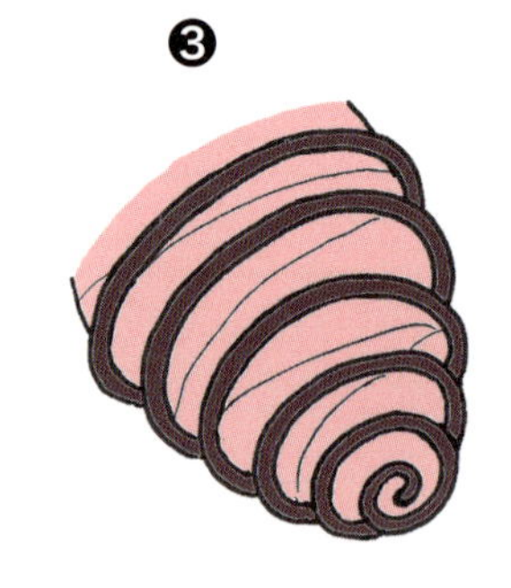

形ができたらワイヤーを布の上から巻く。試験管が抜けないように、底は小さく丸めて巻く。

ワイヤーはらせん状に口まで巻く。

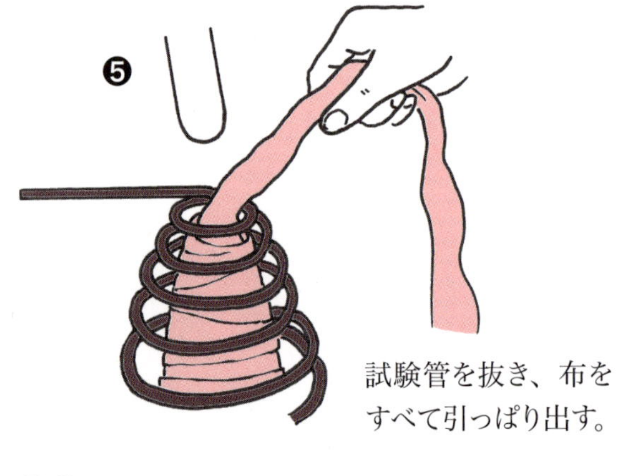

試験管を抜き、布をすべて引っぱり出す。

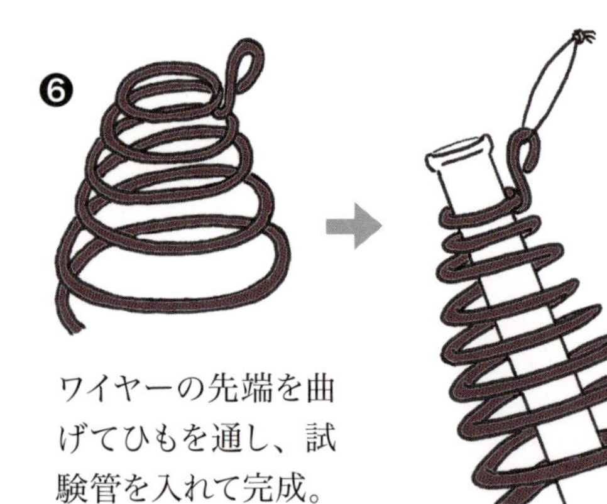

ワイヤーの先端を曲げてひもを通し、試験管を入れて完成。

リリアン編みのウインターサポーター

編み機をペットボトルで作れば後は懐かしのリリアン編み。思い出しながら編んでみてください。ポイントは糸をゆるめにかけて編むことです。

材料

- 毛糸（極太、1玉で1つ編める）
- ウッドビーズ
- わりばし
- 1.5リットルのペットボトル
- ガムテープ、カッターナイフ
- 毛糸のとじ針

リリアン編み

❶

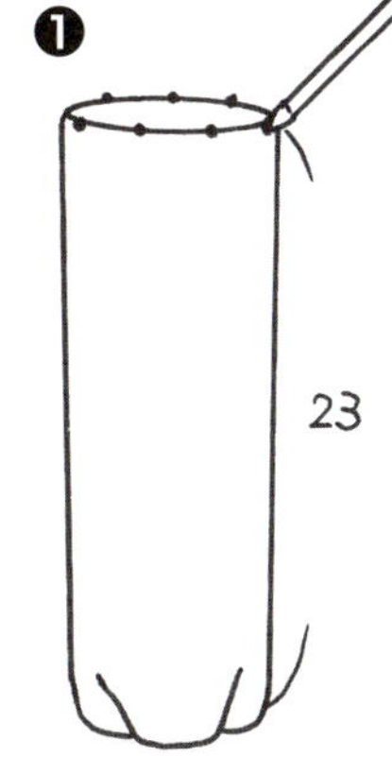

1.5リットルのペットボトルを底から23cmのところでカッターナイフで切る。縁に7等分のしるしをつける。

❷

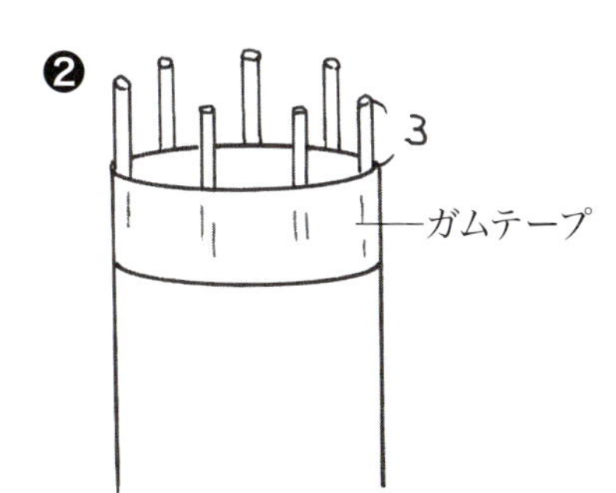

わりばし（1本）を半分に切り、3cmくらい上に出し、しるしの所にガムテープでずれないようにしっかりとめる。

❸ ❹

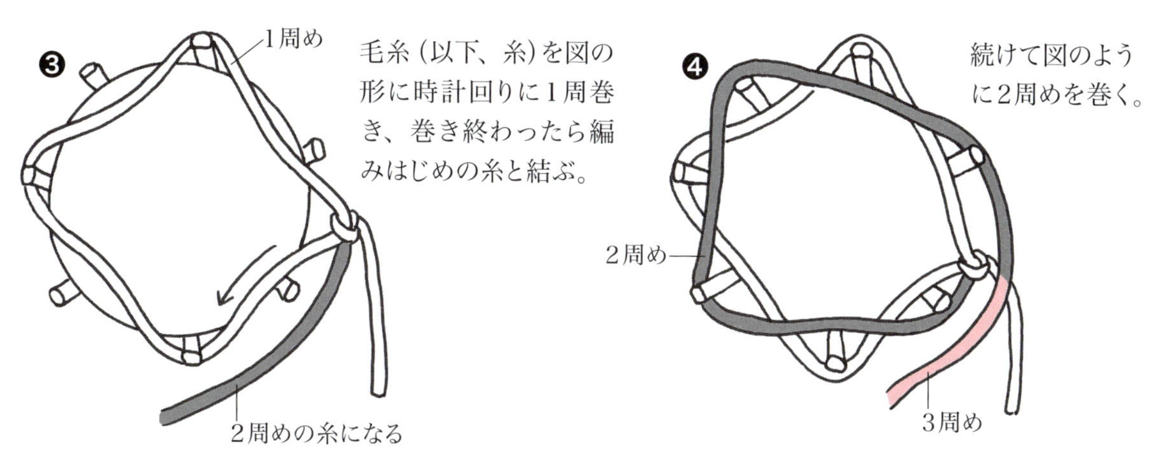

❸ 毛糸（以下、糸）を図の形に時計回りに1周巻き、巻き終わったら編みはじめの糸と結ぶ。

❹ 続けて図のように2周めを巻く。

❺

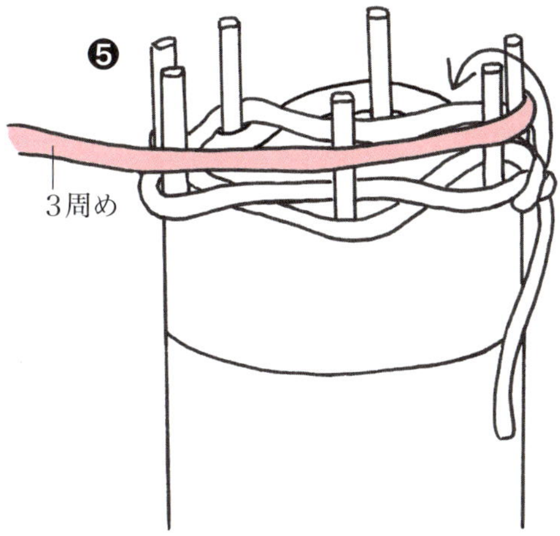

3周めからは外側にだけ巻いていく。わりばしの外側に3周めの糸を置いたら、下にある糸をすくってわりばしの向こう側（ペットボトルの内側になる）に引っかける。

サイズは大きくてもリリアン編みです。思い出しながら編んでみてください。

3周め以降は同じ作業をくり返して編んでいく

❻

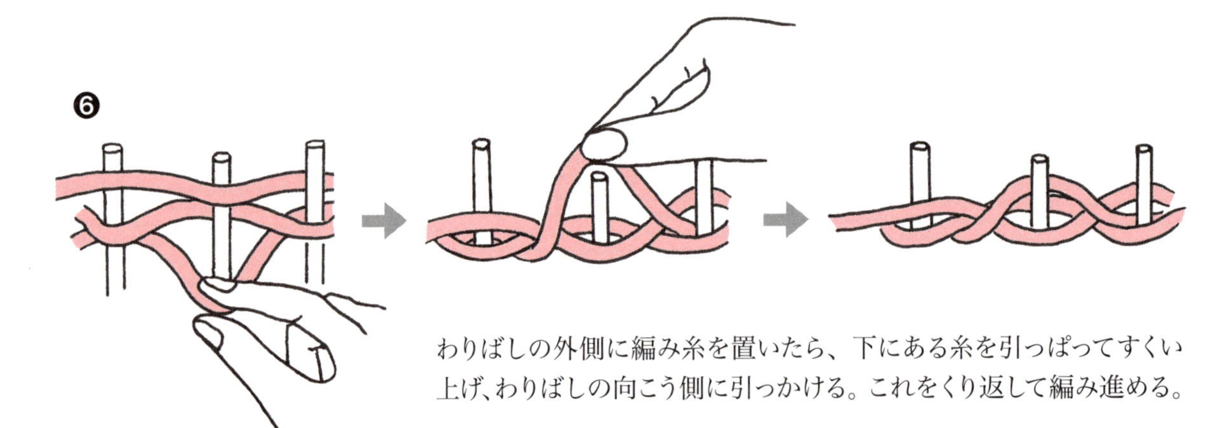

わりばしの外側に編み糸を置いたら、下にある糸を引っぱってすくい上げ、わりばしの向こう側に引っかける。これをくり返して編み進める。

❼

編むコツは糸をふんわりとかけて、ゆったりと編むこと。

編み終わり

❽

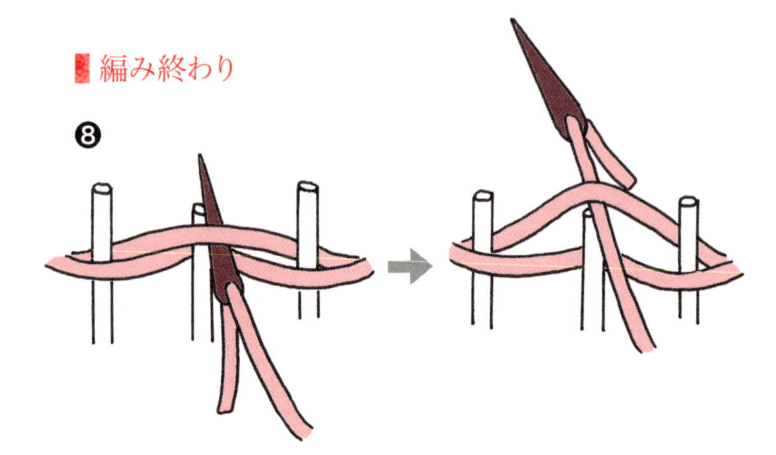

予定の長さになったら、糸を50cmほど残して切り、毛糸のとじ針で編み目をすくい、わりばしから糸をはずす。

❾

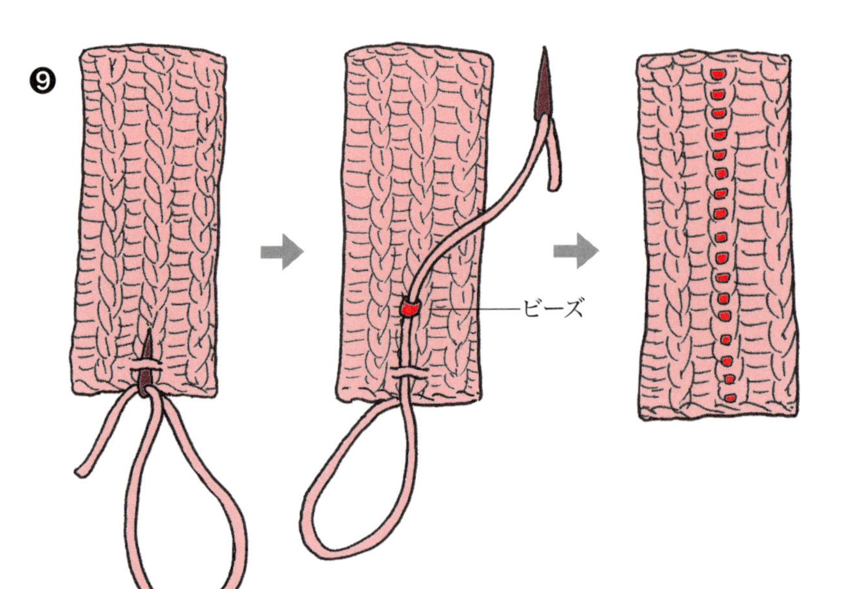

1周とじ終わったらわりばしからはずす。糸を一度結んでとめ、残りの糸でビーズをすくって通し、端から端まで1直線に縫いとめて飾りにする。
最後の糸は近くの糸にからめて結んでおく。❸の編み始めの糸も近くの目にくぐらせておく。

動物のカイロカバー

12月・初雪

アニマル柄のカイロ入れです。耳のハトメの穴にはひもを、背中の尻尾にはベルトを通すなどして冷えた腰やお腹を温めましょう。

材料

- アニマル柄の布
- ハトメ　2個
- スナップボタン（プラスチック）2個
- 糸、目打ち
- ポンチ（8mm穴あけ用）
- カナヅチ

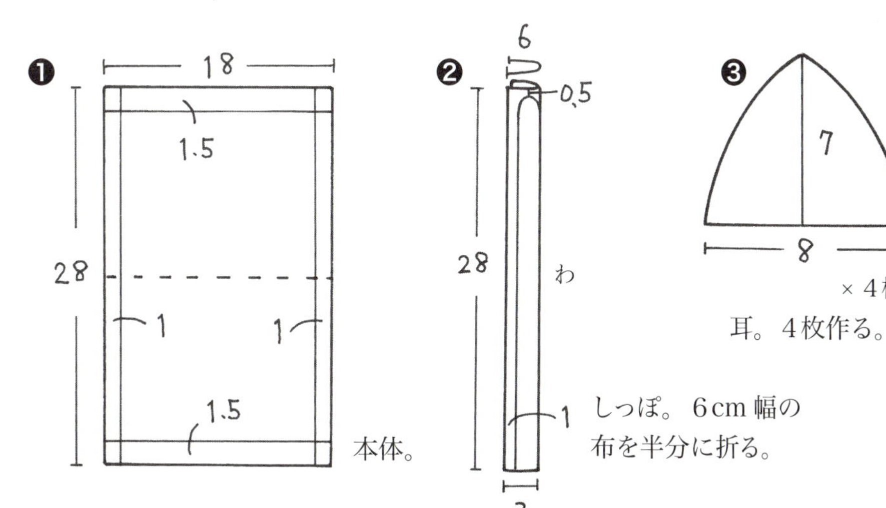

本体。

しっぽ。6cm幅の布を半分に折る。

耳。4枚作る。

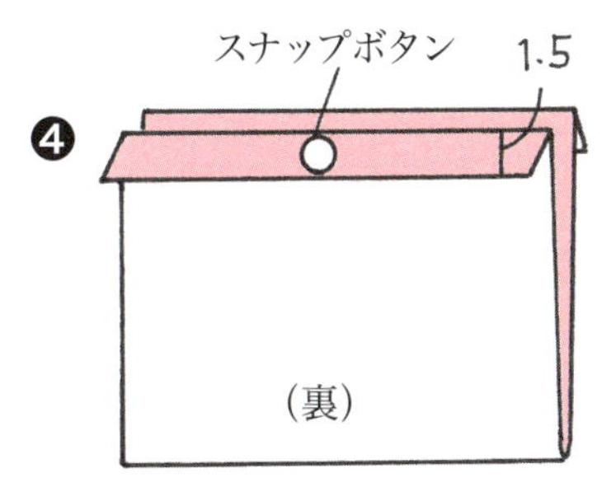

布を中表に合わせて口側を1.5cm折り、折った部分の真ん中に目打ちで穴をあける。表に返した時にスナップボタンがとまるように向きに気をつけてスナップボタンをつける。

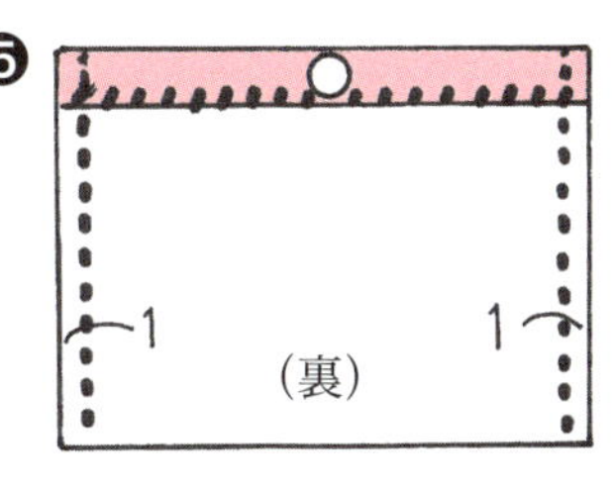

折り返し部分をかがり、両脇を縫う。

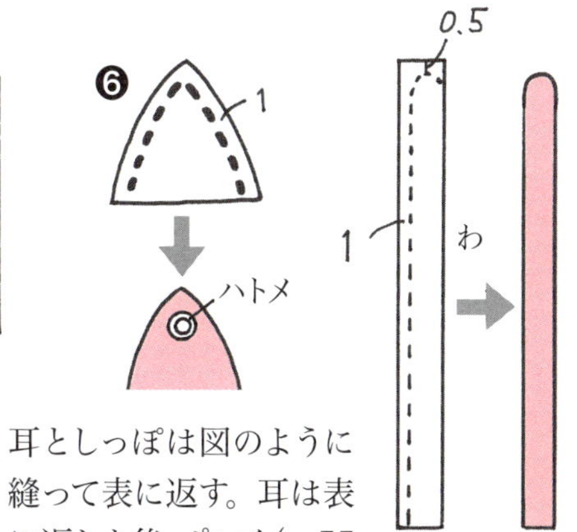

耳としっぽは図のように縫って表に返す。耳は表に返した後、ポンチ（p.55参照）で穴をあけてハトメをつける。

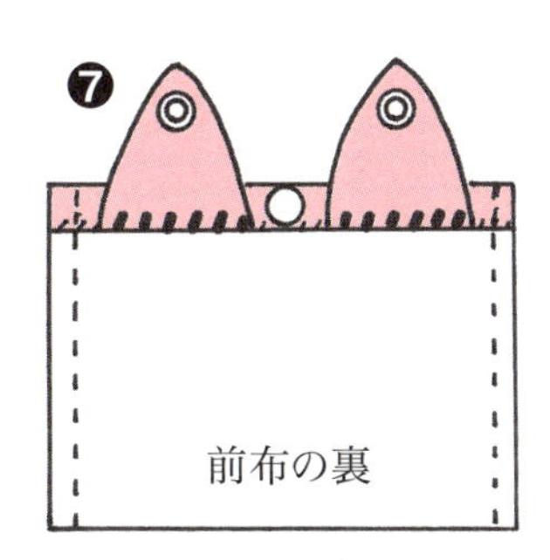

耳を前布の裏に縫いとめる。

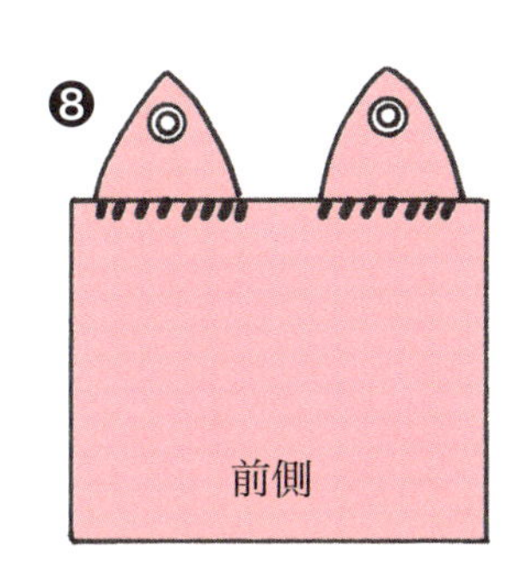

表に返して、耳がパタパタしないように口の縁に縫いとめる。

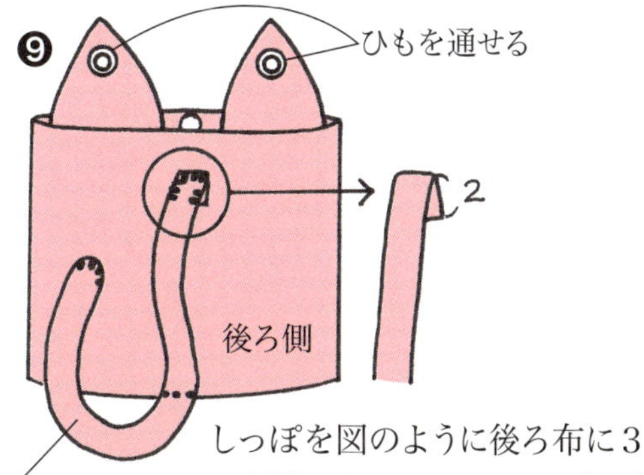

しっぽを図のように後ろ布に3カ所縫いとめる。しっぽの根元部分は2cm折り込んで縫う。

羊毛フェルトで作る　玄関飾り

12月・クリスマス

マグネットの台の上に羊毛フェルトの雪だるまとツリーを乗せました。
びんの中にお好きな小物を入れたら、玄関に飾ってお客様をお出迎え。

材料
- 羊毛フェルト用の羊毛（白、緑）
- 羊毛フェルト用専用道具　ニードル、作業用マット
- 空きびん（磁石に反応するふたのもの）
- モール（赤）、丸玉（赤、ピンク、青、黄、白）
- ビーズ（星ビーズ、黒の丸ビーズ）
- まち針（2本）
- ボールチェーン（銀）
- メモスタンド
- マグネットシート
- 布
- 紙粘土
- 木工用ボンド、目打ち、つまようじ、ピンセット、薄めの段ボール

羊毛フェルトの作り方

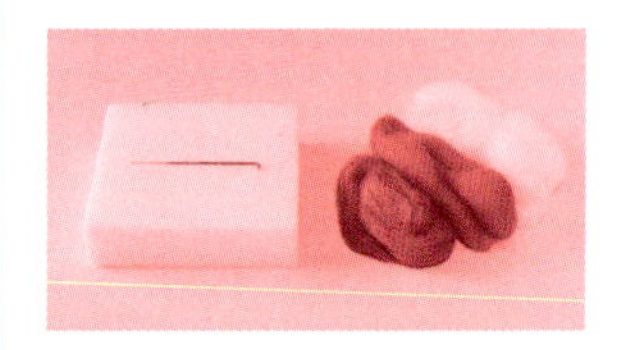

羊毛をギザギザのついた専用の針（フェルティングニードル）で刺し固めると、羊毛の繊維がからまりフェルト化していきます。普通の針ではフェルト化しません。作業はマットの上で行いますが、専用マット以外に台所用スポンジやメラミンスポンジでも代用できます（p. 7の写真参照）。

注意!!
- ニードルを刺す時は折れやすいので真っすぐに刺すようにしてください。
- 羊毛はニードルが中心まで届かないと刺し固まらないので、中心より深く刺すようにします。
- 刺す回数が多いほど羊毛は固く小さくなります。
- 作業時はニードルで指を刺さないように注意してください。

羊毛フェルトで基本の球を作る

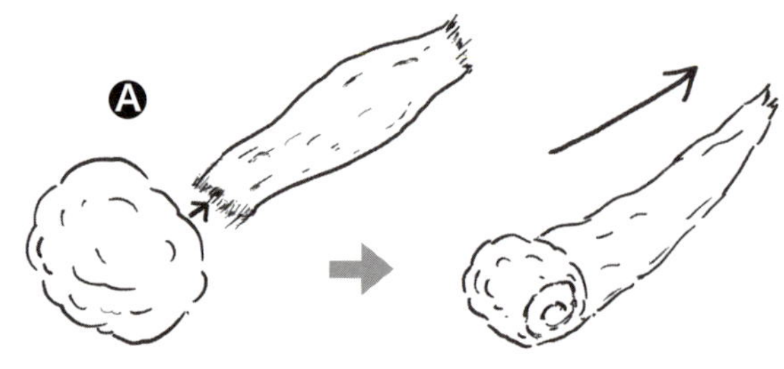

羊毛を手で引っぱって抜きとり、指でおさえながら端からきつめに巻いていく。

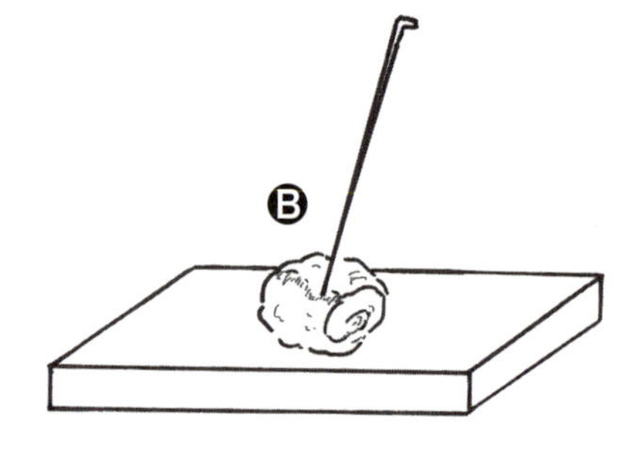

巻き終わりはニードルで刺し、羊毛同士をくっつける。

C

全体が丸くなるように、回しながらいろんな角度から刺し固める。同じ場所を刺し続けるとへこみができるので注意する。完成サイズより小さくなったら、羊毛を足して刺し固める。

雪だるまとツリーのベースを作る

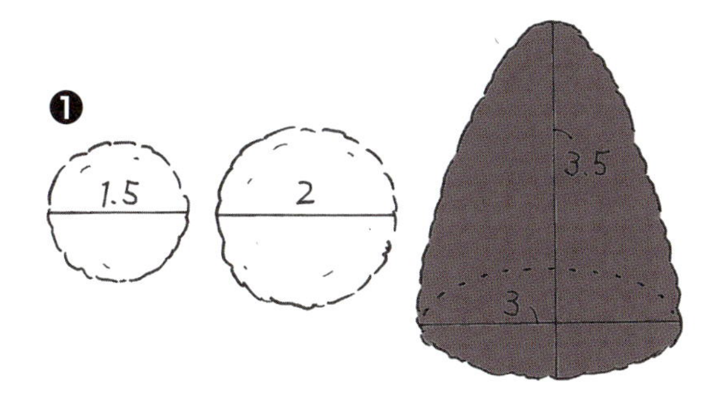

雪だるまは丸くなるように基本の作業を参考に、白の羊毛で形を作っていく。ツリーは緑の羊毛をきつく巻きながらおおよそ三角錐の形に作り、完成サイズまで刺し固める。

雪だるまを飾る

頭と胴体をボンドでつける。目はつける場所をニードルで数回刺してへこませておき、ボンドでビーズをつける。手はまち針にボンドをつけて刺す。

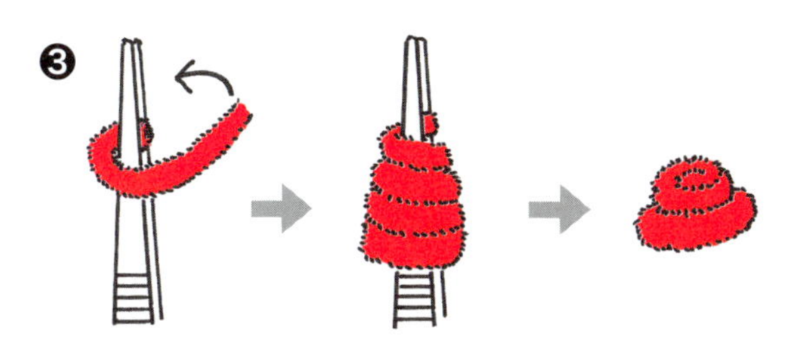

モール（赤）をピンセットの先から少し下の部分に4、5周巻きつけた後で抜きとり、指でつぶし帽子を作る。

帽子を頭の中心より少し外側にボンドでつける。

ツリーを飾る

ツリーの底の中央に目打ちで穴をあける。

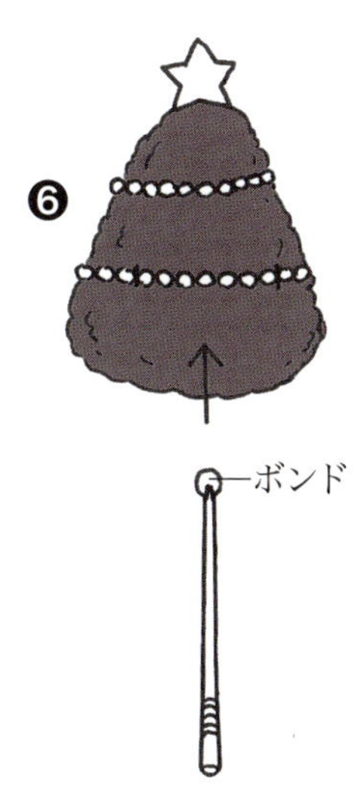

ボンドをつけたつまようじを穴に差す。ボールチェーンは巻きつけて数カ所を糸で縫いとめる。先端に星形ビーズをボンドでつける。

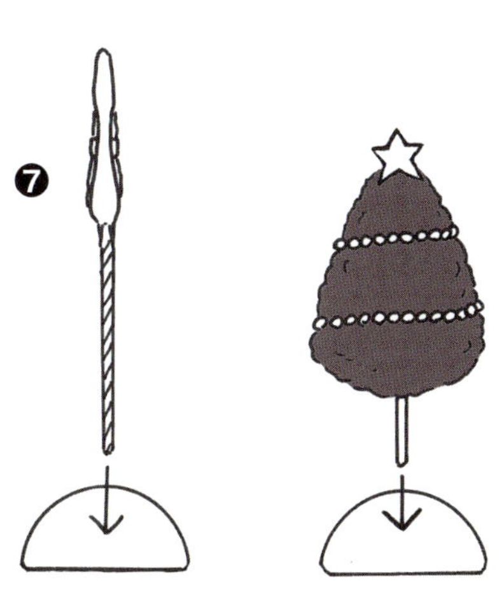

紙粘土で底が平らな直径2cmの半円の土台を2個作る。ツリーとメモスタンドを差し込み、乾かす。

組み立てる

❽

空きびん（ふたが磁石に反応する素材のもの）

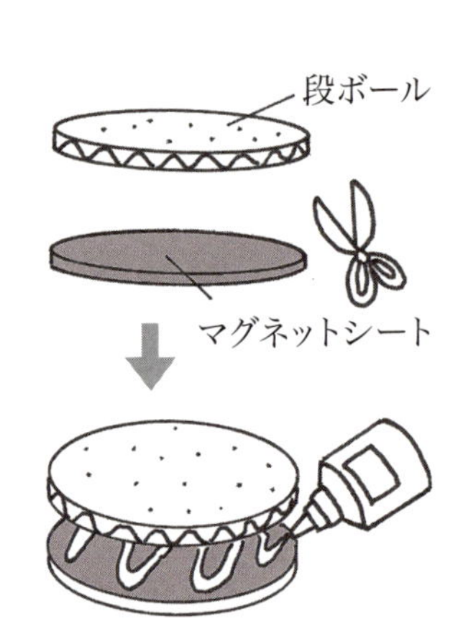

段ボールとマグネットシートを空きびんのふたの形に合わせて切る。マグネットシートの磁石面を下にして、段ボールとシートをボンドでつける。

❾

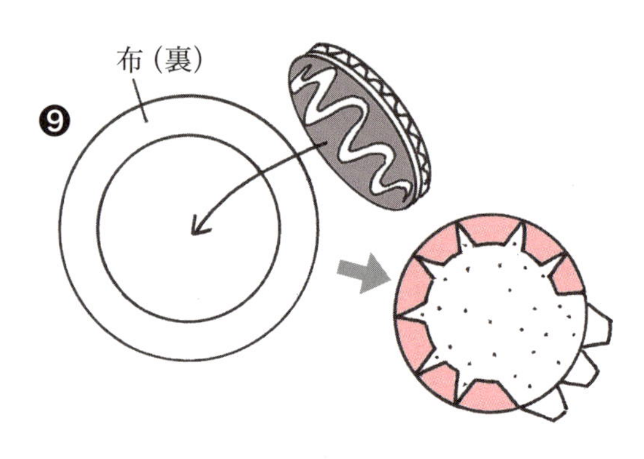

布をマグネットシートよりひとまわり大きく切る。マグネットシートの磁石面にボンドをつけて布の裏面に貼る。周りの布に切り込みを入れてボンドをつけ、上の段ボールに貼る。

❿

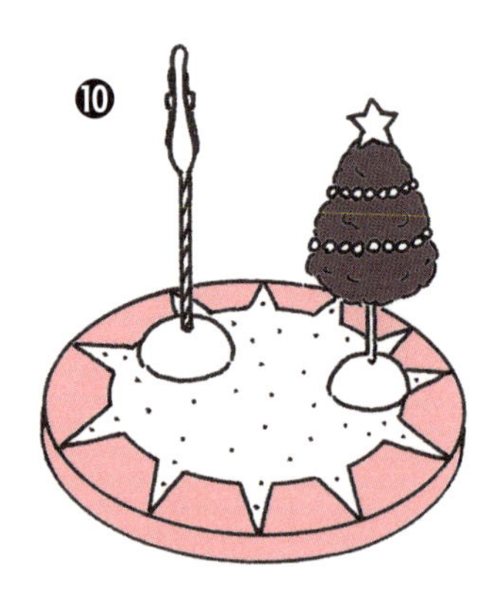

段ボール面を上にして置き、ツリーとメモスタンドをつけた紙粘土の土台をボンドでとめる。

⓫

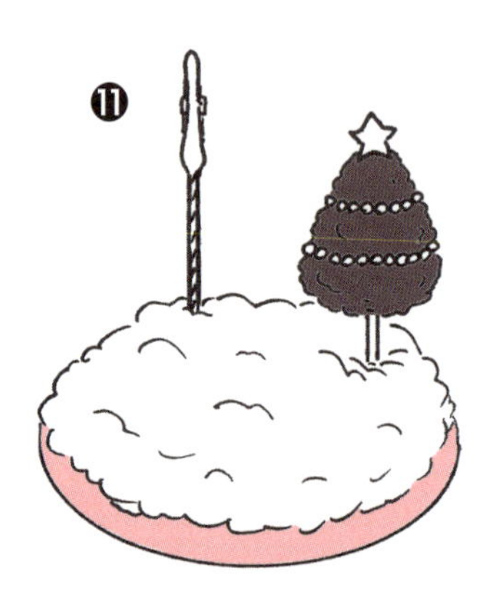

紙粘土を隠すように羊毛（白）をボンドでとめる。

⓬

雪だるま、モールの丸玉もボンドでつける。

✿ びんを使って好みの小物も一緒に楽しむ方法 ✿

クリスマスの玄関飾りは、それだけで飾っても楽しいですが、写真のようにふたが金属製のガラス器に飾りの小物などを入れ、その上に置く飾り方もあります。そのため土台の裏側をマグネットにしてあります。びんの中の小物は入れかえて楽しみましょう。

ケーキキャンドル

12月・クリスマス

外側の耐熱ガラス容器にはケーキのようにろうそくを立て、内側にはツリーを。ジェルキャンドルは気泡を入れて雪のように仕上げます。

材料

- ろうそく（細いろうそく5本、フレーク状のろうそく）
- ジェルキャンドル
- モール（緑、白、銀、茶色）
- ビーズ（丸ビーズ、星形）
- 耐熱ガラス容器（小：直径5cm、大：直径10cm）
- 木工用ボンド
- ホットプレート
- ステンレス製計量カップ
- 厚紙
- 棒（わりばしなど）

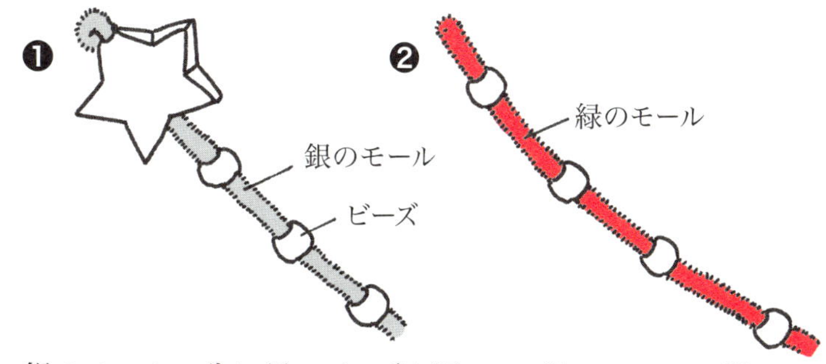

❶ 銀のモールの先に星のビーズを通し、先端を丸めてとめる。丸ビーズ3個を間をあけてモールに通す。

❷ 緑のモールに間をあけて丸ビーズを4個通す。

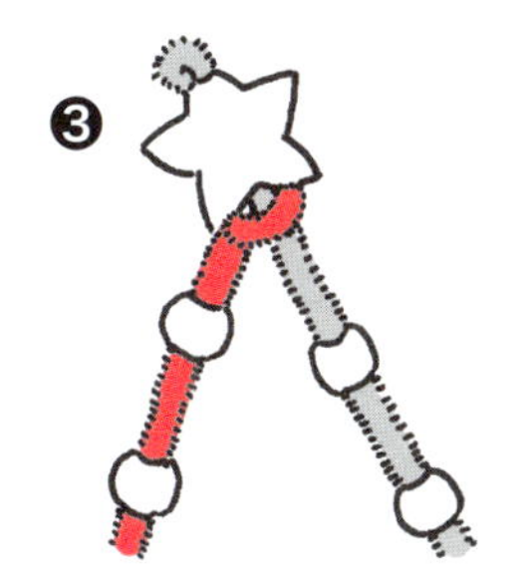

❸ 銀のモールに通した星の下に緑のモールをからませてとめる。

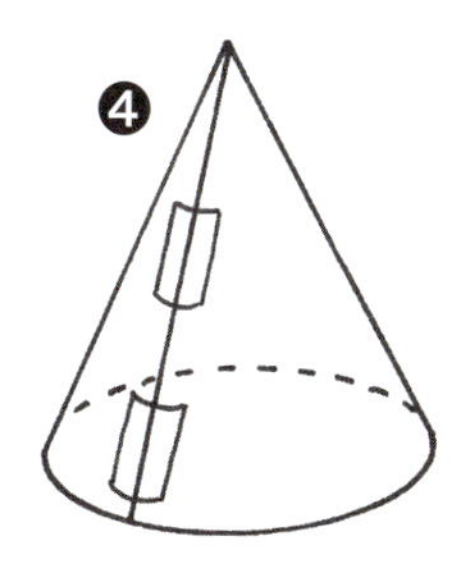

❹ 厚紙で高さ4cm、底面の直径4cmの円錐を作る。

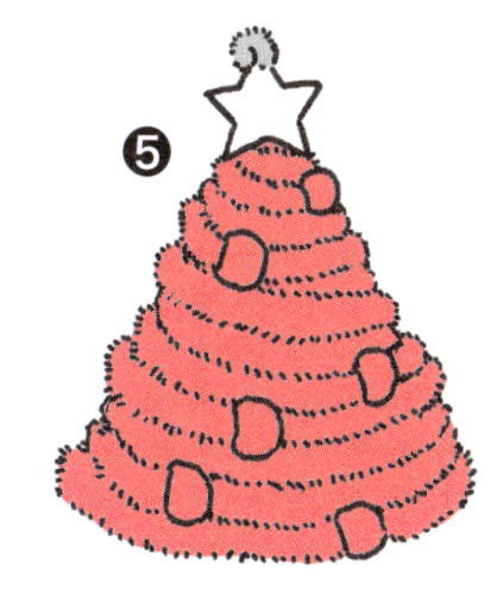

❺ 円錐の頂点に星がくるように、2本のモールを同時に巻いていく。

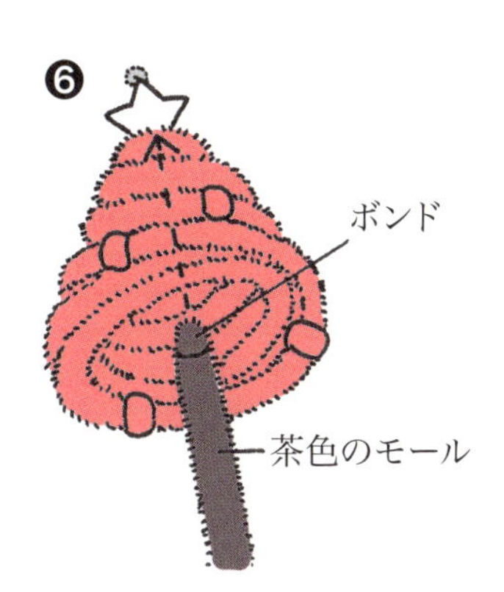

❻ 厚紙を抜き取り、茶色のモールの先にボンドをつけて、先端まで押し込む。

❼ 茶色のモールをツリーの端から2cm残して切る。

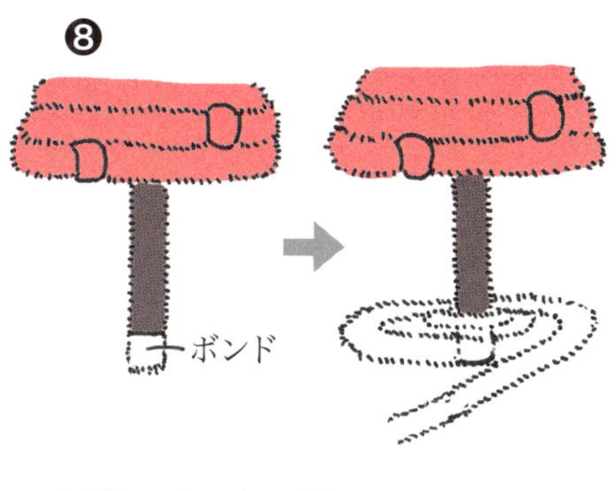

❽ 先端にボンドを塗り、ツリーがしっかり立つようにきつめに白のモールを巻いていく。ツリーを入れる器（小）と同じ径になるまで巻く。

器（小）の底にボンドを塗り、ツリーを入れる。

器（大）の中央にツリーを入れた器（小）を置き、まわりにフレーク状のろうそくを入れる。市販のろうそくを削って使ってもよい。

雪をイメージして気泡を入れるため、ジェルキャンドル（以下、ジェル）は、棒でかき混ぜながらホットプレートで溶かす。

まずツリーの入った器に溶かしたジェルを流し込む。

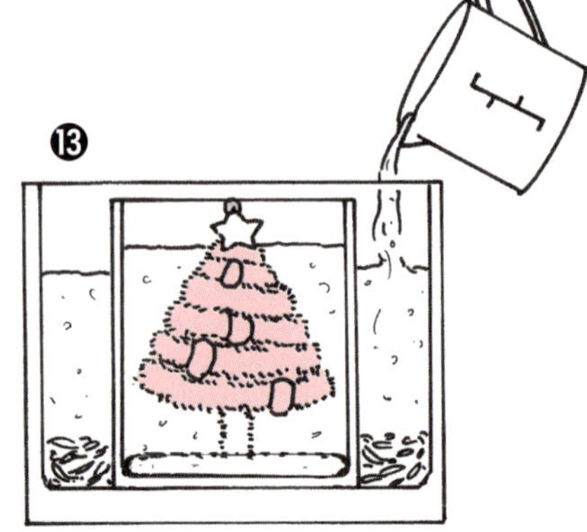

次にまわりの大きい器に流し込む。

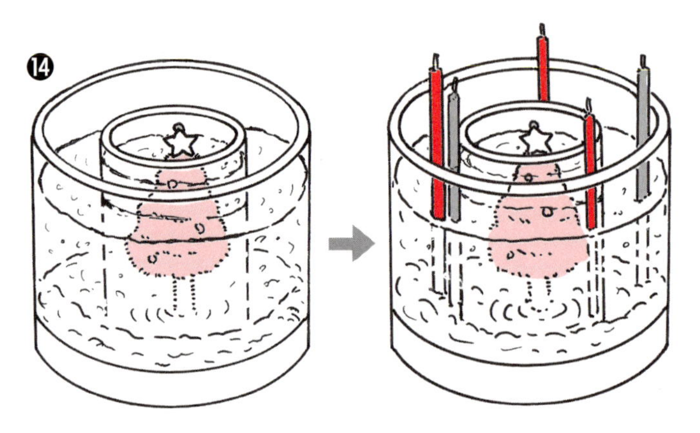

ジェルが少し固まってきたら、細いろうそくを5本、芯がジェルの上に出るように立てる。

※ろうそくを灯す時やジェルキャンドルの作業中の注意については、p.67を参照。

ろうそくを再生する時

火を灯す時はまわりの細いろうそくに点火します。細いろうそくが芯の役割をしてジェルキャンドルも少し燃えますが、器の大きさや差し込むろうそくの太さなどの諸条件で、ジェルキャンドルが燃える量は異なります。

一度ろうそくを灯した後は、外側の大きな器の中の残ったジェルをとり出して溶かし直し、最初と同様の手順で再生できます。ジェルの減った分は補います。

なお、中央のツリー入りの小さな器のジェルキャンドルは燃えませんので、器ごととり出してそのまま再度使うことができます。

第5章

花の香り箱

香りをしみ込ませた布や綿の上にそっと咲く、フェルトの花たち。
簡単でかわいらしい、あたたかみのある12か月の花々です。

1月
水仙

（作り方 114 ページ）

2月

梅

(作り方 115 ページ)

3月

たんぽぽ

（作り方 116 ページ）

4月

桜

（作り方 117 ページ）

5月

ばら

（作り方 118 ページ）

6月
あじさい

（作り方 119 ページ）

7月
朝顔

（作り方 120 ページ）

8月

ひまわり

（作り方 121 ページ）

9月

コスモス

（作り方 122 ページ）

10月

キンモクセイ

(作り方 122 ページ)

11月

菊

(作り方 123 ページ)

12月

寒椿

（作り方 117 ページ）

花の香り箱のフェルトの花作り

本章の花たちは、器の底に敷いた香りを含んだ布や綿・羊毛の上にそっと置かれます。

主役は香りで、フェルトの花たちはその引き立て役といえます。

本章の花たちは器をのぞいた時に上から見るだけですので、裏側の作りを気にすることもありません。加えてフェルト素材ですので作り方は簡単。作った後もつまんで形を変えて楽しむことができます。

器は高価でなくても素敵な小物が簡単に手に入りますし、見回すと身の周りにも使える器がいろいろあります。

器をのぞくたびに香りと一緒に素朴であたたかいフェルトの花の笑みに出会えるでしょう。アロマオイルを少したらして花と一緒に楽しんでください。

フェルトの花の作り方

作り方はいくつかに分類できます。以下をご覧ください。

〈花びらを1枚ずつ切る作り方〉

Ⓐ最初に花芯を巻いて縫いとめてから、花びらを花芯のまわりにとめつけていきます。５弁の花の基本は梅です。(左から、梅、桜、寒椿)

Ⓑ水仙は花弁が６枚なので、花びらのつけ方が５枚の花とは少しちがいます。ばらは花芯を作らず、中央の花びらをとめて芯にしてほかの花びらをとめつけていきます。(左から、水仙、ばら)

〈花びらが下でつながった作り方〉

Ⓒたんぽぽ、ひまわり、コスモス、菊は、花びらの形状は異なりますが、基本の作り方は同じです。花芯も花びらもくるくる巻いて作ります。

(左から、たんぽぽ、ひまわり、コスモス、菊)

〈それぞれ異なる作り方〉

Ⓓ特殊な形の３点は、それぞれ工夫して花らしさを出しています。(左から、あじさい、朝顔、キンモクセイ)

水仙

中心にある副花冠と呼ばれる筒型の花びらの中をのぞくと雄しべや雌しべが見えます。副花冠の先端は、少しだけ外側に広げましょう。

材料

- フェルト（オレンジ、黄）
- 糸
- サテンの布
- 綿
- 好みの器

❶

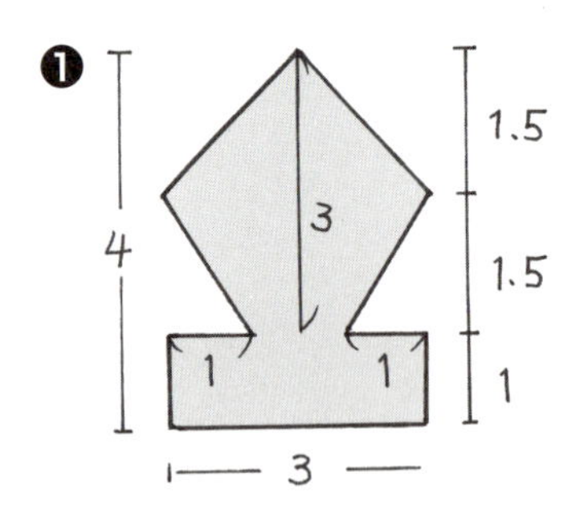

花びら(黄）を 6 枚用意する。

❷

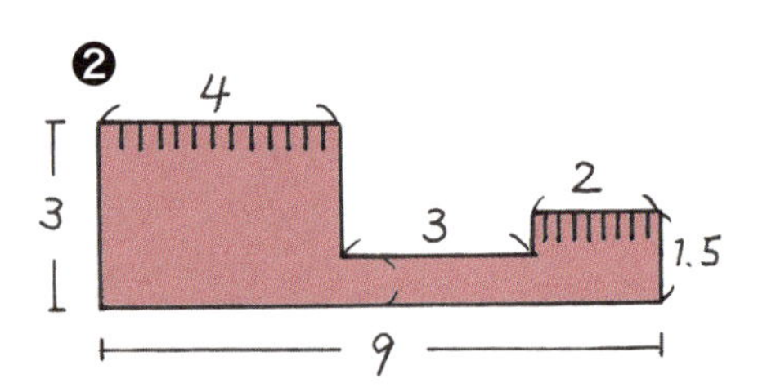

花芯（オレンジ）は、図のように上部に幅2mm、長さ5mmの切り込みを入れる。

❸

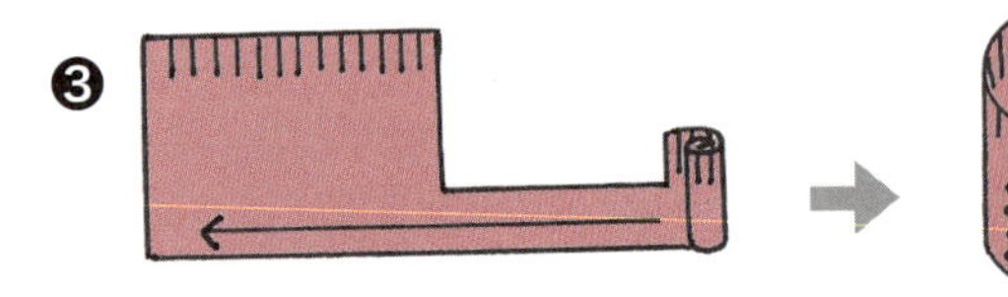

花芯を短い方からくるくる巻いていき、最後は縫いとめる。

❹

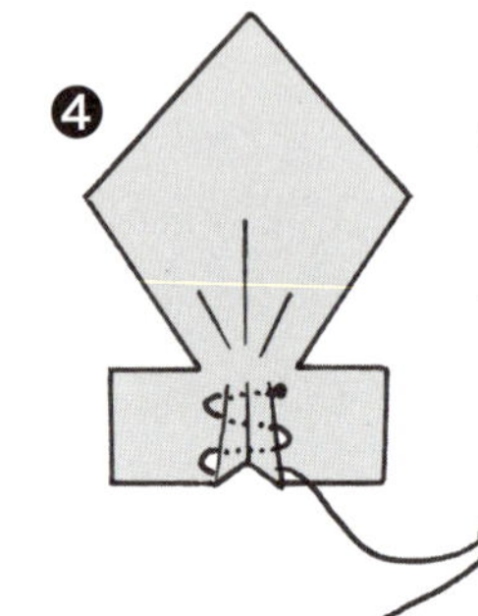

花びらの真ん中をつまみ、下側（幅1cm の部分）を縫いとめる。

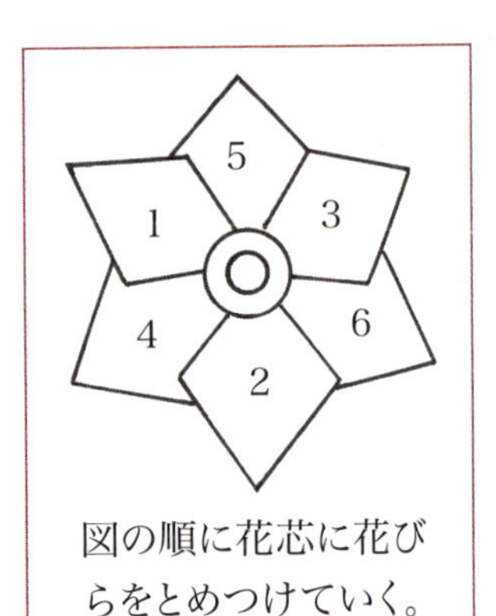

図の順に花芯に花びらをとめつけていく。

❺

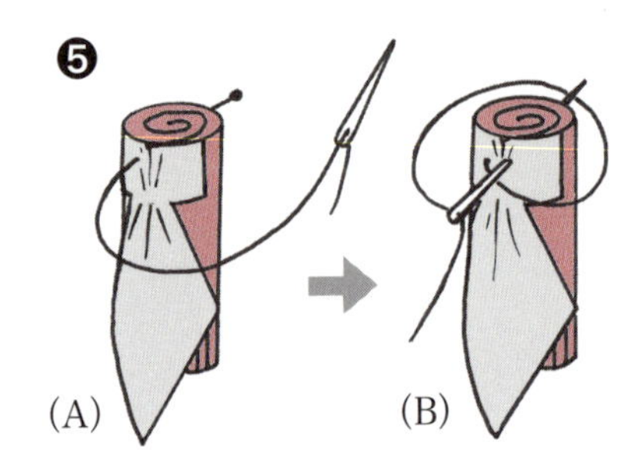

切り込みを下にして花芯を置き、上部をそろえて花びらを重ねる。(A)花びらの反対側から糸を通し、花びらの❹で縫った部分の脇に出す。(B)糸を 1 周巻いてから、最後に❹の縫い目をはさんで反対側から糸を通す。

❻

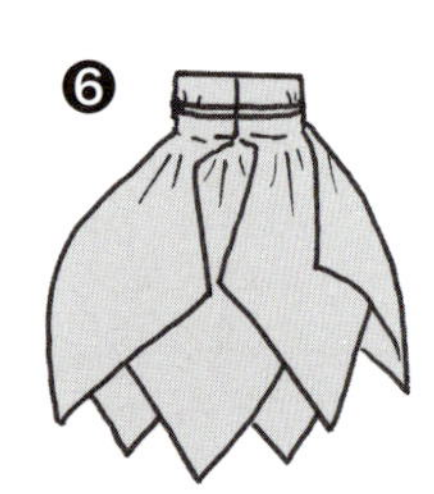

同様にして他の花びらをとめていき、6 枚とめ終えたら糸を 2 周巻いてとめる。

❼

天地をひっくり返して、形を整えながら花びらを広げていく。

❽

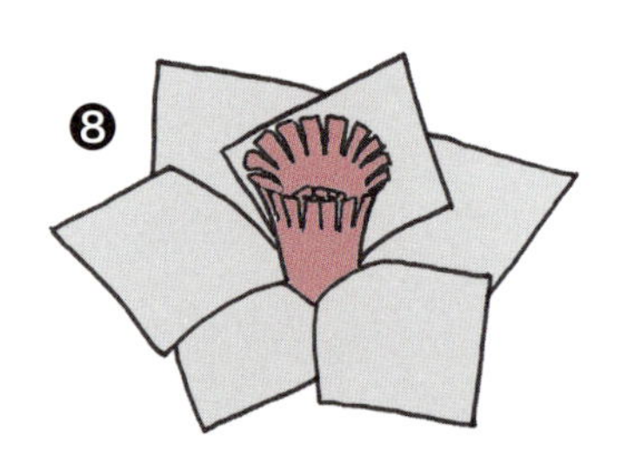

花芯も上を少し広げて水仙らしい形にする。

梅

梅の花の蕊（しべ）は、放射状に広げた後に先端を内側に向けて柔らかい曲線で曲げると、優雅な感じが出ます。

材料

- フェルト（赤、白、黄）
- 糸
- サテンの布
- 綿
- 好みの器

❶
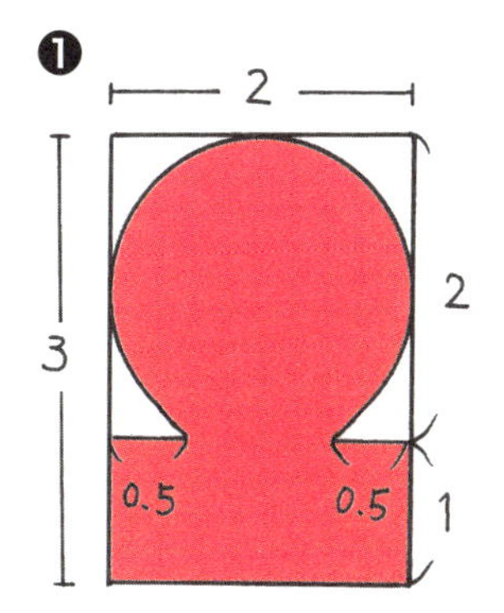

花びらを赤、白各５枚用意する。

❷
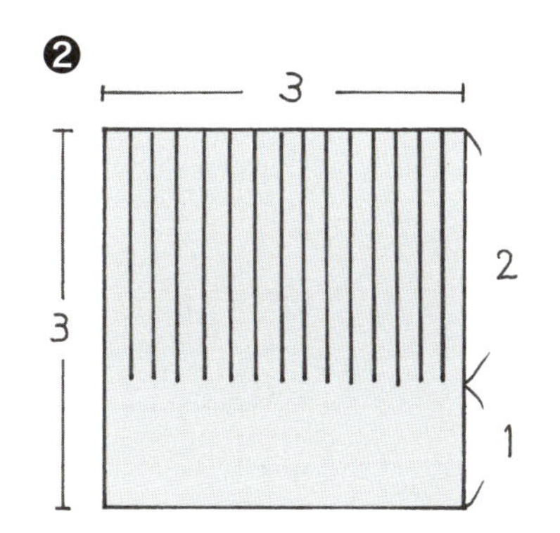

花芯（黄）は、幅2mm、長さ２cmの切り込みを入れる。

❸
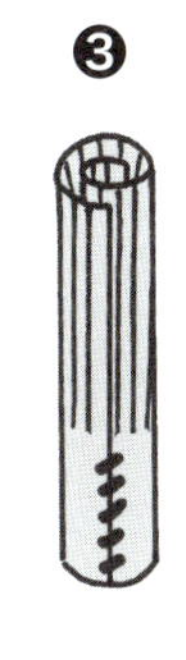

花芯をくるくる巻き、糸でとめておく。

図の順に花芯に花びらをとめつけていく。

❹
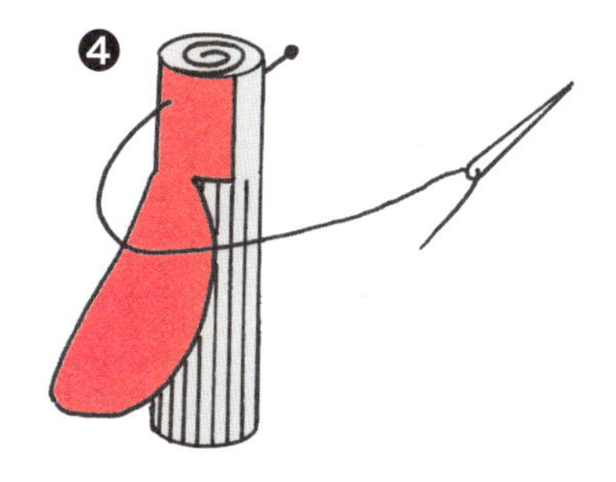

花芯を切り込みを下にして置き、上部をそろえて花びらを重ねる。花びらの反対側から糸を通し、花びらの中央の少し脇に出す。

❺
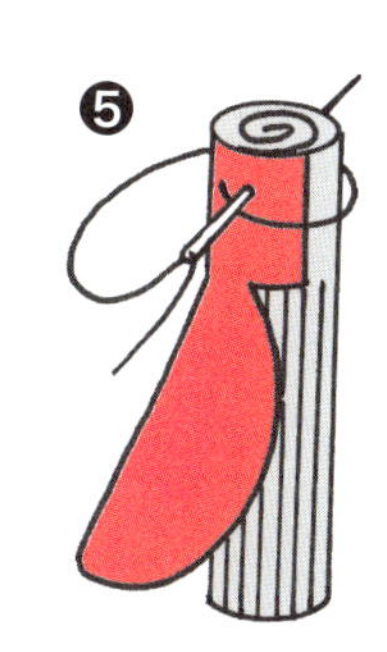

糸を1周巻いてから、最初に糸を出した所から少し離して糸を通す。

❻
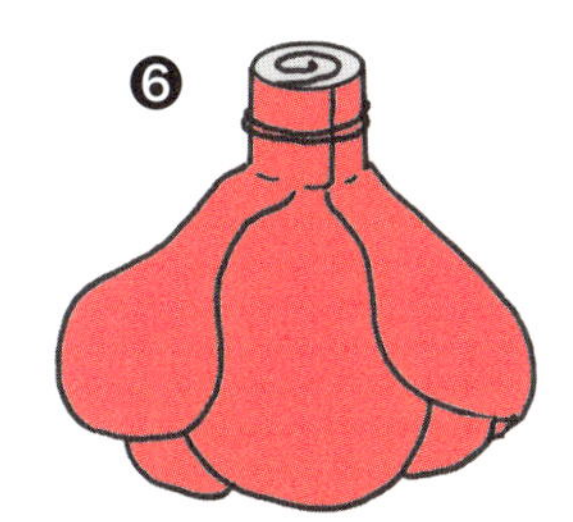

同様にして花びらを５枚とめ終えたら、糸を2周巻いてとめる。

❼
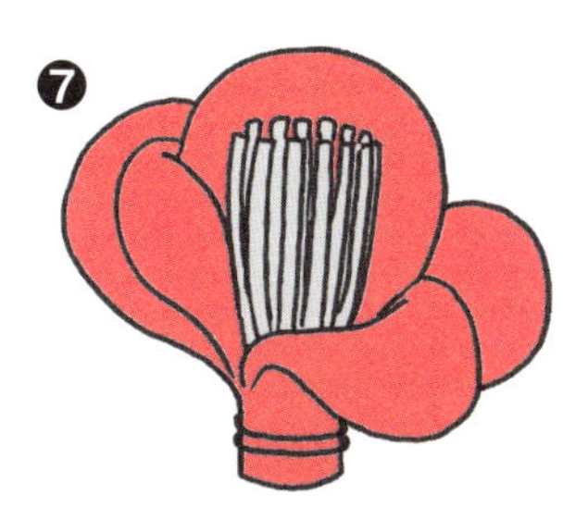

天地をひっくり返して、花びらを広げていく。

❽
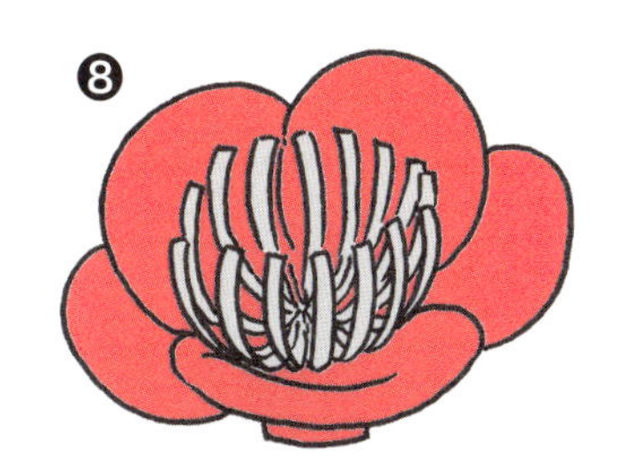

花芯を梅らしい形に広げて完成。

たんぽぽ

中心に空間が開かないように、巻き始めは丁寧にしてください。
外側から開くと、一気に花が咲きます。

材料　•フェルト（黄、薄黄）　•糸　•羊毛（羊毛フェルトの素材）　•好みの器

❶

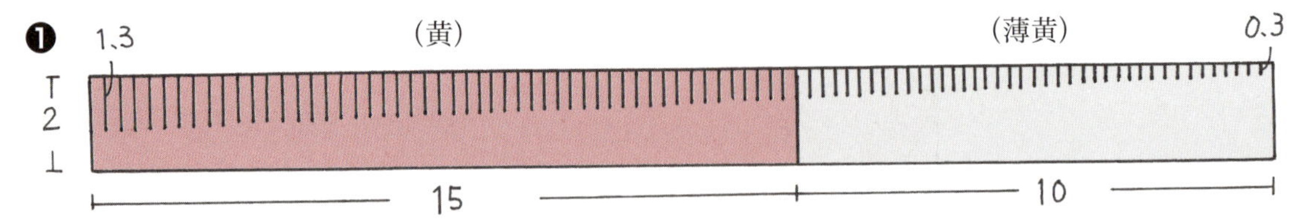

黄（幅 15cm、長さ2cm）と薄黄（幅 10cm、長さ2cm）のフェルトを用意し、２枚を横位置でぴったりくっつけて置く。図のように、幅2mm の切り込みを、3mm（薄黄の端）から 13mm（黄の端）まで続けて入れていく。

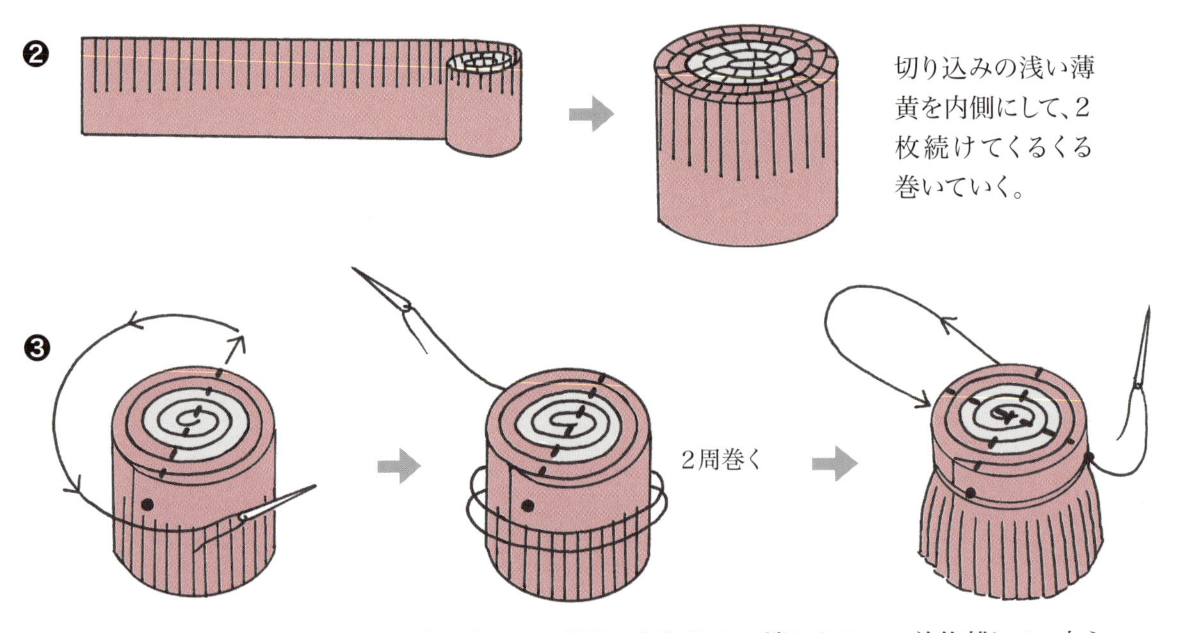

❷

切り込みの浅い薄黄を内側にして、2枚続けてくるくる巻いていく。

❸

巻き終えたらひっくり返し、巻き終わりの部分の切り込みの端から2mm 前後離して、中心を通り反対側に出るように糸を通す。そのまま2周巻き、最後に、最初に通した糸と中心で直角に交わるような位置から糸を通し、巻いてある糸に重ねて玉むすびでとめる。

❹

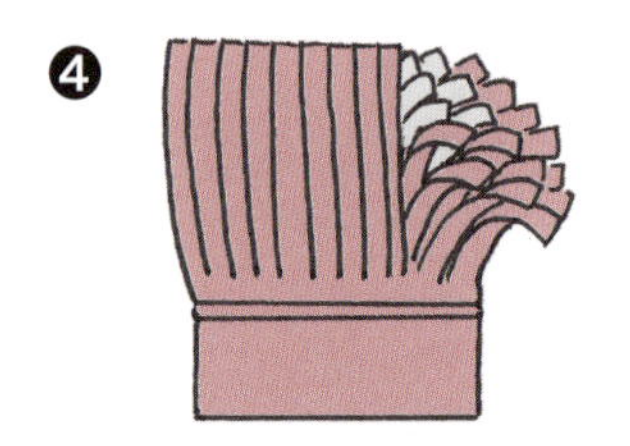

ひっくり返し、黄と薄黄の切り込みをたんぽぽの花びらのふんいきに開いていく。

桜

基本的には梅と同じ作業です。ただし梅と違い、蕊（しべ）は中心に立ち上がり、上部は少し乱雑に外へ向かいます。

材料
- フェルト（ピンク、白、黄）
- 糸
- サテンの布
- 綿
- 好みの器

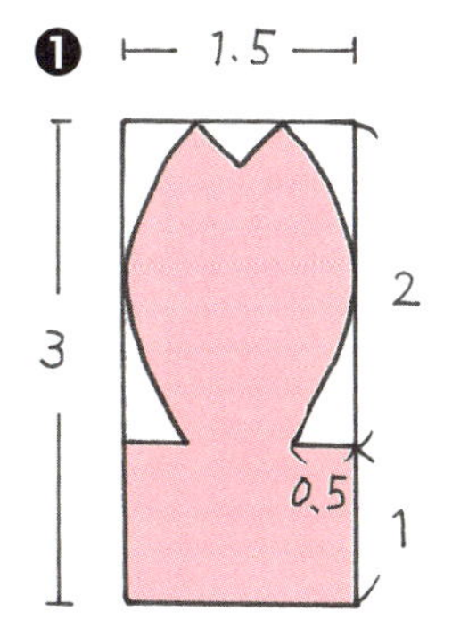

花びらをピンク、白各５枚用意する。

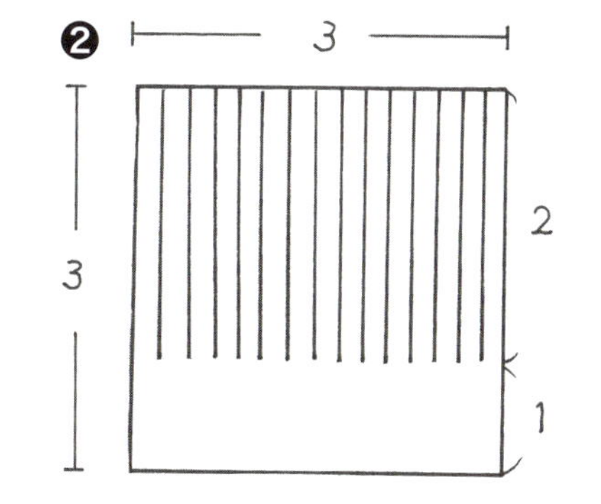

花芯（黄）は、幅２mm、長さ２cm の切り込みを入れる。

以下、p.115 梅の❸〜❽と同様の作業を行う。

寒椿

基本的には梅と同じ作業ですが、下部にギャザーを寄せます。
花びらの先端は、少しだけ外側へひっくり返ったようにします。

材料　• フェルト（赤、黄）　• 糸　• サテンの布　• 綿　• 好みの器

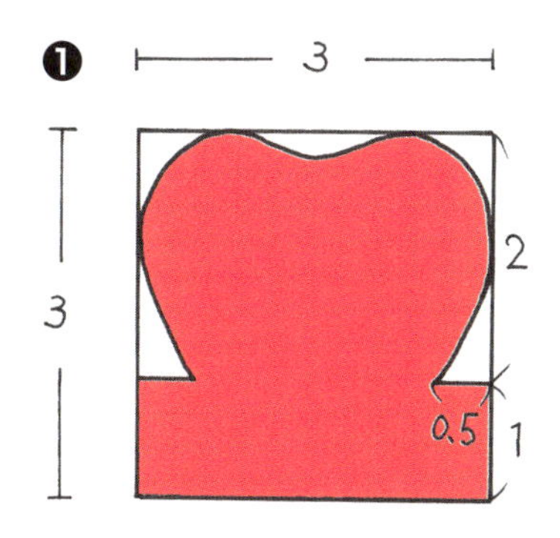

花びら（赤）を５枚用意する。

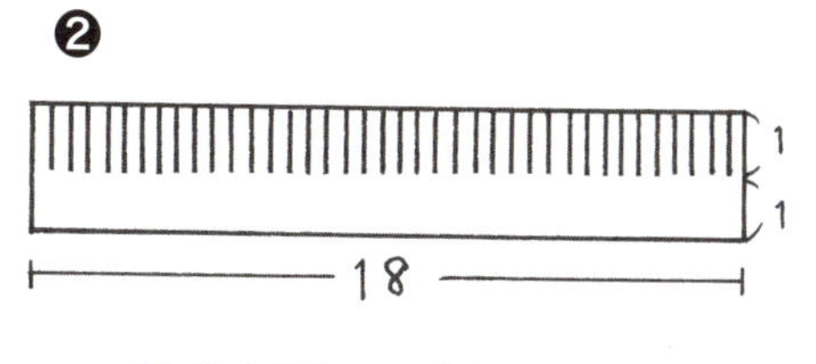

花芯（黄）は、幅２mm、長さ１cm の切り込みを入れる。

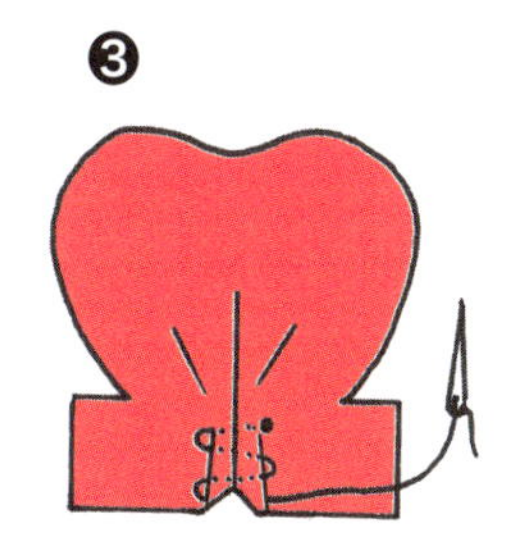

花びらは、p.114 水仙の❹と同様、下側（幅１cm）の部分を縫いとめギャザーを寄せる。

以下、p.115 梅の❸〜❽と同様の作業を行う。

ばら

中心の赤い花びらは向かい合わせで縦横を繰り返し、ピンクの花びらは斜め方向にも重ねます。花びらの開き方で雰囲気を出します。

材料

- フェルト（赤、ローズピンク）
- 糸　• サテンの布
- 羊毛（羊毛フェルトの素材）
- 好みの器

❶

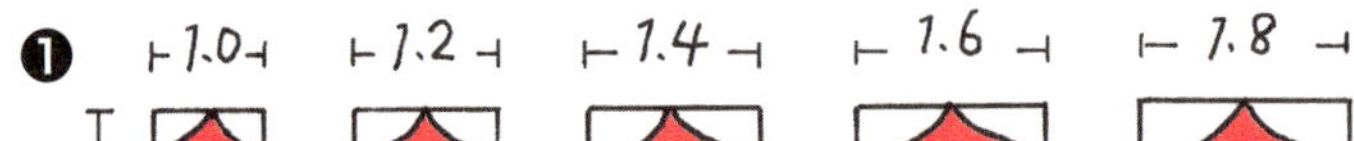

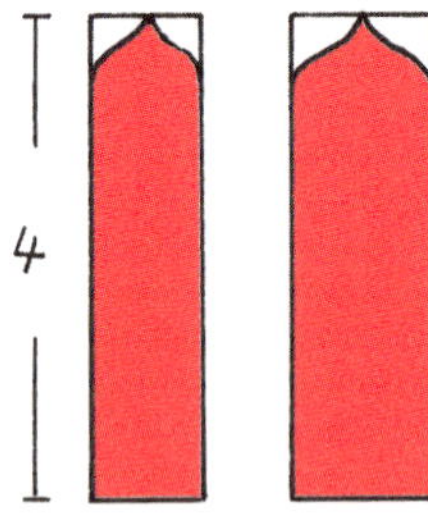

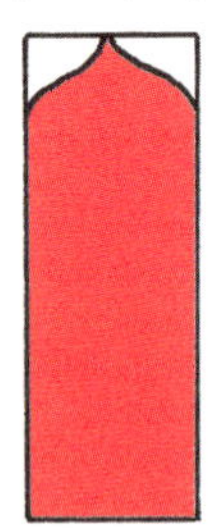

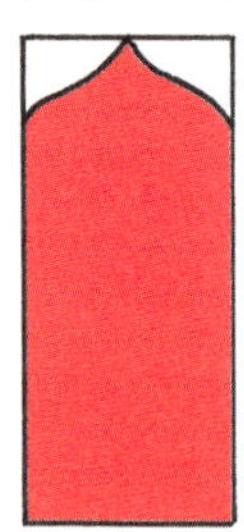

赤の花びら。各２枚用意。左端の花びらから下のローズピンクまで、順に幅が広くなっていく。

❷

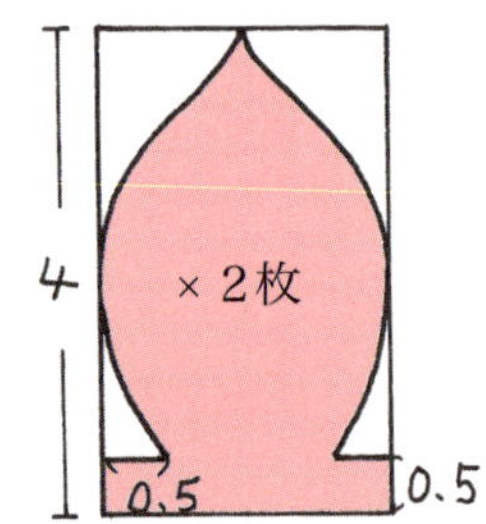

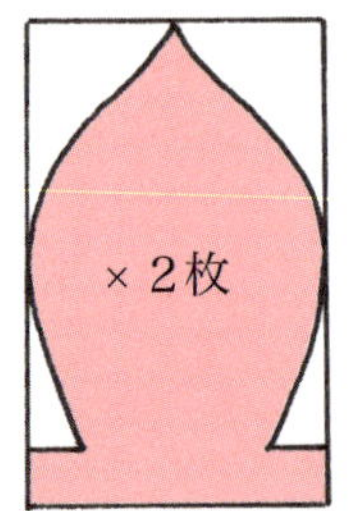

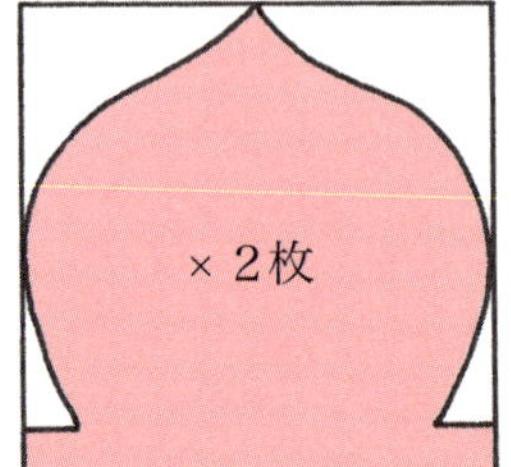

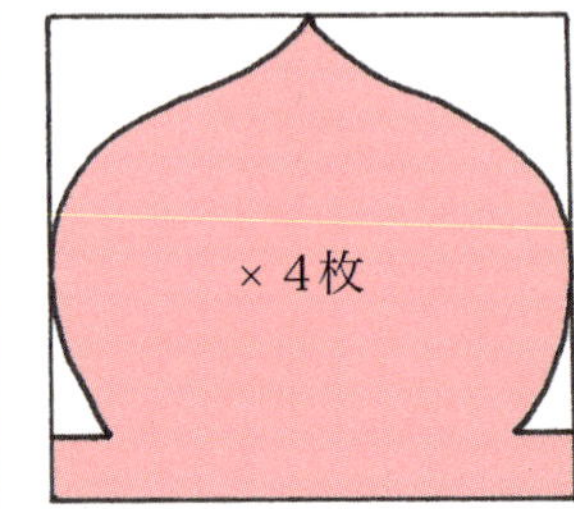

ローズピンクの花びら。赤を巻いた後に順に重ねて巻いていく。

❸

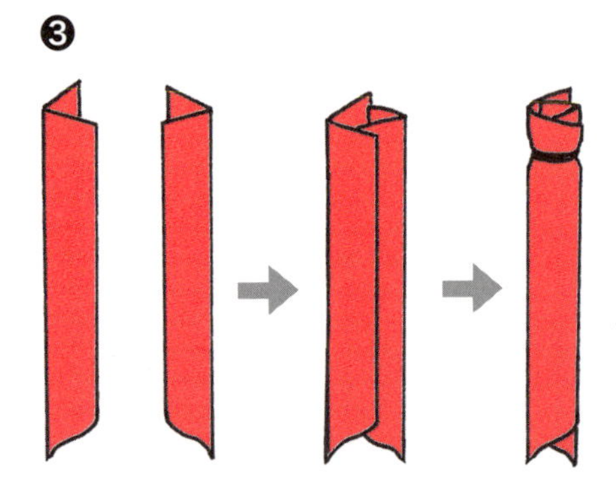

最も幅の狭い赤の花びら２枚（幅1cm）を組んで縫いとめ、芯を作る。

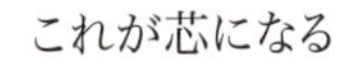

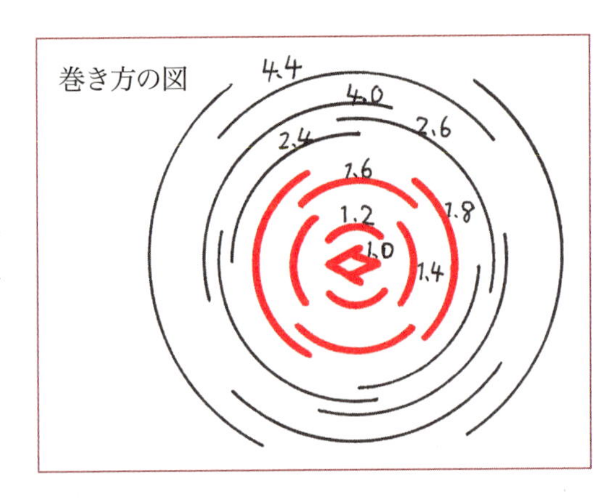

❹

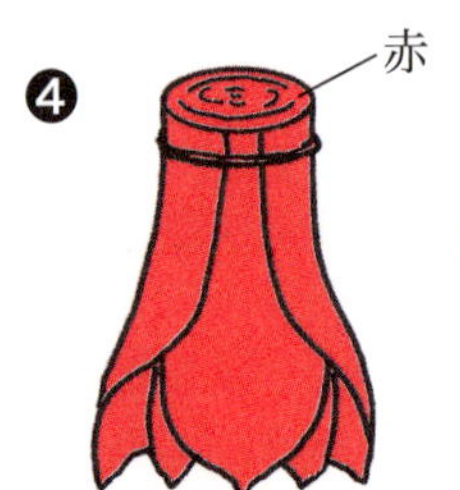

図のように、赤は90度ずつ方向を変えて、芯の上に２枚合わせて縫いとめながら巻いていく。

❺

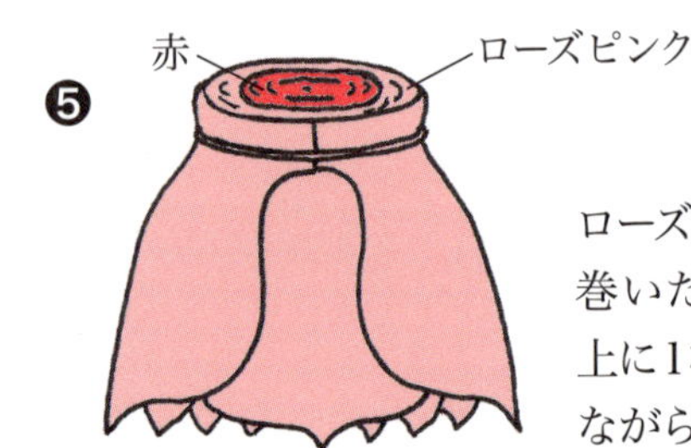

ローズピンクは、先に巻いた赤い花びらの上に1枚ずつ縫いとめながら巻き進む。

あじさい

今回は同じ大きさで色の異なる花をランダムに並べていますが、
中心は薄色で小さい花、外側は濃い色で大きい花でもよいでしょう。

材料
- フェルト
（青、薄紫、薄青）
- ししゅう糸
- サテンの布
- 綿
- 好みの器

❶
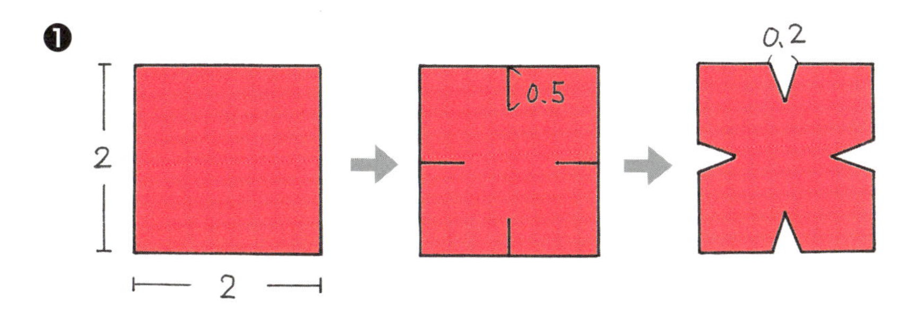

同サイズで小花を各色5枚、計15枚作る。好みで色と個数は自由に。

❷
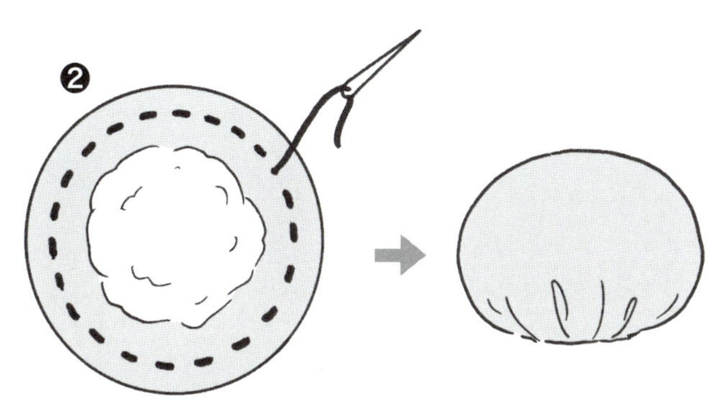

サテンの布を直径15cmの円形に切り、
ぐし縫いして綿を入れて縫い縮める。

❸

小花の中心の小さな花芯を作る。ししゅう糸を3本どりにし、指に3回巻いて多めに糸をよって大きめの玉どめを作る。できた玉どめの先を少し切ってほぐす。

❹

❸を使ってサテンの布に小花を縫いとめていく。糸を強めに引いて裏側でとめ、花の中心が布に軽くめり込むようにする。

❺
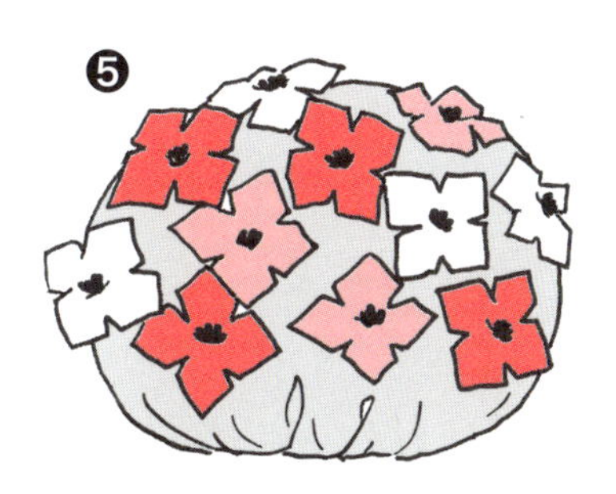

バランスよく小花の色
を考えて配置する。

朝顔

白いフェルトに青いフェルトを貼る際は、均等に貼ることをあまり意識せず、多少ずれても、花びらのウェーブに変化が出て面白いものです。

材料

- フェルト（白、青、黄）
- 布用ボンド
- 糸
- 羊毛（羊毛フェルトの素材）
- 好みの器

❶

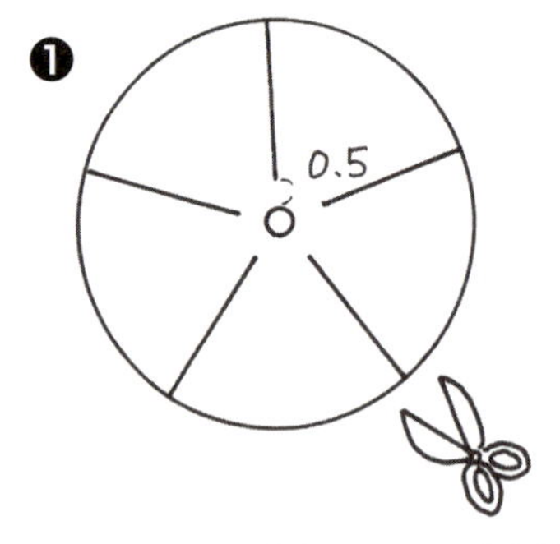

白のフェルトは直径7cmの円形に切り、中心に3mmの穴をあける。円を5等分し、穴から5mm離して5等分の線をはさみで切る。

❷

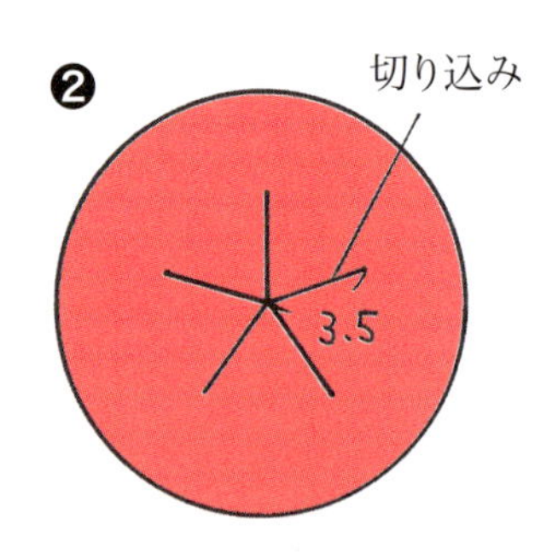

青のフェルトも直径7cmの円形にし、5等分する線を中心から3.5cmのところまで切り込みを入れる。

❸

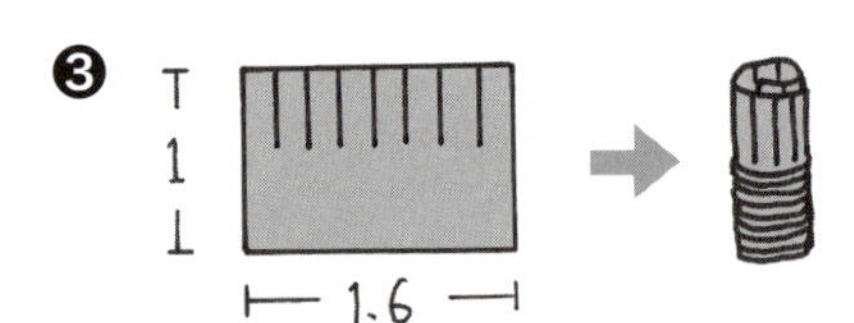

花芯を作る。黄のフェルトを図のサイズに切り、幅2mm、長さ5mmの切り込みを入れる。後で白のフェルトの中心の穴に入れるので、穴にさし込みやすいように切り込みのない部分を糸で何重にも巻いてとめる。

❹

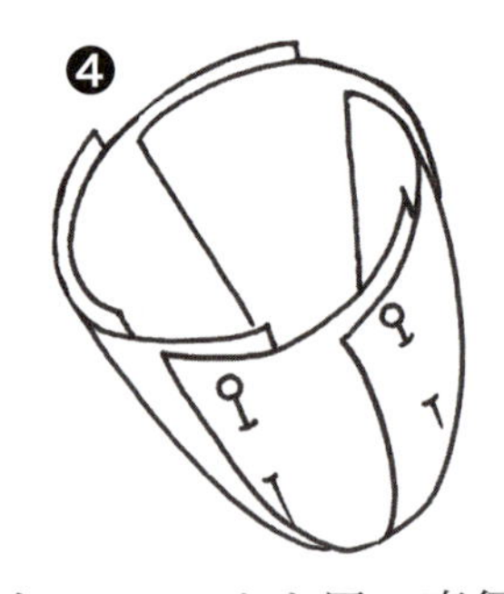

白のフェルトを円の直径が4cmの円錐状にするため、❶で切った線を順に重ねていく。形ができたらまち針でとめる。

❺

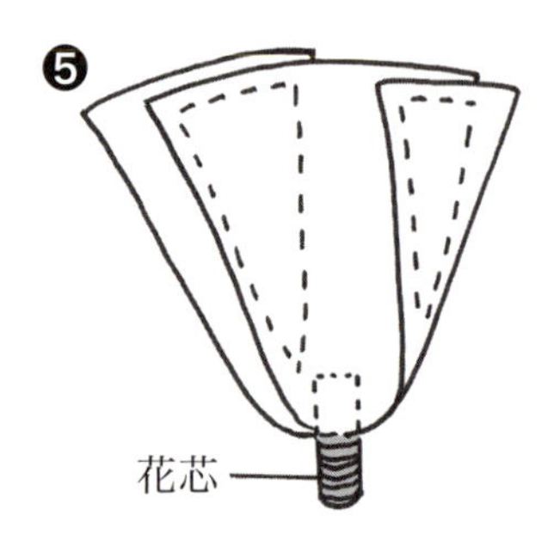

重なっている部分を縫いとめる。花芯は内側から穴にさし込む。

❻

円錐状に作った白のフェルトの上に、中心を合わせて青のフェルトを置く。
青のフェルトが白の円錐の縁と接する部分の内側に布用ボンドを塗る。❷の青の切り込みを開いて、白の円錐の内側に貼っていく。

❼

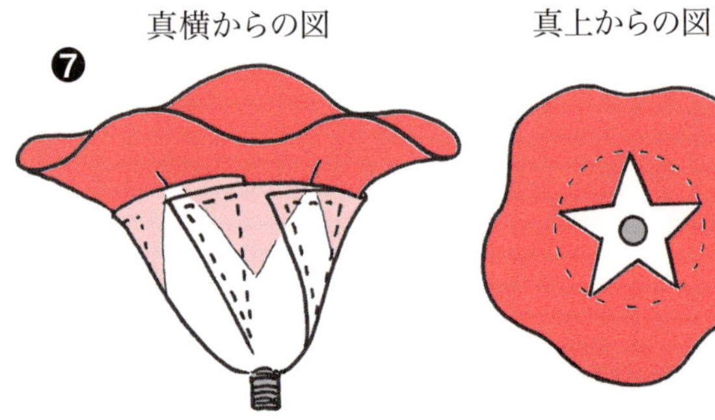

青の切り込みを開いて白の円錐の内側に貼ることで、外側にある青が波打ち、朝顔らしくなる。

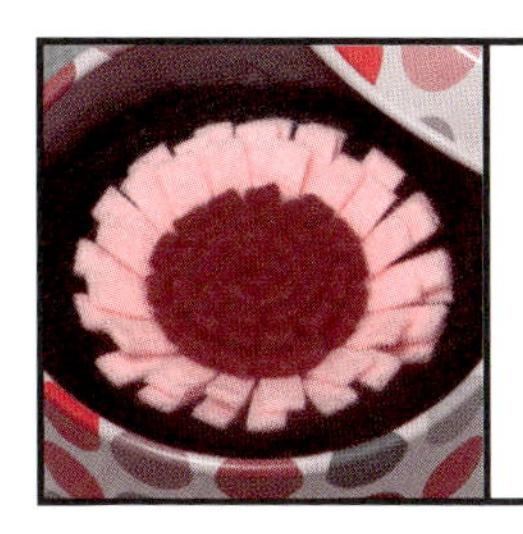

ひまわり

中心の種の部分は、二重にしてぷっくりさせます。一重にした外側の花びらは、単調な長方形にして2～3周重ねてかわいく縁どります。

材料　・フェルト（黄、茶）　・糸　・羊毛（羊毛フェルトの素材）　・好みの器

❶

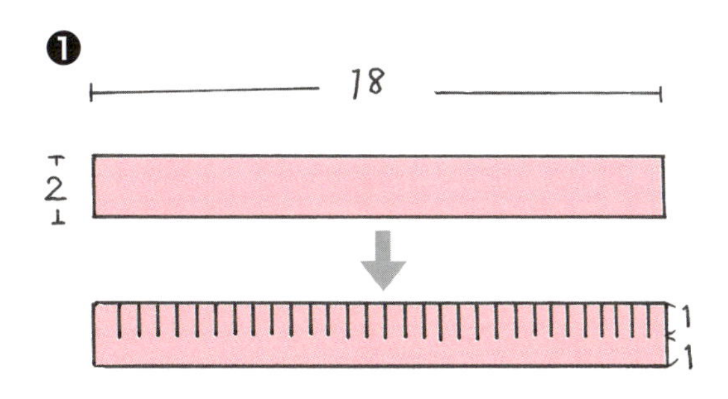

花びら（黄のフェルト）は幅5mm、長さ1cmの切り込みを入れる。

❷

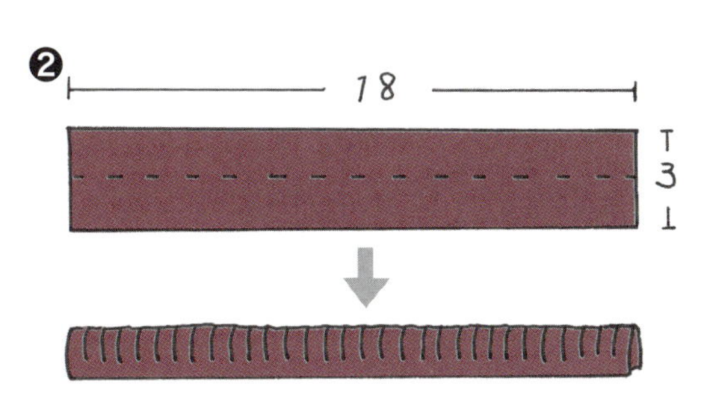

花芯は茶のフェルトを半分に折ってから、幅5mm、長さ1cmの切り込みを入れる。

❸

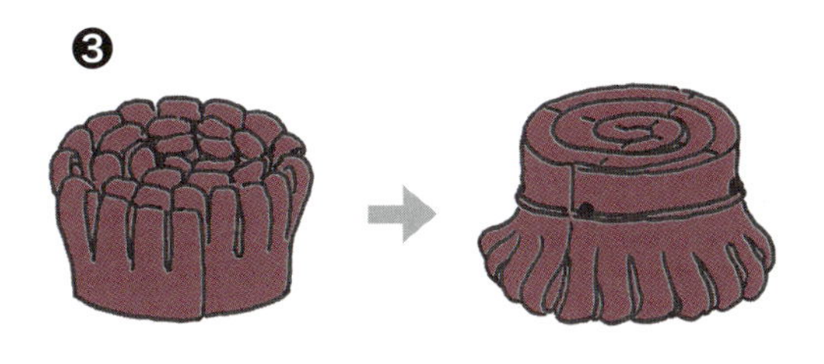

花芯をくるくる巻き、たんぽぽ(p.116)と同様に縫いとめて糸でしばる。

❹

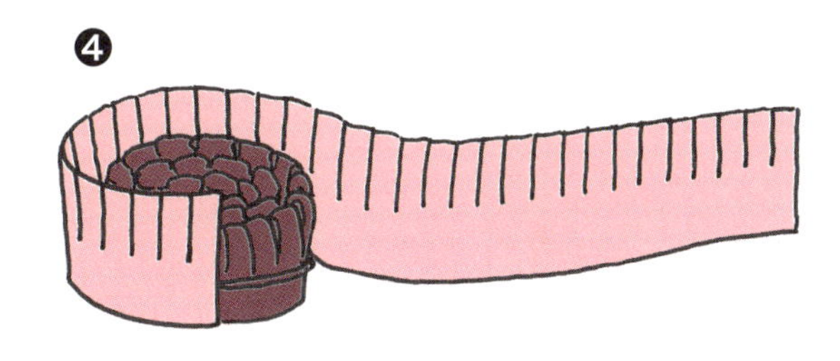

ひっくり返し、底側をそろえて花芯のまわりに花びらのフェルトを巻いていく。

❺

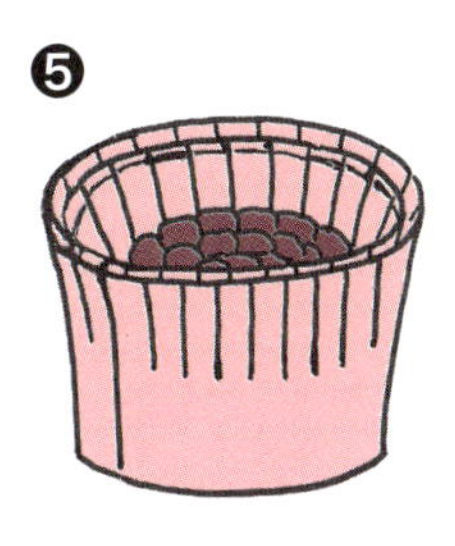

巻き終わり。

❻

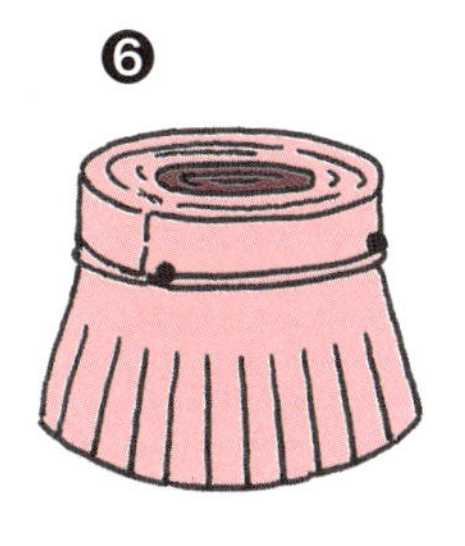

たんぽぽと同じように縫いとめ、しばる。

❼

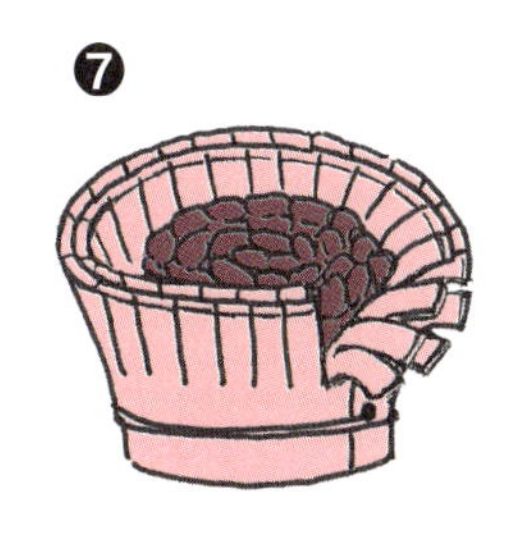

花びらを開いて形を整える。

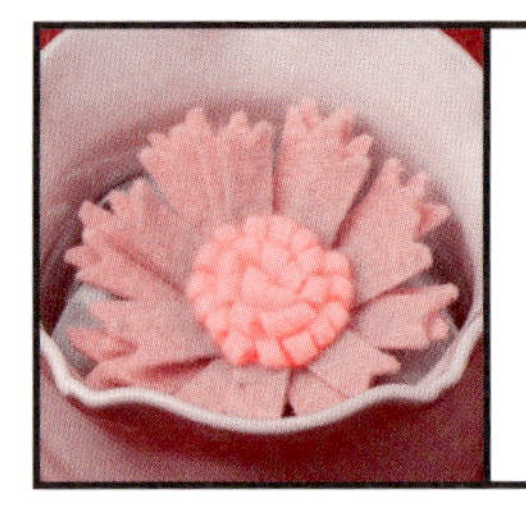

コスモス

中心をこぢんまりとまとめ、本来は一重の花びらを細く複数にすることで
可憐で華やかな雰囲気に仕上げました。

材料 •フェルト（ピンク、薄黄） •糸 •サテンの布 •綿 •好みの器

❶

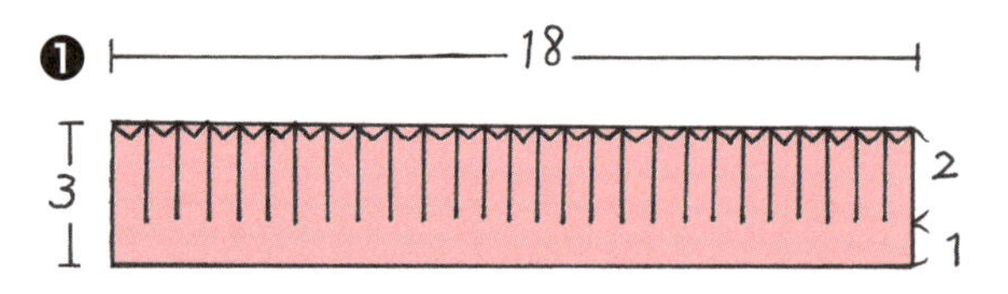

花びら（ピンクのフェルト）は下の部分を切り離さず、図のように上部に幅５mm、長さ２cmの切り込みを入れる。
さらに各花びらの先端を図の形に切りとってコスモスらしさを出す。

❷

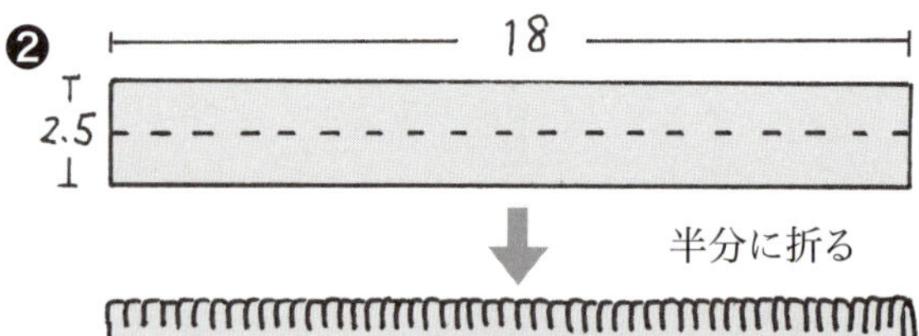

花芯は薄黄のフェルトを半分に折り、幅３mm、長さ５mmの切り込みを入れる。

以下、p.121 ひまわりの❸〜❼と同様の作業を行う。

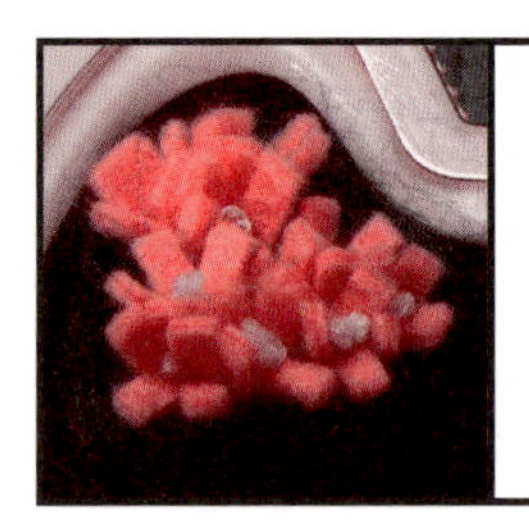

キンモクセイ

花の数を増やす時は、花３個でまとめたものを増やしていってください。
花の中心にある玉どめは、きっちりした丸でなくてもよいです。

材料 •フェルト（オレンジ） •糸（白） •羊毛（羊毛フェルトの素材） •好みの器

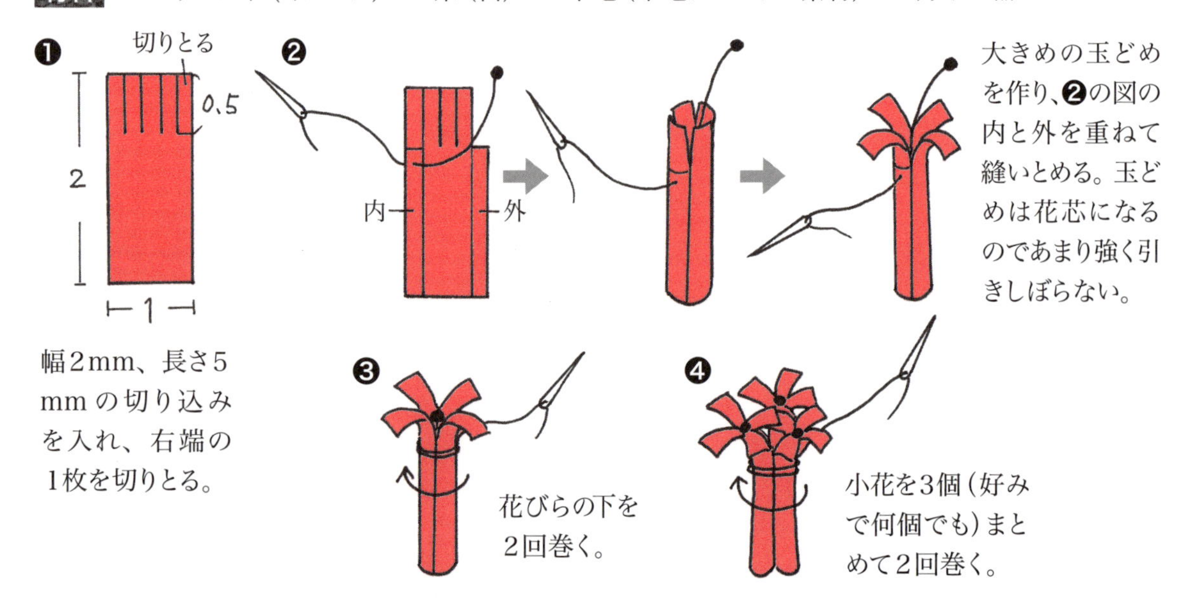

❶ 幅２mm、長さ５mmの切り込みを入れ、右端の１枚を切りとる。

❷ 大きめの玉どめを作り、❷の図の内と外を重ねて縫いとめる。玉どめは花芯になるのであまり強く引きしぼらない。

❸ 花びらの下を２回巻く。

❹ 小花を３個（好みで何個でも）まとめて２回巻く。

菊

二つ折りにしたフェルトの幅と切り込みの幅を間違えないようにしましょう。
外側は強めに開いて、花の中心が盛り上がったようにします。

材料

- フェルト（黄、薄黄）
- 糸
- サテンの布
- 綿または羊毛
- 好みの器

❶

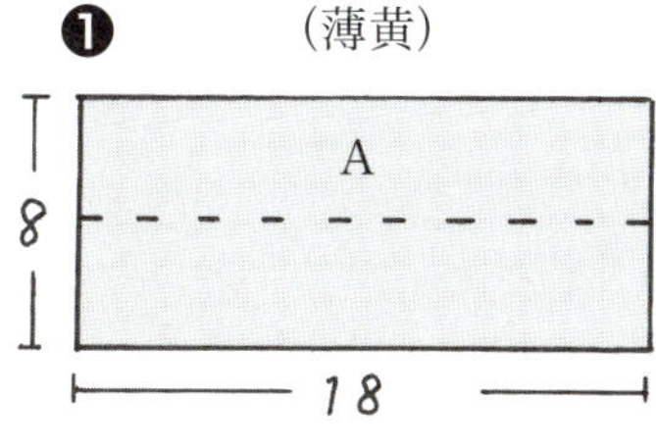

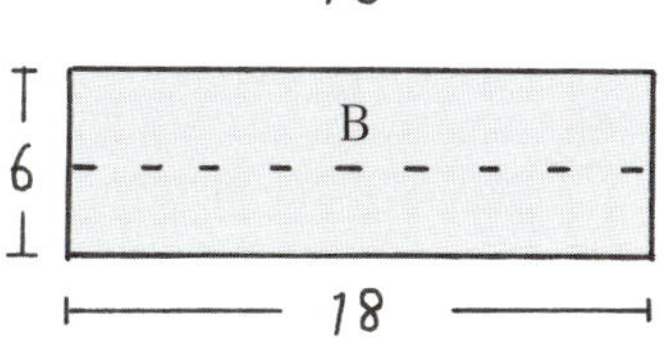

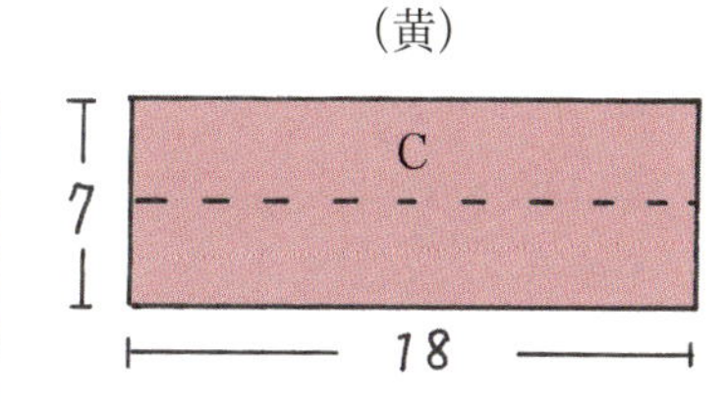

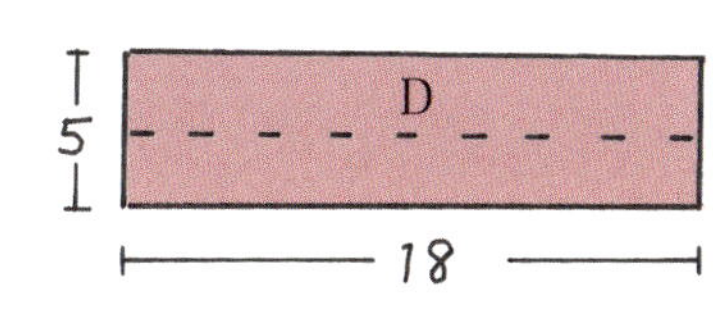

図のように幅が同じ18cmでそれぞれ長さのちがうものを、薄黄と黄各2枚ずつ用意する。

❷

薄黄A、Bとも、❶を半分に折って幅4mm、長さ1cmの切り込みを入れる。

❸

黄Cは❶を半分に折って幅4mm、長さ1cm、黄Dは長さ1.5cmの切り込みを入れる。

❹

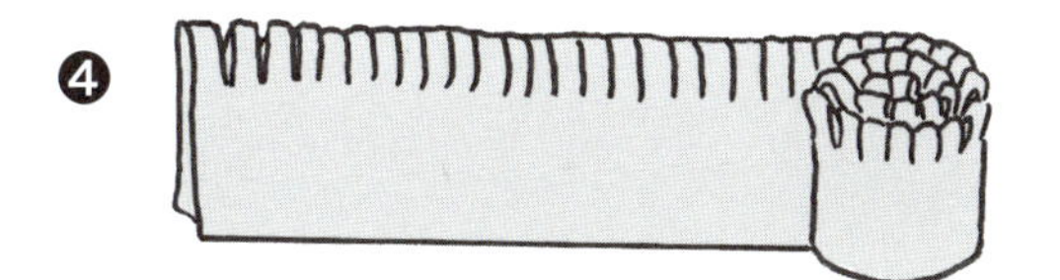

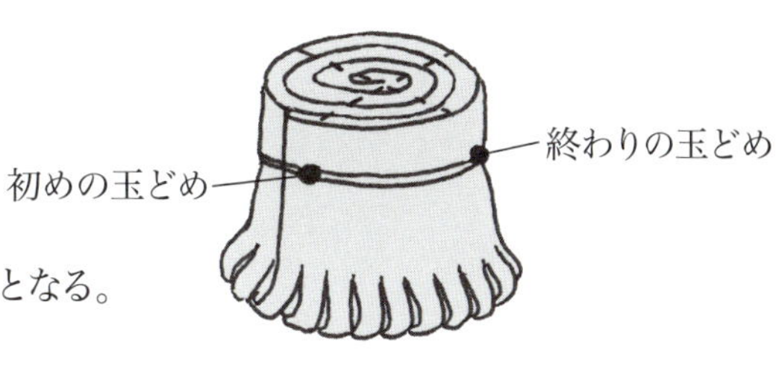

Aから巻く。巻く際の順序はA→C→B→Dとなる。とめ方はたんぽぽ（p.116）と同じ。

❺

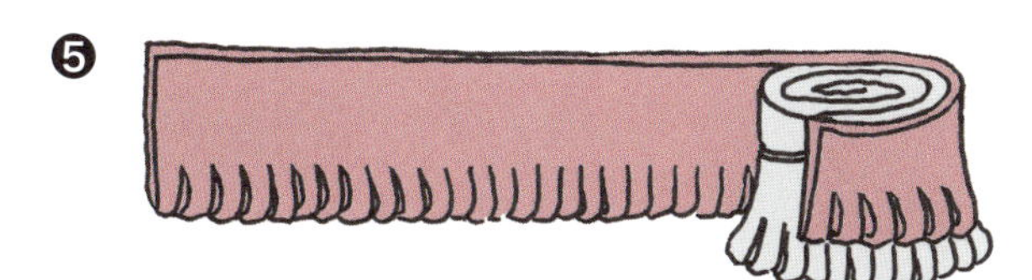

続けて、底側を合わせてC、B、Dと順に巻いていき、糸でとめてしばる。とめ方はたんぽぽと同じ。

❻

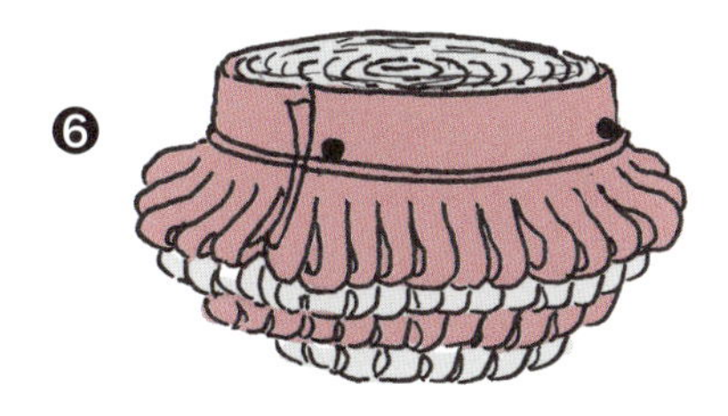

フェルトの長さが中央のAから外側に行くにつれ短くなっているため、完成時には中央部分が盛り上がった立体的な形になる。

茶筒形の小物入れ

マスキングテープはさまざまなサイズや柄のものが売られています。
缶を型に使えば、いろんな高さの茶筒形の小物入れができます。

材料

- マスキングテープ
  色柄テープ（内側：幅3㎝、外側1.5㎝）、養生テープ（白、幅1.8㎝）
  【リボンつき茶筒】色柄テープ（幅3㎝）、養生テープ（白、幅1.8㎝）
- 350ミリリットル缶 • 型に巻く紙（コピー用紙など）
- リボン • セロテープ

❶

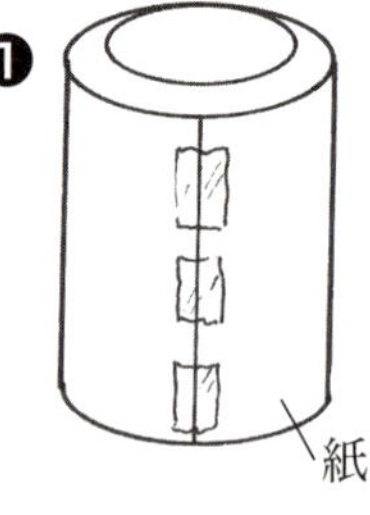

底を上にして型（缶）を置き、側面に紙を巻く。1周巻いてセロテープでとめる。

筒の内側の模様を作る（色柄テープの粘着面を上に向けて貼る）

❷

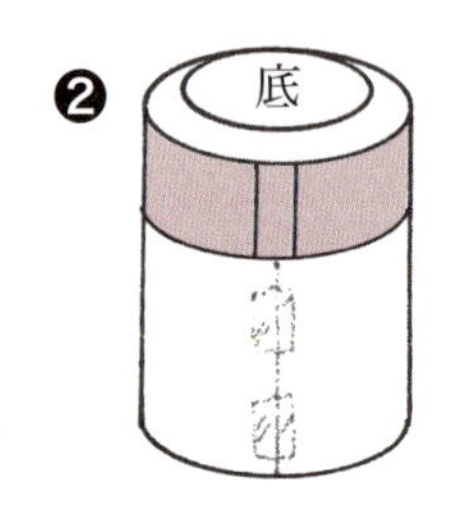

色柄テープを、粘着面を上に向けて型の底側の側面に1周巻く。最後は少し重ねて切る。以下、❹まではすべて色柄テープを粘着面を上に向けて貼る。

❸

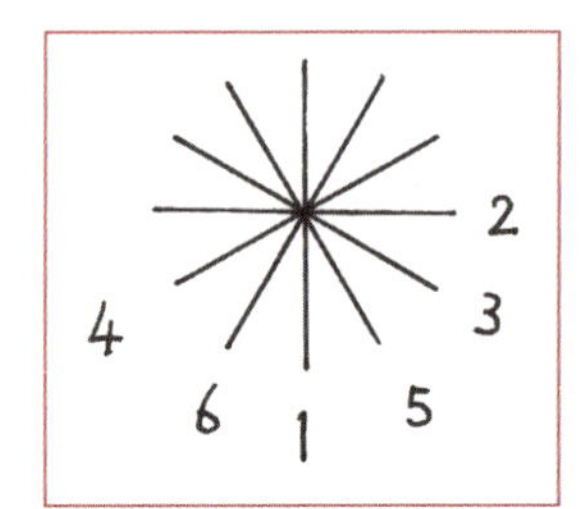

内側の模様がきれいに出るように、底は図の順序で放射状にすき間がないように貼る。

❹

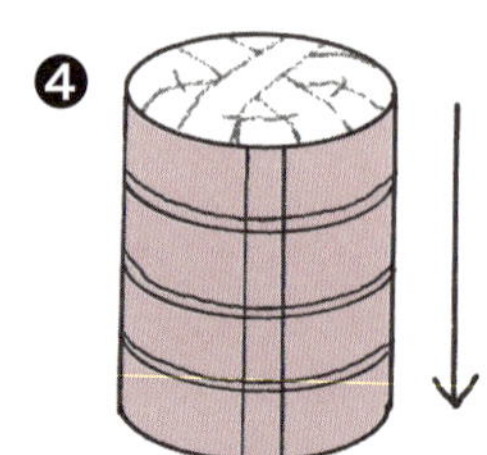

側面を上の段から順に少し重ねるように貼っていく。各段の貼り終わりは1cmほど重ねる。

これ以降は通常どおりマスキングテープの粘着面を下に向けて貼っていく。

養生テープを貼り重ねる

❺

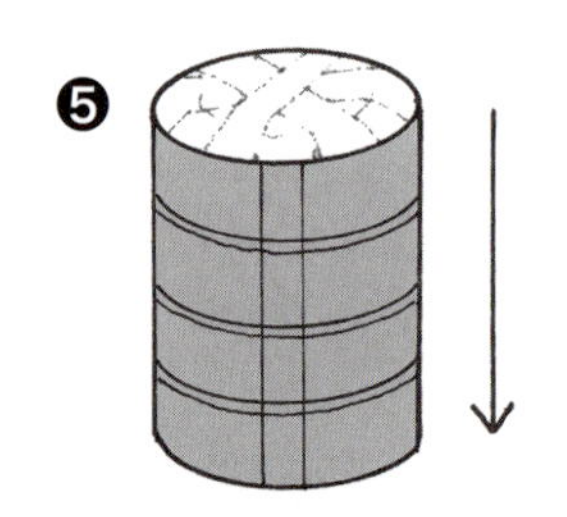

粘着面を下に向けて養生テープを上の段から順に少し重ねながら貼っていく。一番下の段は、補強のため二重に巻く。

❻

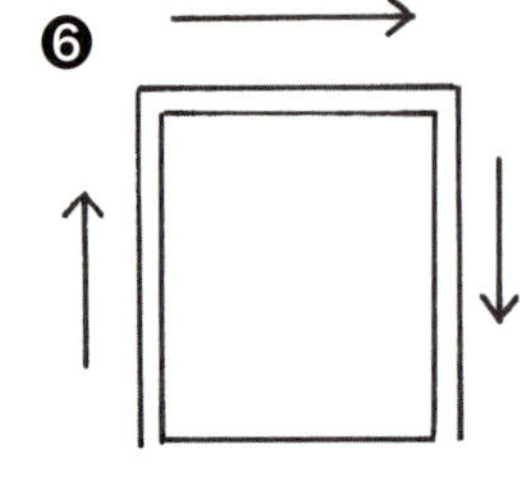

2
4
3
1

口から始めて、側面から底を通って反対側の口まで1枚のテープで貼る。底は図のように放射状にする。

❼

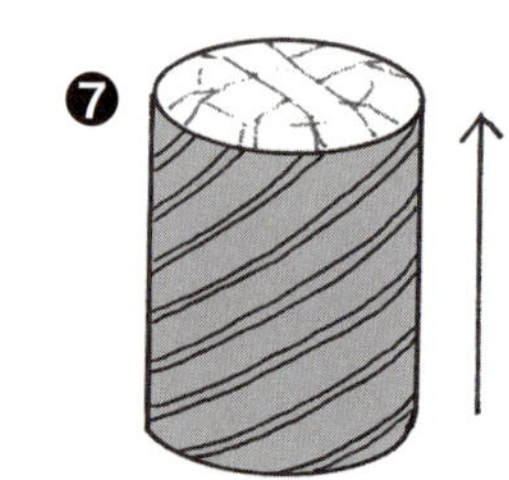

側面を斜めに上に向けて貼っていく。

❽

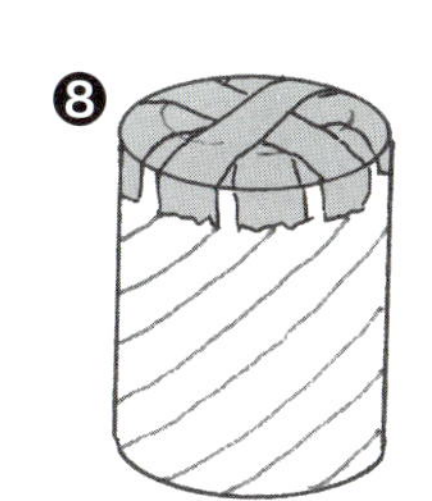

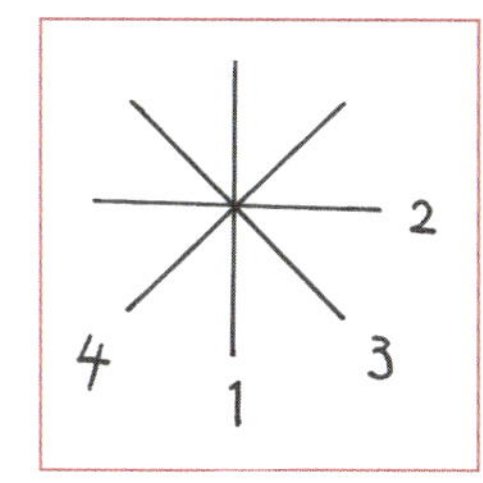

底だけを放射状に貼る。
これを2回くり返す。

❾

もう一度❺❻の作業をくり返す。

❿

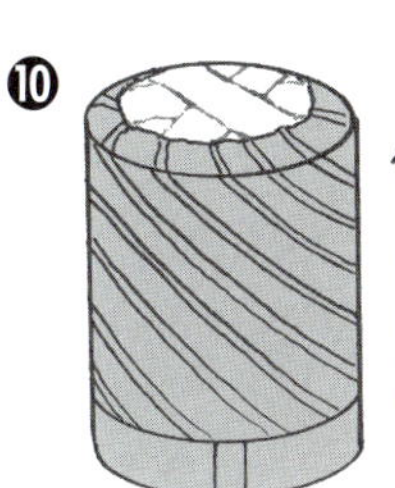

❼と逆方向に、側面を斜めに上に向けて巻いていく。口側を2周巻いた後に❽をくり返す。

外側に色柄テープを1層巻く

最後に粘着面を下に向けて色柄テープを1層巻いて、筒の外側の模様を作る。

⓫

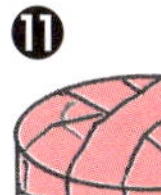

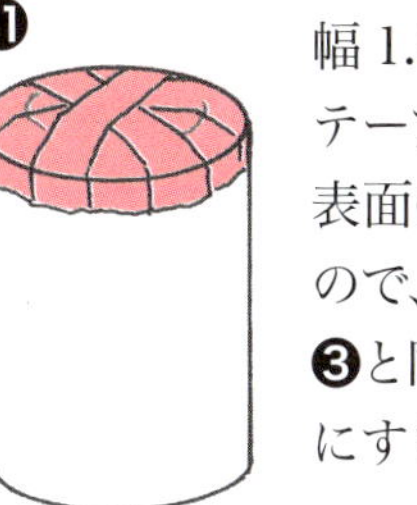

幅 1.5cm の色柄テープを底に貼る。表面の模様になるので、内側の模様❸と同様、放射状にすき間なく貼る。

⓬

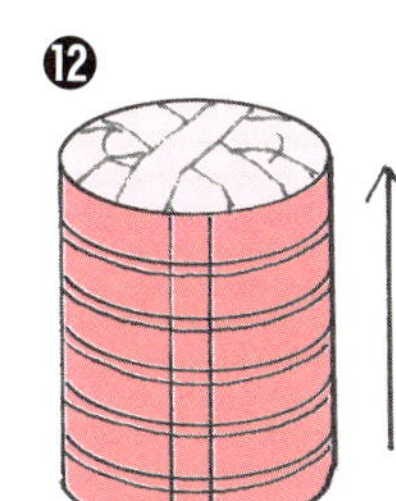

口側から底に向けて、少し重ねながら巻く。巻き終わりも少し重ねて切る。

ふたを作る

⓭

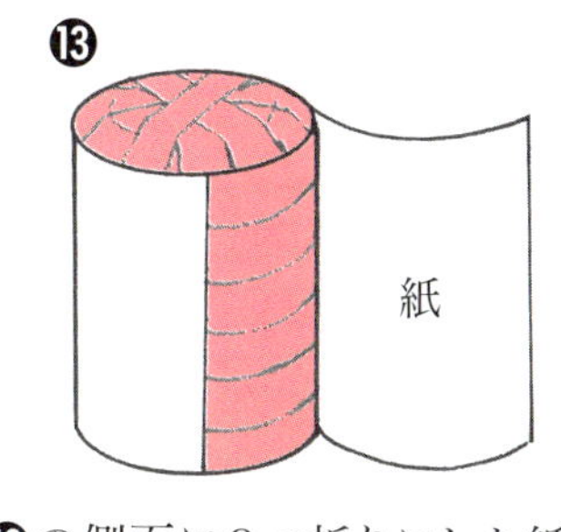

⓬の側面に3つ折りにした紙を巻き、セロテープでとめる。

⓮

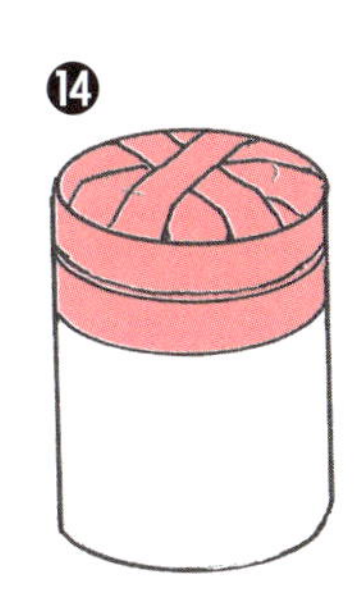

ふたは幅 1.5cm の色柄テープと養生テープで❷～⓬と同様の作業をする。ただし、側面はマスキングテープ2段となる。

型から抜き、本体とふたの口側を整え補強する

⓯

型から抜き、本体と同じ柄のマスキングテープを口の内側と外側にまたがって折り込み、縁部分を補強する。

リボンつきの茶筒

本体とふたを作る

❶

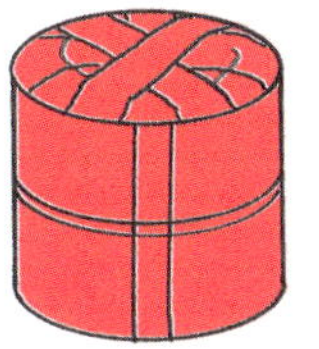

3cm 幅の色柄テープ2段で筒の側面を作り、ふたの側面は3cm 幅1段で作る。作り方は p.124 ～ 125 と同じ。

リボン通しを作り、リボンをつける

❷

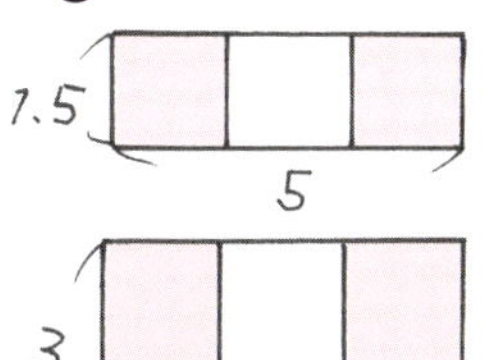

側面用4枚

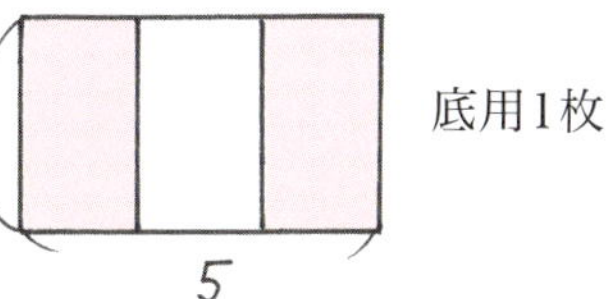

底用1枚

本体・ふたと同じ色柄テープを図のサイズに切る。テープの中央には、リボンが通る幅の色柄テープを粘着面を合わせて貼る。側面用に4枚、底用に1枚作る。

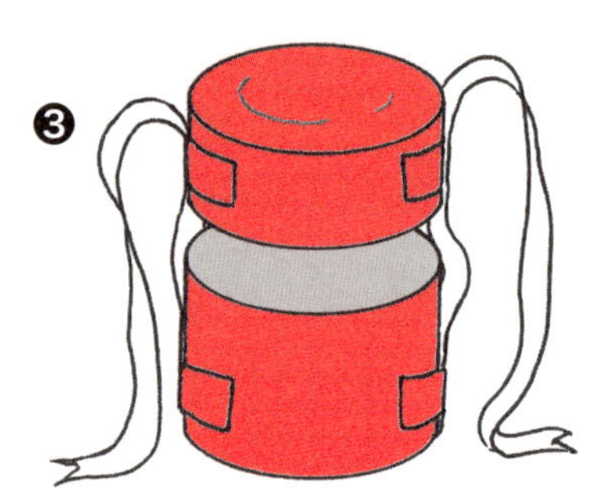

リボン通しにはあらかじめリボンを通しておき、本体とふたの側面4カ所と底に貼りつける。

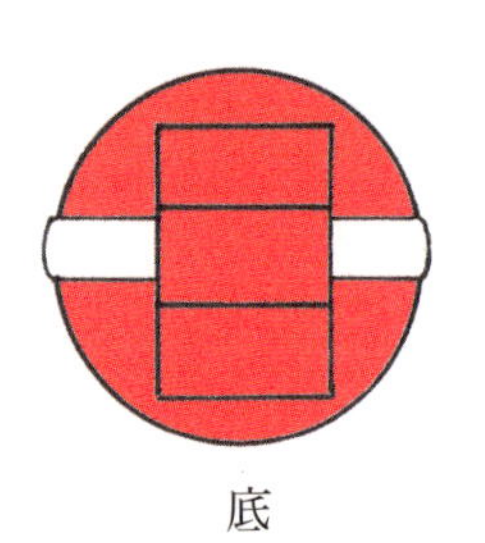

底

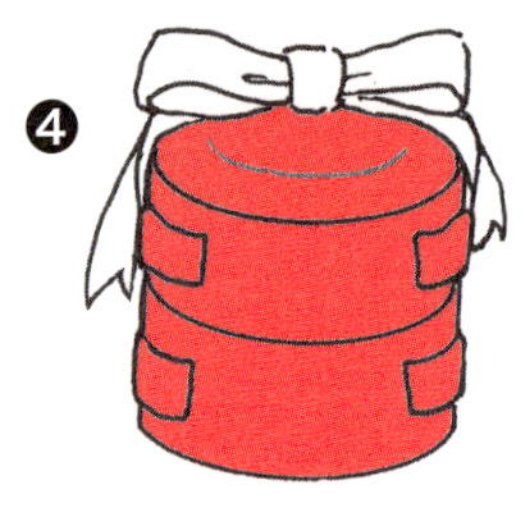

リボンを上で結び完成。

マスキングテープを使った張り子の基本

本書では本技法を使った3種類の作品を紹介しています (p.13、p.15、p.38)。以下は箱を作る際の基本です。型により貼り方にも工夫が必要ですが、マスキングテープも各種市販されていますので、好みの型を見つけたらぜひ挑戦してみてください。

1 型を用意し、側面に紙を巻く

❶貼り重ねたマスキングテープを最後に型から抜きやすくするため、型の側面に紙を巻きセロテープでとめる。

2 内側の模様を作る

この作業だけは通常とは異なり、色柄テープの粘着面を上に向けて型に貼る。色柄テープは1層だけ貼る。

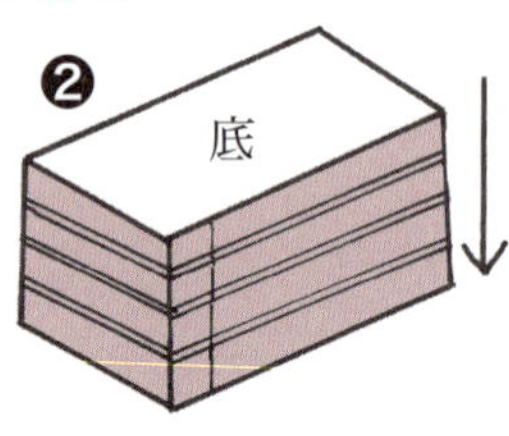

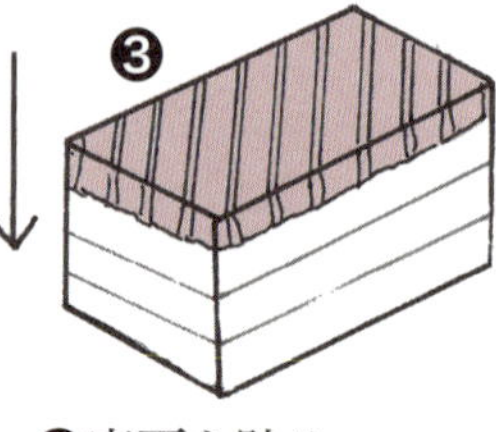

❷側面を貼る。 ❸底面を貼る。

3 養生テープを貼り重ねる

2の作業の後、養生テープを貼り重ねる。作品の強度を増し、厚さを出すための作業なので、以下の❹〜❼だけでなく、貼る角度を変え、貼り方を工夫して、何回重ねてもよい。2では粘着面を上に向けたが、ここからは通常の使い方になり、粘着面を下にして貼る。

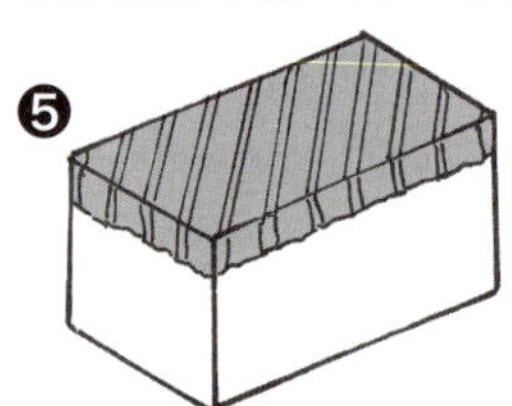

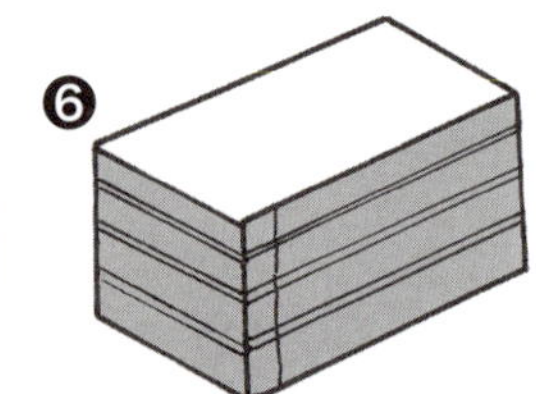

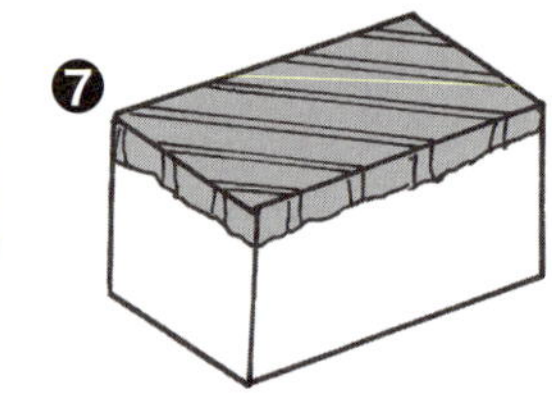

❹養生テープを側面に貼る。❺底に貼る。❻方向を変えて側面に貼る。❼角度を変えて底を貼る。

4 外側に色柄テープを1層貼る

養生テープを何層か貼って厚さを出した後、最後に色柄テープを1層貼る。この作業で箱の表面ができ、貼り方によって表面の模様が決まる。

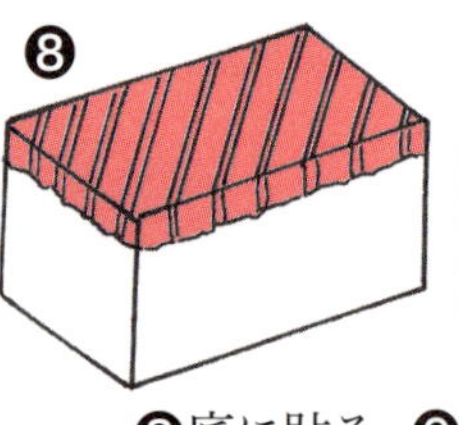

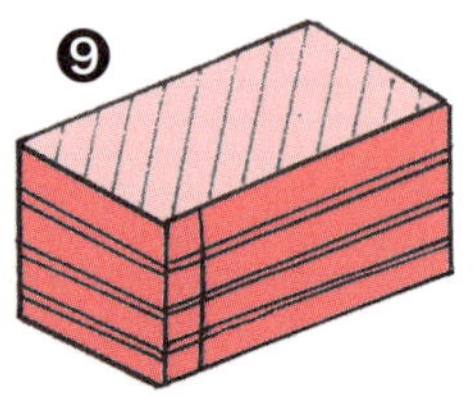

❽底に貼る。❾側面に貼る。

5 型から抜き、口側の縁を補強する

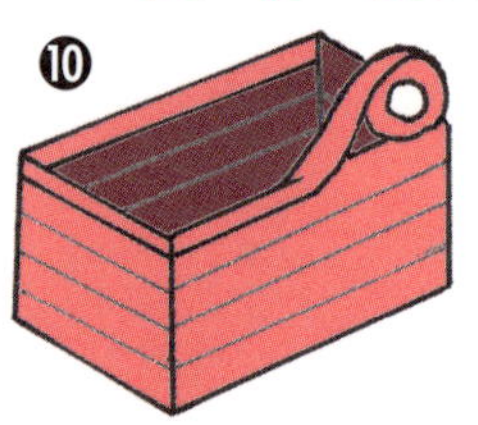

❿側面と同じマスキングテープで、口を補強する。

「高齢者のクラフトサロン」シリーズ・監修者プロフィール

佐々木　隆志　（ささき　たかし）

1957年　北海道雄武町生まれ。
1980年　東北福祉大学社会福祉学部社会福祉学科卒業
社会福祉研究のため英国留学（1980年10月〜1981年9月、“Castle Priory College”および“Wakes Hall Residential Centre”にて学ぶ）
1982年　東北福祉大学、研究生
1985年　東北福祉大学大学院社会福祉学専攻修士課程修了
1985年　青森中央短期大学幼児教育学科専任講師
1994年　弘前学院短期大学生活福祉学科専任講師を経て、助教授
1997年　静岡県立大学短期大学部、社会福祉学科、助教授
現　在　静岡県立大学短期大学部、社会福祉学科、教授

【主な著書】

- “Study of End-stage Care Management in Japan” 中央法規出版、2014年2月、平成25年度科学研究費補助金「研究成果公開促進費」〈学術図書：課題番号255161〉
- 『日本における終末ケアマネジメントの研究』中央法規出版、2009年2月、平成20年度科学研究費補助金「研究成果公開促進費」〈学術図書：課題番号205136〉
- “An Investigative Study of End-stage Care In Japan － From the Perspective of International Comparison － ” 中央法規出版、1999年、平成10年度科学研究費補助金「研究成果公開促進費」〈特定学術図書：課題番号1010008〉他

著者プロフィール

工房GEN　（こうぼう　げん）

〒357-0128　埼玉県飯能市赤沢1040-3
E -mail：genkoubou@gen-artwork.com

陶磁器、ガラス、漆、布、紙、金属、木材他、各種クラフト素材や身辺のさまざまな素材を使って、ジャンルにこだわらず、「作って・使って・楽しめる手作りクラフト」を制作、提唱。

主宰：長峯史紀
スタッフ：中村みほ、長峯真空

✿ 工房GEN主宰者・長峯史紀
家庭ガラス工房シリーズ『ステンドグラス―ジャンルを越える物作りの世界』ほるぷ出版、2009年（共著）にて、陶磁器とステンドグラスを組み合わせた作品作りを紹介、など。

✿ 工房GEN
『リハビリおりがみ』誠文堂新光社、2014年：制作協力「折り紙技法を使ったクラフト制作」

【制作協力】

つくりんぼ・乕谷孝子（とらたに　たかこ）

- 紙の卵ケースで作る　獅子舞（p.9）
- パッキング材で作る　月見うさぎ（p.62）
- 写真プリントから作る　ペットのレリーフ（p.84）

編 集	株式会社 弦	GEN Inc.
	長峯 友紀	NAGAMINE Yuki
	宮崎 亜里	MIYAZAKI Ari
	長峯 美保	NAGAMINE Miho
イラストレーション	中村 みほ	NAKAMURA Miho
アートディレクション 装幀・本文デザイン	長峯 亜里	NAGAMINE Ari
写真撮影	篠田 麦也	SHINODA Bakuya

高齢者のクラフトサロン❷

季節のリハビリクラフト12か月

行事・記念日・歳時を楽しむ60作品 NDC369.26

2015年3月15日 発 行

監修者 佐々木 隆志
著 者 工房GEN
発行者 小川雄一
発行所 株式会社 誠文堂新光社
〒113-0033 東京都文京区本郷3-3-11
(編集) 電話03-5800-3614
(販売) 電話03-5800-5780
印刷・製本 図書印刷 株式会社

ISBN978-4-416-31501-9